Glücklich,
wer sich mit kräftigem Flügelschlag
in lichte,
wolkenklare Höhen aufzuschwingen vermag.

Charles Baudelaire

Ferrière/Selinger · RHÖNSEGLER

Richard und Monique Ferrière
Peter F. Selinger

RHÖNSEGLER

Alexander Schleicher's Segelflugzeuge und Motorsegler 1951–1987

Motorbuch Verlag Stuttgart

Originalausgabe: *Planeurs et Motoplaneurs d'Alexander Schleicher*
von Richard und Monique Ferrière

Übersetzung: Wolfgang Roth
Lektorat und Ergänzung: Peter F. Selinger

Umschlaggestaltung: Siegfried Horn,
unter Verwendung eines Fotos von Peter F. Selinger

Das *Titelbild* zeigt das neueste Flugzeug von Schleicher, den Super-Hochleistungs-Doppelsitzer ASH 25, über der Rhönlandschaft, für das Segelfliegen zu zweit mit Leistungen, die bisher nur Einsitzern vorbehalten waren.
(Luftbildfreigabe RP Stuttgart B Nr. 000/51422 vom 12. 5. 1987)

Die vier Bilder auf der *Umschlag-Rückseite* verdeutlichen die große Spanne der von Schleicher hergestellten Segelflugzeuge (von oben nach unten):
Standardklassen-Einsitzer Ka 6CR in Holzbauweise, Übungs- und Leistungsdoppelsitzer ASK 13 in Gemischtbauweise, Übungs- und Leistungsdoppelsitzer ASK 21 aus faserverstärkten Kunststoffen (Luftbildfreigabe RP Stuttgart B 000/42610 vom 27. 11. 1985) und ASW 20, der erfolgreiche Kunststoffsegler für die 15-m-FAI-Klasse.

ISBN 3-613-01190-5

1. Auflage 1988

Eine Abteilung des Buch- und Verlagshauses Paul Pietsch GmbH & Co. KG.

Satz und Druck: Remsdruckerei Sigg, Härtel & Co., 7070 Schwäbisch Gmünd.
Bindung: Großbuchbinderei E. Riethmüller, 7000 Stuttgart 1.
Printed in Germany.

Inhaltsverzeichnis

Zum Inhalt

Alexander Schleicher Segelflugzeugbau in Poppenhausen, am Fuß der Wasserkuppe in der Rhön, ist der Welt ältester Hersteller von Segelflugzeugen und Motorseglern. 1927 nahm der gelernte Tischler Alexander Schleicher den Serienbau von Segelflugzeugen auf, sechseinhalb Jahre vor den Brüdern Schweizer in den USA und sieben Jahre vor Schempp-Hirth, den beiden nächstältesten, heute noch aktiven Segelflugzeugfirmen.
Dieses Buch beschreibt den Neubeginn bei Schleicher nach der Wiederzulassung des Segelflugs in Deutschland nach dem Ende des Zweiten Weltkriegs mit in Lizenz gebauten bewährten Konstruktionen. 1953 beginnt die Produktion der Entwürfe von Rudolf Kaiser, fast 20 Jahre die Firmengeschichte prägend. Mitte der 60er Jahre erweist sich die neue Kunststoff-Schalenbauweise als so überlegen, daß Kaisers Entwicklungen ihren Hauptmarkt später in der Schulung und Ausbildung finden. Die Wettbewerbs- und Leistungsflieger werden mit Gerhard Waibels Entwicklungen bedient, der seit 1965 im Poppenhausener Traditionsunternehmen eine neue Heimat gefunden hat. Seither ist es den Mitarbeitern des Alexander Schleicher Segelflugzeugbau immer wieder neu gelungen, richtungsweisende Segelflugzeuge und Motorsegler auf den Markt zu bringen, zuletzt mit der Einstandskonstruktion des jungen Martin Heide, der 1981 als Verstärkung des Entwicklungs- und Konstruktionsteams in die Rhön zog.
Zum 1. Januar 1968 hat Alexander Schleicher seinen Betrieb in die Hände seiner Kinder Winfried, Werner und Hedwig gelegt. Am 26. April 1968 starb mit Alexander Schleicher einer der Pioniere der Serienherstellung von Segelflugzeugen. Seit dem 1. Januar 1984 liegt die Geschäftsführung der in eine GmbH & Co umgewandelten Firma in den Händen von Winfried Schleicher und Edgar Kremer.
Insgesamt zeigen uns die zurückliegenden 37 Jahre Segelflugzeugtechnologie eine Zeit fruchtbaren Wachstums und ständig steigender Leistungen des Sportgeräts Segelflugzeug, zum Fliegen »nur« mit Sonnenenergie. Mit seinen oft herausragenden und weltweit verbreiteten Konstruktionen hat der Alexander Schleicher Segelflugzeugbau Geschichte geschrieben und sich einen unauslöschlichen Platz darin geschaffen.

Vorwort
der französischen Originalausgabe

Die noch nicht einmal hundertjährige Luftfahrt ist bereits auf der Suche nach ihrer Geschichte. Es ist schon zur Gewohnheit geworden, daß die auf ständigen und schnellen Fortschritt ausgerichteten Bereiche der Wissenschaft und Technik sich nur selten um die zeitliche Folge ihrer Entwicklungen kümmern. Aber es kommt einmal der Tag, an dem die für diesen Wettlauf in die Zukunft Verantwortlichen einen Blick zurück werfen wollen; und sei es nur, um die bewältigte Strecke abzumessen. Sie werden dann feststellen, daß – je nachdem, wie weit sie bereits vorangeschritten sind – ihr launenhaftes Gedächtnis hinter ihnen einen Graben des Vergessens gezogen hat, in dem sie vergebens nach ihren Wurzeln suchen.

Die Lage des Segelflugsports ist in dieser Hinsicht besorgniserregend, denn die oft nur kurze Zeit agierenden Konstrukteure machten wenig Anstalten, der Nachwelt Spuren ihres Schaffens zu hinterlassen. So merkt man, daß alte, manchmal noch in Gebrauch befindliche Segelflugzeuge insofern den Charakter archäologischer Überreste haben, als daß sie das materielle Wiederaufleben eines kreativen Geistes, der Anforderungen und des Know-how einer Epoche sind, von der das Kollektivgedächtnis lediglich ein verwaschenes und verzerrtes Bild bewahrt hat.

Das Segelflugzeug hat ein Anrecht, einen ehrenhaften Platz in der Geschichte der Luftfahrt zu erhalten. Zum einen weil es natürlich der Vorfahr des Flugzeuges ist, aber weil es zum anderen auch dazu beigetragen hat, Kenntnisse von den aerologischen Phänomenen zu erlangen, und schließlich weil es – einzig und allein auf reine Leistung ausgerichtet – für das Auge des Ästheten immer noch eine der Aerodynamik geweihte Skulptur darstellt.

Dieses Buch beschreibt die Geschichte von fast 30 Segelflugzeuggrundtypen, die in den letzten 35 Jahren die Geschichte des Segelflugs geprägt haben. Wir wollen aber nicht nur berichten, sondern auch versuchen, über die rein wissenschaftlichen und technischen Aspekte hinaus einen Blick auf die Entwicklung der gegenwärtigen Segelfliegerei zu werfen.

zur erweiterten deutschen Ausgabe

Das französische Autorenpaar Monique und Richard Ferrière erst mußte uns bewußt machen, welch ein Traditionsunternehmen des Segelflugzeugbaus wir in der Rhön haben. Ein bißchen beschämend ist es schon, daß die erste geschlossene Darstellung der Segelflugzeuge von Schleicher in einer fremden Sprache erschienen ist. Um so mehr freue ich mich aber über die Herausgabe einer deutschen erweiterten und aktualisierten Ausgabe im Motorbuch-Verlag. Zur Abrundung wurde ein Abschnitt über die Zeit von 1927 bis 1945 vorangestellt. Seit dem Abschluß der französischen Originalausgabe entwickelte Schleicher weitere neue, leistungsfähigere und komfortablere Segelflugzeuge; die entsprechenden Kapitel wurden ergänzt oder neu geschrieben und angefügt.

Für die dabei erfahrene Hilfe und Unterstützung bedanke ich mich insbesondere bei

Frau Luise Schleicher, der Witwe Alexander Schleichers, ihrer Tochter Frau Hedwig Kremer, Otto Bellinger, Loek M. M. Boermans, Eckard Bruns, Willi Gilges, Martin Heide, Klaus Heyn, Lutz-Werner Jumtow, Rudolf Kaiser, Karl Kössler, Edgar Kremer, Ludwig Krönung, Imre Mitter, Manfred Münch, Prof. Dr. Karl Nickel, Roland Poehlmann, Willy Radinger, Carsten und Joachim Selinger, Winfried Schleicher, Gerd Stich, Gerhard Waibel, Adolf Wilsch und Hans Zacher.

Stuttgart, im Dezember 1987 — Peter F. Selinger

Alexander Schleicher Segelflugzeugbau 1927 bis 1945

Alexander Schleicher wurde am 22. Mai 1901 in Gackenhof bei Poppenhausen geboren. In der Tischlerei seines Vaters im Huhnrain in Poppenhausen erlernte er das Tischlerhandwerk, bevor er auf die Walz ging. Über Fulda und Emmerich gelangte er nach Baden-Baden und von dort schließlich auf die Wasserkuppe zu den Weltensegler-Werken. Inzwischen war er etwa 23 Jahre alt. Während seiner Tätigkeit bei Weltensegler lernte er fliegen und wurde bald darauf auch Fluglehrer.
Offizieller Gründungstag des schon bald berühmten und bekannten Herstellers von Segelflugzeugen ist der 1. November 1927. Denn zu diesem Tag ließ sich der gelernte Tischler Alexander Schleicher in die Handwerksrolle eintragen. Aus der anfänglichen Mitarbeit beim Bau der Segelflugzeuge der Weltensegler GmbH und dann in der Werkstatt der Rhön-Rossitten-Gesellschaft (RRG) auf der Wasserkuppe entstand das erste eigene Flugzeug »Hol's der Teufel«, mit dem er 1927 am Rhön-Wettbewerb auf der Wasserkuppe teilnahm. Er hatte es nach den Plänen von Alexander Lippisch für sich selbst in einem Nebenraum der Gaststätte »Goldenes Kreuz« der Familie Hahner in Poppenhausen gebaut. Noch 1927 durfte Alex, wie sie ihn nannten, einen Anbau des Sägewerks Remmerz, talabwärts nicht weit von Poppenhausen, beziehen.
Das Preisgeld vom Sieg im Schulungswettbewerb bei der Rhön 1927 diente Alexander Schleicher als Grundstock für die eigene Werkstatt. Verdient hatte er es sich mit den meisten Starts aller Teilnehmer, und das war damals Schwerstarbeit. Die Maschinen mußten ja mit der Hand oder der Unterstützung durch Gespanne den Hang wieder nach oben gezogen werden. Mit seinen 69 Flügen erreichte er 3 Stunden 30 Minuten und 15 Sekunden Flugzeit, das bedeutet gerade 3 Minuten pro Flug.

Die abgestrebte Weiterentwicklung des »Hol's der Teufel« für den Segelflugzeugbau »Rhön«, von Hans Jacobs 1932 auch als Selbstbauanleitung veröffentlicht. (Archiv Klaus Heyn) – Rechts: *»Hol's der Teufel« auf dem Transportwagen.* (Foto Schleicher)

Alexander Schleicher.
(Foto Schleicher)

Die durch seine Tätigkeit für Weltensegler und später bei Lippisch in der RRG-Werkstatt auf der Wasserkuppe gewonnenen Erfahrungen hatten Alexander Schleicher Mut gemacht, sich in dieser wirtschaftlich schwierigen Zeit zwischen Inflation und Weltwirtschaftskrise selbständig zu machen. Während der ersten Jahre hat er seine Gleiter vor allem mit Familienhilfe zum Fliegen gebracht. Seine Vetter, auch Schreiner wie er, und sein Bruder Fridolin trugen die Hauptlast der Arbeit, zusammen mit dem Lehrling Valentin Müller waren sie damals zu viert oder zu fünft.

1931 baute er schließlich seine erste eigene Werkstatt auf eben diesem väterlichen Nordhanggrundstück im Huhnrain am Westrand von Poppenhausen, das heute noch die Werkstätten, Fabrikhallen und Büros des Alexander Schleicher Segelflugzeugbaus trägt. In dieser Zeit nannte er seine Firma Segelflugzeugbau »Rhön« Alexander Schleicher, wie es auf einem erhalten gebliebenen Prospekt noch zu sehen ist.

Das erste richtig in Serie hergestellte Baumuster wurde der gemeinsam mit Fritz Stamer, dem Schulleiter auf der Wasserkuppe, entwickelte Schulgleiter »Anfänger«. Insgesamt 60 wurden bis 1936 ausgeliefert. In einem erhalten gebliebenen Sonderangebot vom 22. Oktober 1931 verlangt er 530,– Reichsmark für einen komplett fertigen »Anfänger«, zuzüglich RM 20,– für die Bauprüfung, RM 25,– für die Verpackung und Anfahrt zur Bahnstation Lütter, westlich von Poppenhausen, und RM 25,– für den Anschnallgurt. Ein »Hol's der Teufel« hätte komplett geprüft RM 810,– gekostet. Für den Doppelsitzer »Luftkurort Poppenhausen« verlangte er RM 1200,– und den von Lippisch konstruierten RRG »Falke« RM 1320,–, jeweils zuzüglich Bauprüfung, Verpackung und Anschnallgurt. In diesem Prospektblatt kündigte er auch Neukonstruktionen an: »Hochleistungs-Einheitsmaschinen zu konkurrenzlosen Preisen«. Es kann sich hierbei nur um den einsitzigen Hochdecker »Rhönadler« mit dem charakteristischen spitzen Trapezflügel und den ein Jahr später in Serie gehenden »Rhönbussard« gehandelt haben. Schleicher hatte Hans Jacobs 1927 noch als Mitarbeiter der RRG kennengelernt. Jacobs schreibt 48 Jahre später an Jan Scott in den USA, daß er den Rhönbussard als Nebenverdienst für Schleicher entworfen hatte.

»Prüfling« im Gummiseilstart von der Wasserkuppe.
(Archiv Klaus Heyn)

»Zögling«, einer der Ahnen des SG 38. (Archiv Klaus Heyn)

Der zweisitzige »Rhönadler« hat wenig Ähnlichkeit mit seinem berühmten einsitzigen Nachfahren. (Archiv Klaus Heyn)

Peter Riedel (vorn) und Alexander Lippisch in der wahrscheinlich späteren Ausführung des zweisitzigen »Rhönadler«. (Foto Schleicher)

Die »Luftkurort Poppenhausen« mit Alexander Schleicher im vorderen Sitz. (Archiv Klaus Heyn)

Diese beiden »Falke« starten in Grunau; links auf dem Schemel Wolf Hirth, der damalige Leiter der Segelflugschule. (Archiv Klaus Heyn)

Das riesige 3sitzige Segelflugzeug »Obs«, von Alexander Lippisch konstruiert, im Flug. (Archiv Peter F. Selinger)

In derselben Zeit baut Schleicher das riesige 3sitzige Forschungs-Segelflugzeug »OBS« mit 26 Metern Spannweite für die RRG. Diese Lippisch-Konstruktion sollte später einmal zum Urahn der Lastensegler erklärt werden. Damals aber war sie als fliegendes Observatorium für Georgiis Wetteruntersuchungen und Forschungsprogramme gedacht, deshalb 3 Besatzungsmitglieder, den Piloten und zwei »Beobachter«. Hans Jacobs hat bis 1939 für Schleicher Segelflugzeuge geprüft und deren Bauabnahme durchgeführt.

Schon 1935 beschäftigte Schleicher insgesamt 45 Leute. Wenige Monate nach Fertigstellung der langen Halle vernichtete ein Großbrand am 17. Dezember 1937 die untere Werkstatt aus dem Jahr 1931 vollständig, die obere zweite zu mehr als der Hälfte, und von der neuen Halle wurde das Dach angesengt. Bei Kriegsbeginn am 1. September 1939 standen genau 120 Namen auf der Lohnliste. Bis Ende 1940/Anfang 1941 durfte Schleicher weiterhin Segelflugzeuge herstellen, im wesentlichen SG 38 und Rhönbussard, aber auch der Condor III (von Heini Dittmar entworfen) und die Olympia-Meise von Hans Jacobs gehörten dazu. Zu diesem Zeitpunkt hatte das Reichs-Luftfahrt-Ministerium (RLM) Schleicher mit seinen noch verbliebenen 70 Mitarbeitern als Reparaturbetrieb für Edmund Schneiders Grunau »Baby« eingeteilt. Alle anderen früheren Arbeiter und Angestellten waren zur Front abkommandiert worden.

1943 begann die Serienherstellung des »Kunz-Schulers«, eines Bodentrainingsgeräts für die Anfangsausbildung im Segelflug. Der Schüler sollte damit ohne großen Aufwand lernen, welche Reaktionen ein Segelflugzeug auf welche Steuerbewegung zeigt. 500 Stück hatte das RLM von dieser Seff-Kunz-Idee in

Oben: *Ein »Rhönadler« im Rohbau.* (Foto Schleicher)

Unten: *Ein startbereiter »Rhönbussard« 1935 in Grunau.* (Foto Karl Kössler)

Ob dieser Condor II bei Schleicher hergestellt wurde, ist nicht belegt. (Archiv Klaus Heyn)

Der Prototyp der Meise wurde noch von der DFS selbst hergestellt. Hier ist er in Secce/Italien beim Vergleichsfliegen 1939 zu sehen. (Foto Imre Mitter)

Schulgleiter SG 38 auf dem Pendelbock. So erlernten die Anfänger das richtige Steuern. Da bei schwachem Wind oft die Wirkung des Seitenruders nicht ausreichte, wurde es einfach vergrößert. (Foto Willi Gilges)

Dies könnte die EW 18 sein. (Archiv Klaus Heyn)

Der Kunz-Schuler hatte eine komplette funktionsfähige Steuerung.
(Foto Willi Gilges)

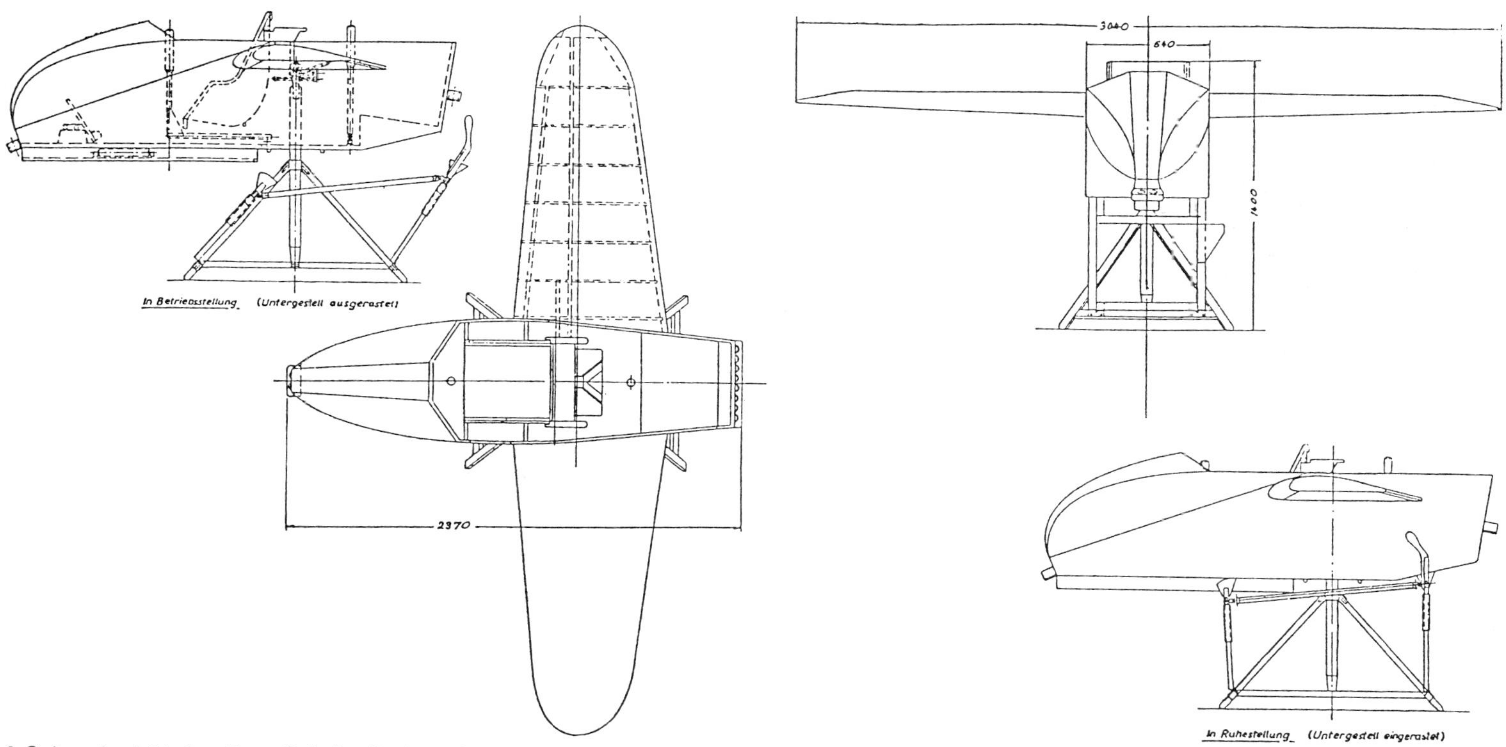

3-Seiten-Ansicht des Kunz-Schuler-Bodentrainingsgeräts für die Segelfluganfangsausbildung. (Weltluftfahrt 1951)

Auftrag gegeben. Die ständig zunehmenden Luftangriffe behinderten aber die Fertigung so sehr, daß nur noch etwa 200 bis Kriegsende fertig wurden. Ab Januar 1945 »lief praktisch nichts mehr«.
Offensichtlich gab es aber trotz Krieg und totaler Steuerung von oben immer noch etwas Freiraum. Neben den Reparaturen begann man 1943 mit dem Bau des Segelflugzeugs EW 18 von Ernst Weber. Weber war 1934 als Schlosser auf der Walz auch nach Poppenhausen gelangt, bevor er 1935 weiterzog und schließlich bei Heinkel in Rostock landete. Als Gemeinschaftskonstruktion von Heinkel-Rostock und Schleicher entstand die EW 18 mit dem sehr schlanken Aluröhrenrumpf, dem ziegenlederbespannten Rumpfboot und einem Knickflügel von 18 Metern Spannweite. Drei der geplanten 5er-Erstserie eroberten sich noch ihr Luftreich. Eine davon blieb bis Kriegsende auf der Wasserkuppe. Danach verliert sich ihre Spur im Dunkel der Nachkriegszeit.
Der Krieg endete auch für Alexander Schleicher und seine Mitarbeiter im Chaos. Doch schon zu Pfingsten 1945 erhielten sie von der alliierten Kreiskommandatur die Erlaubnis, mit der Fertigung von Möbeln am Wiederaufbau zu helfen. Handwagen für die Caritas, Schlafzimmerschränke, Anbaumöbel für Erholungsheime und Kücheneinrichtungen bestimmten so bis in die 50er Jahre hinein das Fertigungsprogramm. Die erfahrenen Handwerker und das gute Segelflugzeugholz führten auch zu zahlreichen Aufträgen über Kirchengestühle und Altäre.
Die nachstehende Tabelle enthält ausgewählte Daten der Segelflugzeuge vom Alexander Schleicher Segelflugzeugbau.

Zusammenstellung ausgewählter Daten zu den zwischen 1927 und 1945 hergestellten Segelflugzeugen

Typ	*Konstruktion*	*Besatzung Art*	*Spannweite m*	*Flügelfläche m^2*	*Länge m*	*Flugmasse kg*	*Bemerkungen*
Hol's der Teufel	Lippisch/Schleicher	1 G	12,70	20,21	6,04	170	Anfänger-Gleiter, Export nach Österreich
Prüfling	Fritz Stamer	1 G	10,00	15,2	5,50	195	Export USA, 2. Exemplar mit Schwimmern nach Afrika
Professor	Alexander Lippisch	1 S	16,10	18,6	7,00	246	Export nach USA
Zögling	Stamer/Lippisch	1 G	10,04	15,8	5,57	180	1929 Export nach USA
Mannheim	Alexander Lippisch	2 S	15,50	20,0			
Anfänger	Schleicher/Jacobs	1 G	10,20	18,0	5,90		vereinfachter »Hol's der Teufel«
Rhönadler (2sitzig)	Alexander Lippisch	2 S	17,00	26,9	7,70		
Luftkurort Poppenhausen	Lippisch/Schleicher	2 G	14,60	22,9	7,20		
Stadt Frankfurt	Alexander Schleicher	1 S	15,80	20,0			
Falke	Alexander Lippisch	1 S	14,00	18,1	5,255	250	
Obs	Alexander Lippisch	3 S	26,00	38,925	8,00	540	Forschungssegelflugzeug für RRG/DFS
Rhönadler	Hans Jacobs	1 S	17,40	18,0	7,20	250	
Rhönbussard	Hans Jacobs	1 S	14,30	14,0	5,80	245	kunstflugtauglich
Seeadler	Hans Jacobs	1 S	17,36	18,00	7,42	325	Forschungssegelflugzeug für DFS
Zögling 35	Stamer/Lippisch	1 G	12,00				
Condor IIA	H. Dittmar/H. Gomolzig	1 S	17,24	20,3	7,60	330	freitragend
SG 38	Edmund Schneider	1 G	10,41	16,0	6,28	210	
Condor III	Dittmar/Schleicher	1 S	17,24	20,3	7,60	325	freitragend
Olympia-Meise	Hans Jacobs	1 S	15,00	15,0	7,27	255	Einheitssegelflugzeug für die Olympiade 1940
Baby IIa	Edmund Schneider	1 S	13,50	14,2	6,15	215	ohne Sturzflugbremsen (Bremsklappen)
EW 18	Ernst Weber	1 S	18,00				Aluminium-Rumpfröhre
Baby IIb	Edmund Schneider	1 S	13,57	14,2	6,09	250	mit Bremsklappen
Kunz-Schuler	Seff Kunz	2 –	3,04	—	2,37	—	Bodentrainer für Segelflug

G = Gleitflugzeug
S = Segelflugzeug

Produktionsübersicht 1927 bis 1945

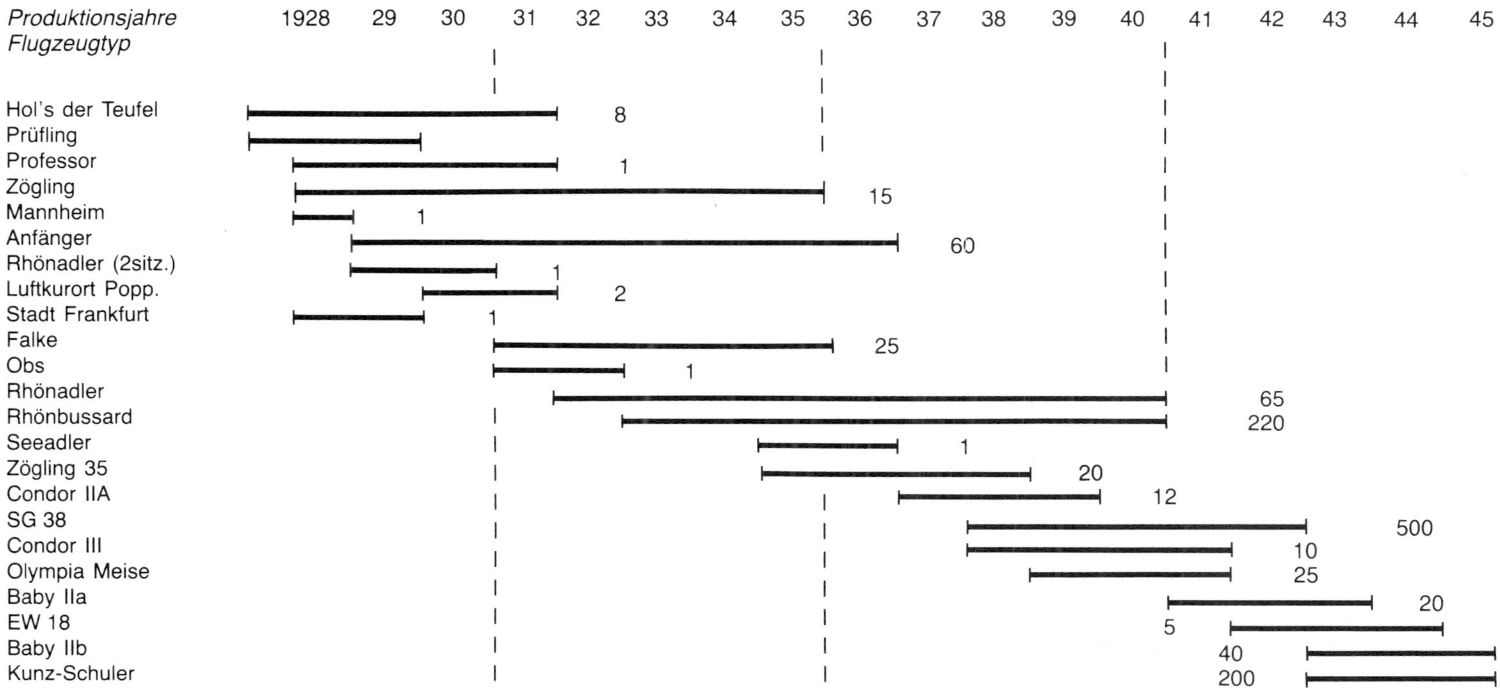

Produktionsübersicht ab 1951

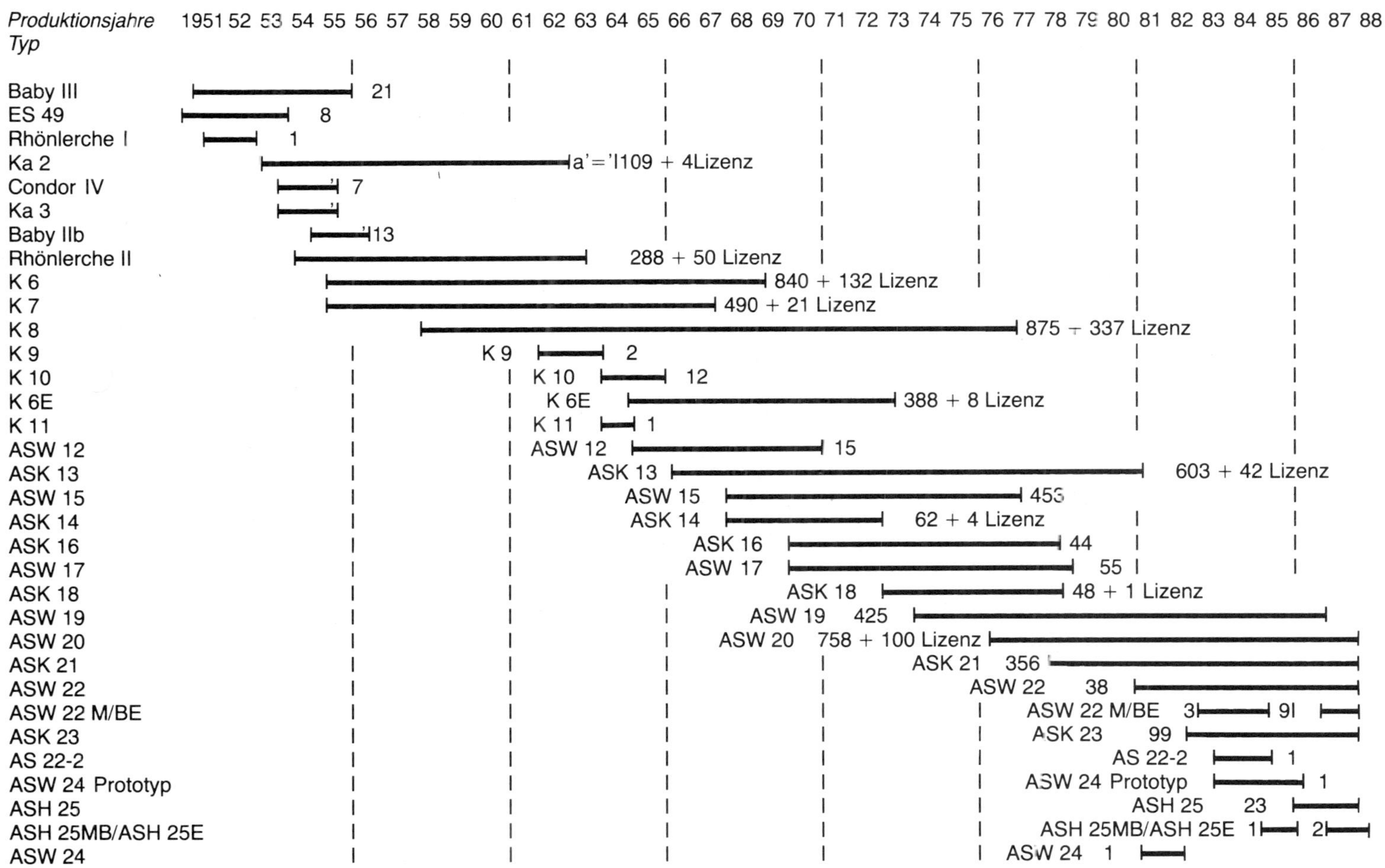

Produktionszahlen Stand: 1. Oktober 1987

Ein Baby IIb mit geschlossenem Führersitz. (Foto G. Gouraud)

Ein Baby III mit Haube. Die Rumpfkonstruktion zeichnet sich unter der Sperrholzbeplankung ab.

Der zweite Frühling der deutschen Segelfliegerei

Schleicher baut Lizenzmuster

Im Segelflugsport steht der Name Schleicher heute für Kreativität und technischen Fortschritt. Als Schleicher im Jahre 1951 die Fertigung von Segelflugzeugen wiederaufnahm, begann er jedoch zunächst einmal mit Lizenzbauten.
Schleicher wollte als erstes wieder auf die Produktionskapazität kommen, die sein Unternehmen vor dem Krieg zu einem der größten Hersteller von Segelflugzeugen gemacht hatte. Es erschien den Verantwortlichen im Poppenhausener Werk weiser, das finanzielle Gleichgewicht des Unternehmens zu sichern und den Arbeitern Vollbeschäftigung zu garantieren, bevor man sich in das Abenteuer einer Neuentwicklung stürzen würde.
In Anbetracht der starken Nachfrage durch Aeroklubs, die ihren Segelflugzeugpark wieder aufbauen wollten, erwarb Schleicher die Lizenz dreier Muster: des Grunau Baby für Übungszwecke, der ES 49 zur Anfängerschulung und des Condor IV als Hochleistungs- und Wettbewerbsflugzeug.

Die Muster Grunau Baby

Die Geschichte des Grunau Baby beginnt 1931 mit der Zusammenarbeit zweier großer Männer der Rhön: Des Segelflugzeugherstellers Edmund Schneider aus Grunau und des durch seine Segelflugerfolge sowie durch seine kühnen Entwürfe auf dem Gebiet des Segelflugzeugbaus berühmt gewordenen Chefpiloten der Hornberger Segelflugschule Wolf Hirth. Die erstaunliche Verbreitung des Segelflugsports in Deutschland und die Einführung der C-Lizenz durch die Internationale Studienkommission für Segelflug (der Vorgängerin der OSTIV) hatten die Notwendigkeit aufgezeigt, rasch ein neues Muster zu entwickeln, das nicht nur in der Handhabung leicht sein und über gute Leistungen verfügen sollte, sondern das auch in Großserie zu einem niedrigen Preis zu bauen wäre. Schneider und Hirth begannen 1931 mit der Arbeit. In der Definitionsphase zu diesem Muster entstanden zwei, »Wiesenbaude II« und ESG 31 »Stanavo« genannte Prototypen, die dann schließlich im Winter 1931/32 zum Bau eines kleinen Segelflugzeugs mit 13 m Spannweite führten, das Grunau Baby I getauft wurde.

Wolf Hirth erzählte lange Zeit später in vertrautem Kreise, daß es ihn sehr ehre, als Konstrukteur des Baby genannt zu werden. In Wirklichkeit jedoch war es Edmund Schneider praktisch allein. 1931 war Wolf Hirth Leiter der Segelflugschule Grunau bei Hirschberg im Riesengebirge und durch seine spektakulären Flüge mit den Klemm-Sportflugzeugen und die Erfolge bei Segelflugwettbewerben in aller Welt bekannt. Edmund Schneider fragte Wolf Hirth, ob er ihn als Konstrukteur nennen dürfe, um sein Baby bekannter zu machen und erfolgreicher verkaufen zu können. Natürlich hat Wolf Hirth in der Fertigkonstruktion beraten, aber der Grundentwurf und die Konstruktion stammen von Edmund Schneider. So heißt ESG 31 *E*dmund *S*chneider, *G*runau 19*31*, eine Bezeichnungsweise, die Schneider bis zu seinem Tod am 5. Juli 1968 in Rottach fortsetzte, später ohne den Ort mit einzubeziehen. Das Baby ist seine einzige Konstruktion, bei der dies nicht üblich wurde.

Baby I

Das in 80 Exemplaren von Schneider gebaute Baby I ist gekennzeichnet durch einen sechseckigen Rumpfquerschnitt. Die vollständig in Holzbauweise ausgelegte Rumpfstruktur besteht aus Spanten mit Aussparungen, die durch Gurte miteinander verbunden und mit aufgezogenem Sperrholz beplankt sind. Eine gummigedämpfte Eschenkufe und ein Schwanzsporn bilden das Landegestell. Die Windschutzscheibe des sehr spartanisch ausgefallenen Cockpits ähnelt der eines Motorrollers.

Der aus zwei Hälften bestehende Tragflügel ist mittels zweier Metallbeschläge am Rumpf in Hochdeckerlage angeschlossen; abgestützt wird die Konstruktion durch zwei Holzstreben. Jede Tragflügelhälfte ist um einen Längsholm gebaut, auf dem 22 Flügelrippen verleimt sind. Der Bereich zwischen dem Holm und der als Torsionskasten ausgelegten Flügelnase ist sperrholzbeplankt. Der restliche Tragflügel ist einschließlich der Querruder stoffbespannt. Für den gesamten rechteckigen Teil des Flügels wird ein Gö-535-Profil verwendet, das zu den pseudo-elliptischen Spitzen in ein symmetrisches Profil übergeht.

Das Höhenleitwerk besteht aus einer abgestrebten Flosse, die oben auf dem Rumpf befestigt ist, sowie aus einem trimmklappenlosen Ruder. Das Seitenleitwerk setzt sich zusammen aus einer auf dem Rumpf aufgesetzten, voll beplankten Flosse und einem großflächigen bespannten Seitenruder. Quer-, Höhen- und Seitenruder werden mit Steuerseilen betätigt.

Baby II

Aufgrund des mit dem Baby I erzielten Erfolges nahm Schneider ab 1933 die Produktion einer neuen, Baby IIa benannten Version in Angriff. Wesentliche Unterscheidungsmerkmale waren eine um 60 cm vergrößerte Spannweite, eine Verstärkung von Holmgurten und -stegen, ein vergrößertes Querruder sowie die Verwendung von Metallstreben. Dank der außergewöhnlichen Flugeigenschaften des Baby IIa konnte Kurt Schmidt am 3. und 4. August 1933 in Korschenruh (Ostpreußen) mit einem Flug von 36 Stunden 36 Minuten den bestehenden Dauerweltrekord brechen. Hanna Reitsch hingegen sicherte sich am 17. Februar 1934 mit einer Leistung von 2200 m über Rio de Janeiro den Höhenweltrekord.

Das Baby IIa wurde mit etwa 1500 Exemplaren von Grunau, Naumburger Flugzeugbau und Schwarzwald-Flugzeugbau in industrieller Fertigung, aber auch von Amateuren in den Segelflugsportvereinen im Selbstbau hergestellt.

Baby IIb

Ab 1936 löste das Muster IIb den Typ IIa ab. Bei dem neuen Modell waren die Abmessungen leicht verändert und das Rüstgewicht vergrößert worden. Strukturmerkmale der Baureihe IIb waren das Rad sowie die neue Führerkabine mit einer kleinen Windschutzscheibe und dem abnehmbaren, dem Körper des Piloten angepaßten Rahmen und ab 1938/40 die Schempp-Hirth-Bremsklappen an Flügelunter- und oberseite. Mit allein 4104 während des Krieges bis 30. 11. 1944 gebauten Exemplaren erzielte das Baby IIb die bis heute welthöchste Produktionszahl eines einzelnen Segelflugzeugtyps.

Die Babys der Nachkriegszeit

Im Jahre 1951 kehrte der seit 1945 als Möbelhersteller tätige Schleicher wieder zum Segelflugzeugbau zurück. Die wiederauferstehenden Segelflugsportvereine riefen nach dringend benötigten Schul- und Übungsflugzeugen. Wegen der großen Nachfrage entschied man sich in Poppenhausen, ein bereits erprobtes Muster zu bauen. Die Wahl fiel auf das Baby III, das in Kleinserie (21 Stück bis März 1955) hergestellt wurde. Das Baby III ist von Schneider noch im Krieg konzipiert worden. Vom Baby IIb unterschied sich die Dreierversion durch eine andere Rumpfform: Die Nase war etwas gebogener, und der Rumpfboden in Höhe der Flügelhinterkante zum Schwanz hin abgesetzt. In die Kufe wurde ein kleines, halbfreies Rad integriert, wodurch sich der Start und die Handhabung auf dem Boden erleichterten. Je nach Wunsch konnte der Führersitz entweder mit einer kleinen Windschutzscheibe auf einer Sperrholzabdeckung ausgestattet werden oder aber mit einer geschlossenen Haube, auf deren Metallrohrgestell Astralonscheiben geschraubt waren. Die Tragflügel der Dreier-Version entsprachen denen des Baby IIb, jedoch mit Ausnahme der Flügeltiefe, die verkleinert worden war, um das Giermoment zu verringern. Die Flächen von Seiten- und Höhenleitwerk wurden etwas vergrößert. Dabei fiel das Seitenleitwerk höher und das Höhenleitwerk gerundeter aus.

Das erste Baby III war schon am 24. 8. 1951 flugbereit. Das Baby IIb wurde zwischen März 1954 und Juni 1955 speziell für Holland mit dem in Deutschland üblichen eckigen Seitenruder gebaut, im Gegensatz zur holländischen Produktion, die ein rundes Seitenruder, ähnlich dem Gö 1 »Wolf«.

Die Gesamtzahl der von Schleicher zwischen 1951 und 1955 komplett hergestellten Baby ist nicht sehr groß: 13 IIb und 21 III. Mit dem Erscheinen der Übungssegelflugzeuge der neuen Generation – wie der Scheibe Spatz – wurde der Bau dieser Modelle eingestellt. Noch etwa 20 Baby verschiedenster Hersteller fliegen heute in der Bundesrepublik.

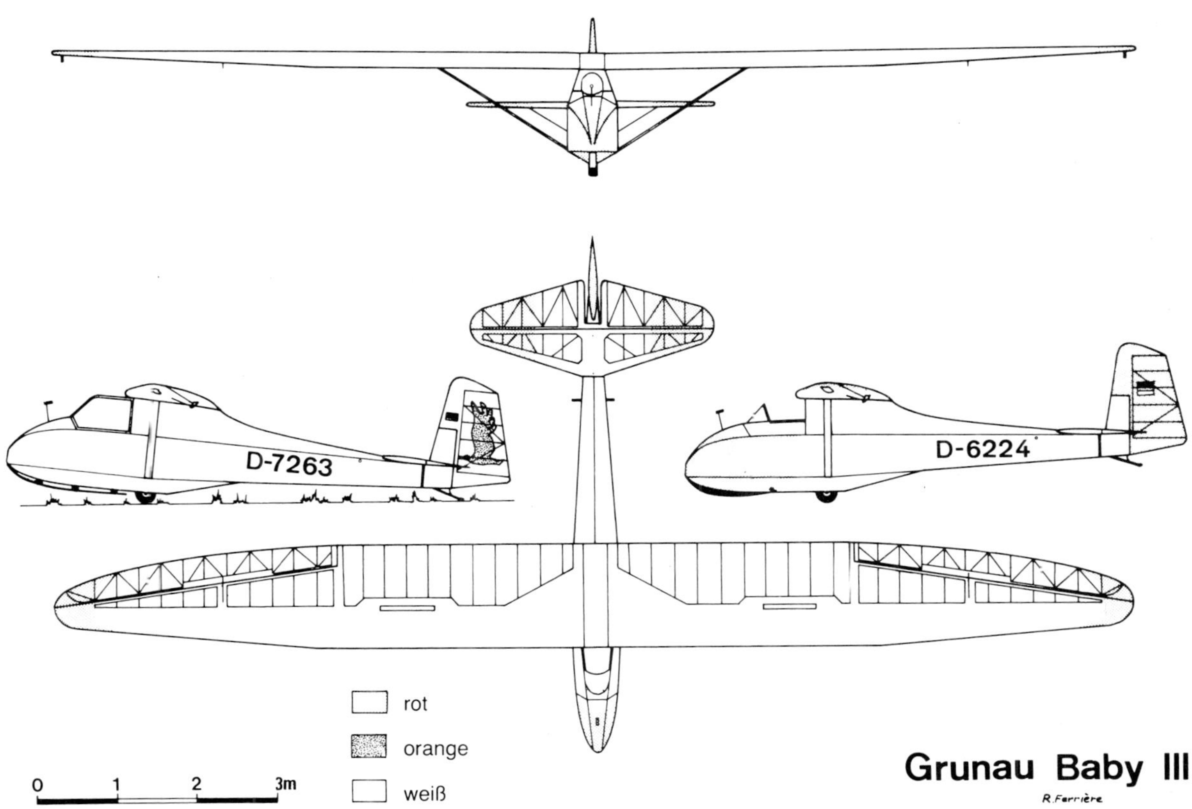

Grunau Baby III

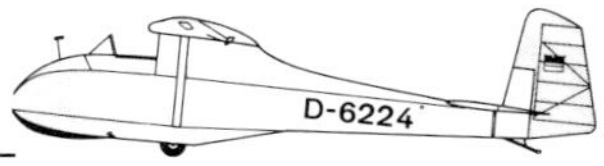

Technische Daten: **Baby IIb**		
Tragflügel:		
Spannweite	13,57	m
Fläche	14,20	m²
Streckung	12,97	
Zuspitzung	2,36	
V-Stellung	1	Grad
Pfeilung	0	Grad
Schränkung	1	Grad
Profil innen	Gö 535	
Dicke	ca. 17	%
Profil Mitte	Gö 535	
Dicke	ca. 17	%
Profil außen	symmetrisch	
Dicke	ca. 11,4	%
Höhenleitwerk:		
Spannweite		m
Fläche	2,32	m²
Profil	symmetrisch	
Seitenleitwerk:		
Höhe	1,18	m
Fläche	0,84	m²
Profil	symmetrisch	
Rumpf:		
Länge	6,09	m
Cockpit-Breite	0,55	m
Höhe		m
Fahrgestell/Rad-Abmessung	Kufe	
Massen:		
leer (ausgerüstet)	160	kg
Cockpit-Zuladung	90	kg
Höchste nichttragende Masse	160	kg
Wasserballast	–	kg
höchste zulässige Flugmasse	250	kg
Flächenbelastung:	17,6	kg/m²
Mindestgeschwindigkeit:	45	km/h
Geringstes Sinken	0,85	m/s
bei Flächenbelastung	17,6	kg/m²
und Fluggeschwindigkeit	55	km/h
Beste Gleitzahl	17	
bei Flächenbelastung	17,6	kg/m²
und Fluggeschwindigkeit	60	km/h
Höchste zulässige Fluggeschwindigkeit	150	km/h

Technische Daten: **Baby III**		
Tragflügel:		
Spannweite	13,55	m
Fläche	14,40	m²
Streckung	12,80	
Zuspitzung	2,4	
V-Stellung	0,5	Grad
Pfeilung	0	Grad
Schränkung	1	Grad
Profil innen	Gö 535	
Dicke	ca. 17	%
Profil Mitte	Gö 535	
Dicke	ca. 17	%
Profil außen	symmetrisch	
Dicke	ca. 11,4	%
Höhenleitwerk:		
Spannweite	3,05	m
Fläche	2,16	m²
Profil	symmetrisch	
Dicke	8,7	%
Seitenleitwerk:		
Höhe	1,38	m
Fläche	1,10	m²
Profil	symmetrisch	
Rumpf:		
Länge	6,35	m
Cockpit-Breite	0,60	m
Höhe bis Rumpfoberkante	0,65	m
Fahrgestell/Rad-Abmessung 260 × 85/280 × 85/290 × 100		
Massen:		
leer (ausgerüstet)	160	kg
Cockpit-Zuladung	90	kg
Höchste nichttragende Masse	180	kg
Wasserballast	–	kg
höchste zulässige Flugmasse	260	kg
Flächenbelastung:	18,1	kg/m²
Mindestgeschwindigkeit:	50	km/h
Geringstes Sinken	0,9	m/s
bei Flächenbelastung	18,1	kg/m²
und Fluggeschwindigkeit	55	km/h
Beste Gleitzahl	18	
bei Flächenbelastung	18,1	kg/m²
und Fluggeschwindigkeit	60	km/h
Höchste zulässige Fluggeschwindigkeit	160	km/h

Schneider ES 49

Im Jahre 1949 entwarf Schneider diesen als Schul- und Übungssegler gedachten Doppelsitzer. Für dieses Muster wurden die strukturellen und aerodynamischen Merkmale der Baby-Versionen übernommen. Die ES 49 war das letzte Modell, das Schneider in Deutschland konstruierte, bevor er 1952 nach Australien auswanderte.

Der Rumpf der ES 49 ist eine Holzkonstruktion mit geraden Seitenwänden, bestehend aus Leisten und Querträgern, die mit zusätzlichen Formspanten überzogen sind. Die Gesamtkonstruktion ist mit Platten aus verleimten Sperrholz verkleidet. Das Landegestell wird gebildet aus einer gummigedämpften, an den Flanken bespannten Eschenkufe, einem halbfreien, ungebremsten Rand, das hinter dem Schwerpunkt angeordnet ist, sowie aus einer kleinen Holzkufe zum Schutz des Hecks. Das Cockpit hat eine Tandemsitzanordnung. Die Haube ist ein mit Kunststoffglasscheiben überzogenes Stahlrohrgerüst. Hinten ist sie mit einem Scharnier versehen und wird nach oben geöffnet. Der Fluglehrersitz befindet sich in Höhe des Schwerpunkts. Zwei in die Rumpfseiten eingelassene Fenster geben Sicht für das Lehrercockpit.

Der zweiteilige Tragflügel ist im Grundriß rechteckig mit trapezförmigen Spitzen. Die Profilform ist an der Wurzel ein Gö 549, das zur Spitze in ein Gö 676 übergeht. Der Flügel hat einen Kastenholm und mit einer Diagonalstrebe, auf denen die durch ein Gitterwerk von Fichtenleisten verstärkten Rippen aufgeleimt sind. Die Flügelnase ist bis zum Holm sperrholzbeplankt. Der restliche Teil des Flügels ist bespannt. Bremsklappen vom Typ Schempp-Hirth aus nichtperforierten Blechen fahren an der Ober- und Unterseite aus. Die Flügelhälften werden durch zwei Metallbolzen verbunden, die durch Ösen an den Holmbeschlägen zu stecken sind. Am Rumpf sind die Tragflügelhälften mit an den Hauptholmen angebrachten Stahlzapfen und den beiden profilierten Metallstreben befestigt. Pfeilung und Schränkung sind Null; der Einstellwinkel zum Rumpf beträgt 1,5 Grad.

Das Seitenleitwerk besteht aus einer kleinen, sperrholzbeplankten Flosse und einem bespannten Ruder, das sowohl sta-

Der Prototyp der ES 49 auf dem Fluggelände der Wasserkuppe mit der späteren ganz geschlossenen Haube. (Foto Schleicher)

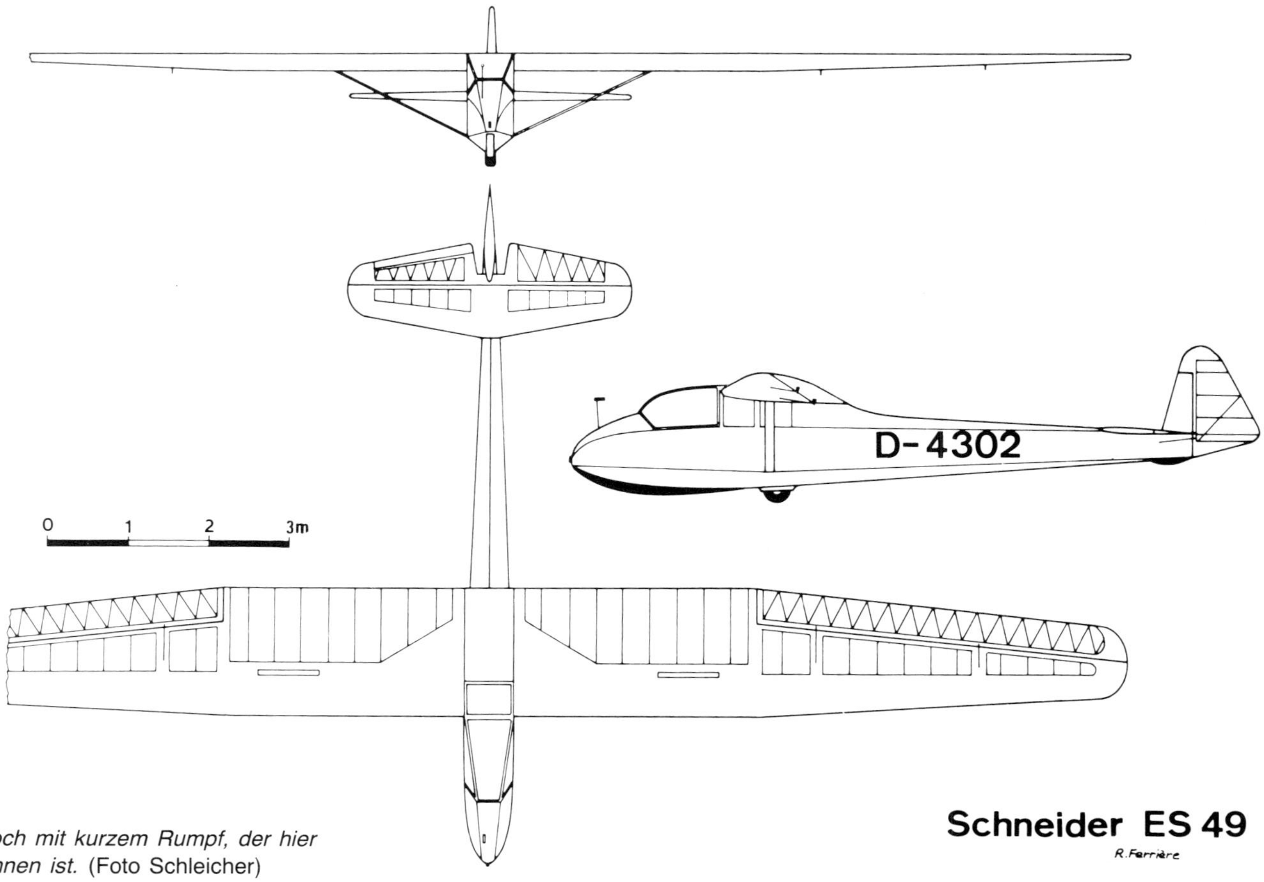

Schneider ES 49

R. Ferrière

ES 49 V-2, ebenfalls noch mit kurzem Rumpf, der hier besonders gut zu erkennen ist. (Foto Schleicher)

tisch wie aerodynamisch gedämpft ist. Das Höhenleitwerk ist ähnlich dem Flügel aufgebaut. Am rechten Teil des Ruders ist die Trimmklappe angebracht.
Der Prototyp der ES 49 wurde 1951 bei Schleicher gebaut. Ende August fand auch der Erstflug statt. Trotz bemerkenswerter Flugleistungen entsprach die ganz in Holzbauweise erstellte ES 49 nicht den Wünschen der Segelflugsportvereine, die sich mit robusten, erschwinglichen und vor allem reparaturfreundlichen Flugzeugen ausstatten wollten. Daher gaben sie eher Seglern wie dem Doppelraab, der Mü 13E oder der »Rhönlerche« den Vorzug, deren Rumpf eine Stahlrohrkonstruktion war. Es erwies sich nämlich, daß diese Bauweise für die harten Einsatzbedingungen im Schulbetrieb besser geeignet war. Insgesamt acht ES 49 wurden bei Schleicher gebaut. Wegen des geringen Interesses, das die Kundschaft diesem Muster entgegenbrachte, wurde die Produktion zugunsten der »Rhönlerche« Ka 4 eingestellt.
Erst ab der Werknummer 3 wurde die ES 49 in der uns heute noch bekannten Form gebaut, mit dem langen Rumpf und der geschlossenen Haube. Der Prototyp D-4302 unterscheidet sich dazu noch durch die zwei zu Anfang offenen Cockpitabdekkungen, wie man sie vom Baby her gewohnt ist, von der Serienausführung.

Heinz Peters vor dem Start zum Erstflug mit der ES 49 auf der Wasserkuppe 1951 – noch mit offener Haube. (Foto Willi Gilges)

Technische Daten: **ES 49**		
Tragflügel:		
Spannweite	16,0	m
Fläche	21,3	m^2
Streckung	11,74	
Zuspitzung	1,77	
V-Stellung	0	Grad
Pfeilung	0	Grad
Schränkung	3	Grad
Profil innen Rippe 1 bis 11	Gö 549	
Dicke	13,84	%
Profil außen Rippe 25	Gö 676	
Dicke	11,95	%
Höhenleitwerk:		
Spannweite	3,5	m
Fläche	3,03	m^2
Profil	symmetrisch	
Seitenleitwerk:		
Höhe	1,7	m
Fläche	1,37	m^2
Profil	symmetrisch	
Rumpf:		
Länge	8,61	m
Cockpit-Breite	0,65	m
Massen:		
leer (ausgerüstet)	280	kg
Cockpit-Zuladung	200	kg
Wasserballast	–	kg
höchste zulässige Flugmasse	480	kg
Flächenbelastung:	21,6	kg/m^2
Mindestgeschwindigkeit:	50	km/h
Geringstes Sinken	0,85	m/s
bei Flächenbelastung	21,6	kg/m^2
und Fluggeschwindigkeit	65	km/h
Beste Gleitzahl	24	
bei Flächenbelastung	21,6	kg/m^2
und Fluggeschwindigkeit	70	km/h
Höchste zulässige Fluggeschwindigkeit	150	km/h

Rhönlerche I – die letzte Konstruktion von Alexander Schleicher

Ludwig Krönung schrieb 1986: »Die Rhönlerche I sollte den damals noch armen Fluggruppen durch Teilselbstbau zum Fliegen verhelfen, erzeugte jedoch wenig Begeisterung.« Das ist zu verstehen. Zur Zeit des Erstflugs dieses zweisitzigen Schulgleiters mit Boot gab es bereits die ES 49, die Gö 4III und die Mü 13E, alles leistungsfähigere geschlossene, richtige Segelflugzeuge. Wenn auch der Ansatz zum billigen Schulflugzeug sicher richtig war, wurde doch das Augenmerk schon auf die Leistungen gelegt.
Der Gitterrumpfausleger ist mit drei Seilpaaren zum Flügel hin verspannt, der Flügel selbst nach unten einstielig verstrebt. Die beiden Störklappen drehen nach oben aus.
Den Fertigprüfschein stellte Willi Gilges am 23. August 1952 aus. Der Erstflug muß in den darauffolgenden Tagen erfolgt sein. Nach Prüfung durch die »vorläufige Bundesstelle für Luftfahrtgerät und Flugunfalluntersuchung Prüfleitstelle München« am 12. Mai 1954 erteilte der Bundesminister für Verkehr am 20. 5. die Musterzulassung für die ein Einzelstück gebliebene Rhönlerche I Werknummer 16/52. Interessant ist der Hinweis im Musterprüfschein: Geeignet für Anfängerschulung: ja, für Handstart: ja. Auto- und Windenschlepp sind zugelassen bis 90 km/h.
Der Verbleib des Einzelstücks ist nicht geklärt. In der Schleicher-Werksfluggruppe »Rhönflug Poppenhausen« wurde sie einige Jahre als Schulflugzeug genutzt und gerne geflogen. Dann kam sie nach Ziegenhain, wo sie auch längere Zeit flog. »Dann haben wir sie aus dem Auge verloren«, sagt man heute bei Schleicher.

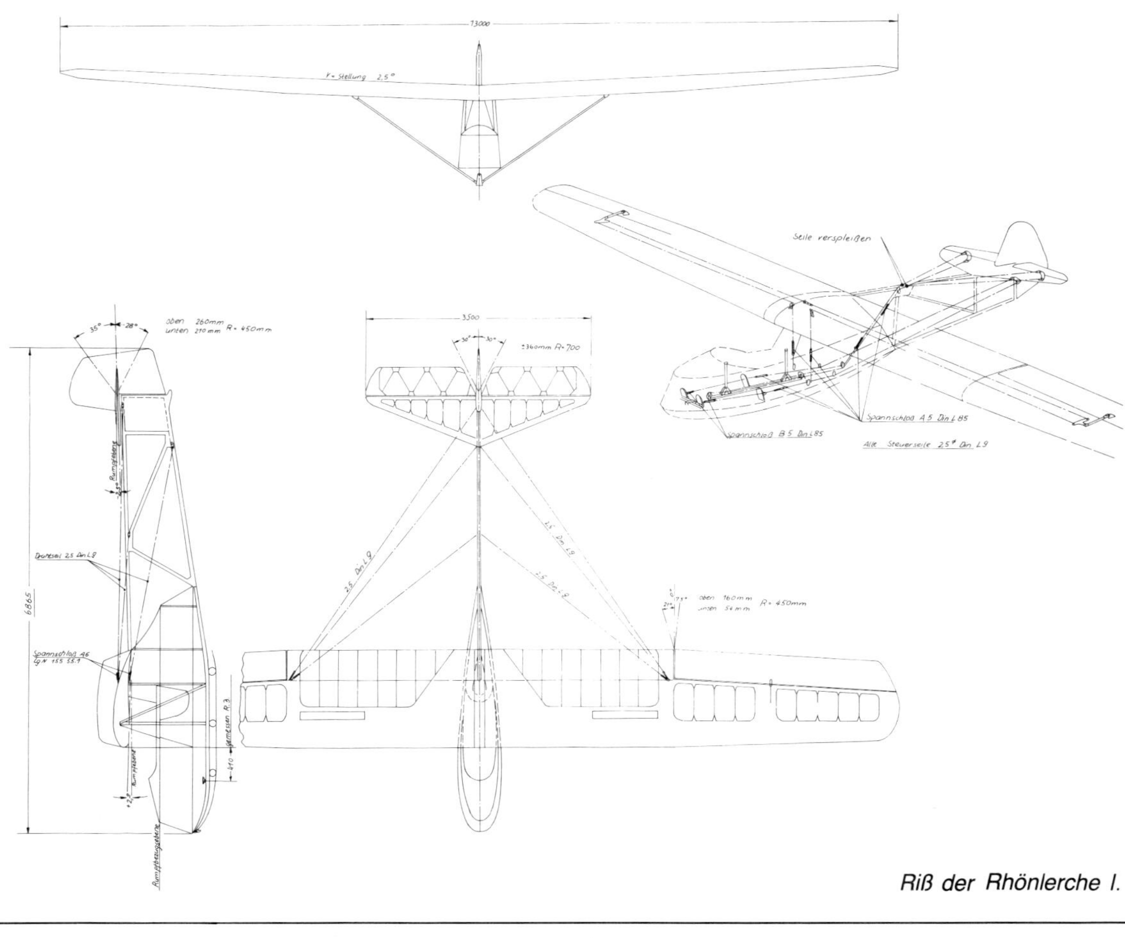

Riß der Rhönlerche I.

Technische Daten: **Rhönlerche I**		
Tragflügel:		
Spannweite	13,00	m
Fläche	20,00	m^2
Streckung	8,45	
Zuspitzung	1,25	
V-Stellung	2,5	Grad
Pfeilung	0	Grad
Schränkung	0 Grad bis Querruder, dann 2,5	Grad
Profil innen		
Dicke	16,3	%
Profil Mitte		
Dicke	16,3	%
Profil außen		
Dicke	10	%
Höhenleitwerk:		
Spannweite	3,50	m
Fläche	2,94	m^2
Profil	symmetrisch	
Dicke	7,5	%
Seitenleitwerk:		
Höhe	1,40	m
Fläche	0,51	m^2
Streckung (geom.)	4,41	
Profil	symmetrisch	
Dicke	7,7	%
Rumpf:		
Länge	6,865	m
Cockpit-Breite	0,65	m
Höhe	1,23	m
Fahrgestell/Rad-Abmessung	Kufe	
Massen:		
leer (ausgerüstet)	210	kg
Cockpit-Zuladung	170	kg
Wasserballast	–	kg
höchste zulässige Flugmasse	380	kg
Flächenbelastung:	13,75–19,00	kg/m^2
Höchste zulässige Fluggeschwindigkeit	140	km/h

Rhönlerche I im Windenstart auf der Wasserkuppe.
(Foto Ludwig Krönung)

Dittmar Condor IV

Der Ursprung des Condor IV geht zurück auf das Jahr 1931, als der berühmte Segelflieger Heini Dittmar sich von den aerodynamischen Strukturen, die Alexander Lippisch für den Bau des Fafnir entwickelt hatte, inspirieren ließ und an die Konstruktion eines Hochleistungssegelflugzeugs ging, das den Namen Condor I erhielt. Der Condor I war ein Einsitzer, dessen Knickflügel hoch auf einem sehr schlanken Schalenrumpf angesetzt war. Das von Heini Dittmar selbst gesteuerte Muster nahm 1933 am Rhönwettbewerb teil und belegte den dritten Platz. Während eines Fluges in Südafrika errang der Condor I mit einem Aufstieg auf 4300 m den Höhenweltrekord.
1935 nahm Dittmar einige Veränderungen vor, die dann zu einer neuen, Condor II benannten Version führten. Diese Verbesserungen – Verstärkung des Tragflügels, Verjüngung des Profils und Wegfall der Streben – bewirkten einen spürbaren Anstieg der Gleitzahl sowie der Höchstgeschwindigkeit. Hiermit belegte Rudolf Oeltzschner beim Rhönwettbewerb 1935 mit einem Langstreckenflug von 504 km den ersten Platz.
Unter dem Namen Condor III entstand dann 1938 eine neue Version, mit der Dittmars ständiges Streben nach Verbesserung zum Ausdruck kam. Die vorgenommenen Veränderungen erstreckten sich auf den Flügel/Rumpfanschluß, eine Verringerung des V-Winkels in der Flügelwurzel, eine Verstärkung des Holmes, den Einbau von DFS-Bremsklappen an der Flügelunterseite sowie auf eine erhebliche Reduzierung der Bauhöhe. Die Fertigung des Prototyps und der gesamten Condor-III-Baureihe wurde Schleicher übertragen, der 15 Jahre später erneut für Dittmar arbeiten sollte, um die letzte Entwicklung der Condor-Serie zu realisieren.
In den 50er Jahren waren die Segelflugzeugbauer im wesentlichen damit beschäftigt, die Vereine mit Schul- und Übungsseglern neu auszustatten. In der Typenklasse »einsitzige Leistungssegler« dominierten die Focke-Wulf Meise und die Weihe 50. Doppelsitzige Leistungssegler gab es jedoch nur wenig – und dies obwohl die Kategorie »Doppelsitzer« seit 1951 bei nationalen und internationalen Wettbewerben eine eigene

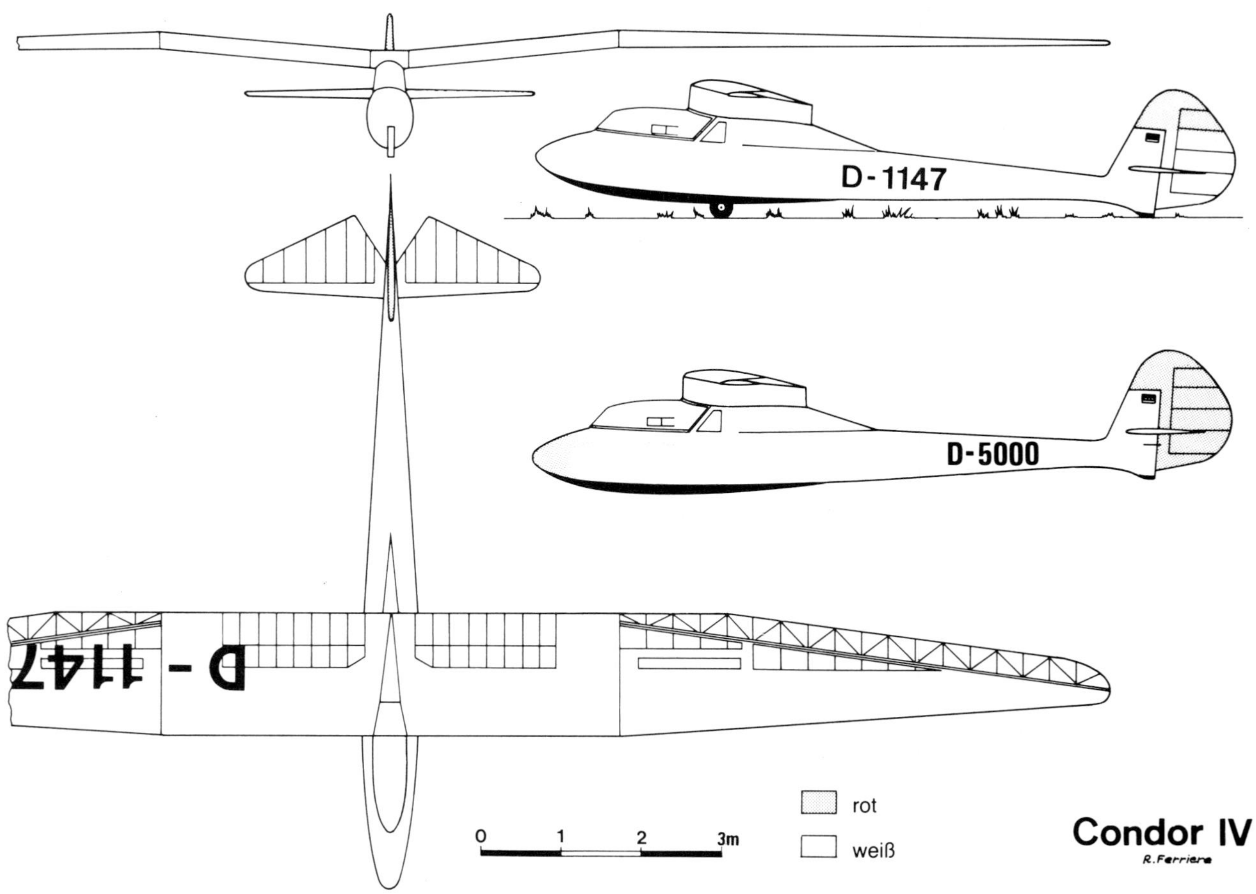

Bei dieser Großaufnahme einer Condor-IV-Nase lassen sich einige Besonderheiten erkennen: die lange, gespannte Kufe, an der das Abwurffahrwerk befestigt wird; der Knickflügel; die große Plexiglashaube, die sich tief in die Flügelvorderkante einschneidet. (Foto R. Bellone)

Ein Condor IV vor dem Gebirgsflug auf dem verschneiten Segelfluggelände von Fayence. (Foto J.-P. Barrois)

Klasse stellte. Unter diesem Blickwinkel erarbeitete Dittmar 1951 eine doppelsitzige Version seines berühmten Condor III. Der Condor IV hat die wesentlichen Merkmale ihrer Vorgängerinnen. Jedoch wurden der Rumpf um 70 cm, die Spannweite um 80 cm und die Flügelfläche um 4,1 m^2 vergrößert. Die Sitze sind hintereinander so angeordnet, daß der zweite Sitz genau im Schwerpunkt zu liegen kommt. Das Cockpit wird von einer abnehmbaren, einteiligen Haube abgedeckt, einer Rohrkonstruktion mit Kunststoffverglasung. Seitenflosse und -ruder sind im Vergleich zum Condor III erheblich größer. Das ungewöhnlich stark zugespitzte Höhenleitwerk ist als Pendelruder ausgelegt. Wie bei den Vormodellen besteht das Fahrwerk aus einer langen, gummigedämpften und an den Seiten bespannten Holzkufe. Eine in die Seitenflosse integrierte Metallkufe schützt den Schwanz. Als Starthilfe dient ein an der Kufe befestigtes Abwurffahrwerk.

Der Erstflug des Condor IV fand 1952 statt. Bald darauf wurde bei Ferdinand Schmetz in Aachen die erste Serienproduktion aufgenommen. Mit einem dieser Muster sicherte sich Ernst Günter Haase den Geschwindigkeitsweltrekord über ein 100-km-Dreieck, das er mit einem Durchschnitt von 80 km/h flog. Ein von dem Ägypter Hassan Kamil gesteuerter Condor IV nahm 1952 an der Weltmeisterschaft in Madrid teil. Ab

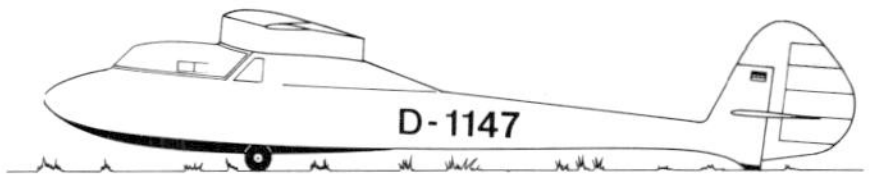

1953 übernahm Schleicher den Bau des Condor IV als Bauserie 3. Der Prüfschein des ersten Schleicher Condor IV trägt das Datum vom 5. Juni 1953. Im wesentlichen wurde nichts verändert. Neuerungen waren lediglich ein verändertes Profil an der Flügelspitze sowie der Einbau einer großen einteiligen Plexiglashaube. In Poppenhausen wurden 7 Condor IV gebaut. Aus dieser Serie wurde 1954 ein Flugzeug von dem Argentinier Ompre bei den Weltmeisterschaften in Camphill, Großbritannen und dann 1956 vom Team Sadoux/Bazet (ebenfalls Argentinien) bei den Weltmeisterschaften in Saint-Yan, Frankreich, eingesetzt, wo es den dritten Platz belegte.

Technische Daten: **Condor IV**			
Tragflügel:			
Spannweite		18,0	m
Fläche		21,2	m²
Streckung		15,3	
V-Stellung		0	Grad
Pfeilung		0	Grad
Schränkung		0	Grad
Profil innen		Gö 532	
Dicke		12,5	%
Profil Mitte		Gö 532	
Dicke		12,5	%
Profil außen		NACA 0012	
Dicke		12	%
Höhenleitwerk:			
Spannweite		3,5	m
Fläche		1,85	m²
Seitenleitwerk:			
Höhe		1,5	m
Rumpf:			
Länge		8,44	m
Cockpit-Breite		0,58	m
Massen:			
leer (ausgerüstet)		358	kg
Cockpit-Zuladung		zuerst 170, dann 200	kg
Wasserballast	–	–	kg
höchste zulässige Flugmasse	510	560	kg
Flächenbelastung:		24,5	kg/m²
Mindestgeschwindigkeit:		60	km/h
Geringstes Sinken		0,7	m/s
bei Flächenbelastung		24,5	kg/m²
und Fluggeschwindigkeit		65	km/h
Beste Gleitzahl		31	
bei Flächenbelastung		24,5	kg/m²
und Fluggeschwindigkeit		80	km/h
Höchste zulässige Fluggeschwindigkeit		170	km/h

Die Anfänge von Rudolf Kaiser

Rudolf Kaiser wurde am 10. September 1922 in Waldsachsen bei Coburg geboren. Als einziger Sohn einer Metzgerfamilie sollte er nach dem Willen seines Vaters das elterliche Geschäft übernehmen. Seine Leidenschaft für die Fliegerei entstand während der Coburger Gymnasialzeit durch den Flugmodellbau. Mit 15 Jahren wandte er sich jedoch von den Modellen ab und widmete sich voll der Segelfliegerei, die im Deutschland der 30er Jahre als Nationalsport galt. Auch als er 1940 Luftwaffensoldat wurde, steuerte er weiterhin Segelflugzeuge und legte 1942 erfolgreich die Prüfung für die C-Lizenz ab. Nach Kriegsende nahm Kaiser das Studium des Bauingenieurwesens auf, das er 1952 mit dem Diplom abschloß. Doch die Segelfliegerei war nicht vergessen. Als 1951 das Segelfliegen wieder erlaubt wurde, ging er an den Bau eines, zum persönlichen Gebrauch gedachten, kleinen Einsitzers, den er Ka 1 nennt.
Bei der Beurteilung der Leistungen Rudolf Kaisers wird viel zu oft vergessen, daß er sich alles, was mit der Fliegerei zu tun hat, im Selbststudium aneignen mußte. Er hatte weder das Glück, Luftfahrttechnik studieren zu können, noch je einer Akaflieg angehören zu dürfen, um Grundlagen zu erlernen und Erfahrungen zu sammeln. Vielleicht ist dies sogar einer der Gründe für die hervorragenden Flugeigenschaften seiner Konstruktionen. Beispielhaft sei hier die K 6 genannt! Auch seine Doppelsitzer setzten in dieser Hinsicht Maßstäbe, einschließlich der ASK 21 der frühen 80er Jahre.

Ka 1 und Ka 3

Die Ka 1 ist ein kleiner Einsitzer mit 10 m Spannweite und einem Rüstgewicht von 95 kg. Der Rumpf ist eine Schalenkonstrukion: vorgeformte Sperrholzplatten überziehen das Rumpfskelett. Die leichte Zelle und die verkleinerten Maße von vorderem und hinterem Hebelarm veranlaßten Kaiser, den Führersitz möglichst nahe dem Schwerpunkt anzuordnen.
Ähnlich wie bei der Mü 13d ist die abnehmbare Haube als Flügel und Rumpf verbindende Kanzel integriert. Der Kopf des Flugzeugführers kommt so in einen Ausschnitt zwischen dem Holm und der Vorderkante der Wurzelrippen zu liegen. Das Landegestell wird aus zwei Eschenkufen gebildet: die größere schützt den Rumpfboden, die kleinere ist am Leitwerksträger angebracht. Ein Abwurffahrgestell erleichtert den Startvorgang. In die Rumpfnase ist ein Schlepphaken eingelassen. Eine Windenstartkupplung ist an der linken Rumpfseite angeordnet.
Der einholmige Tragflügel besteht aus zwei Hälften, die auf einem Pylon hoch über dem Rumpf angesetzt sind. Beide Hälften sind abgestrebt. Das Flügelprofil ist ein auf 16% aufgedicktes Gö 549.
Eine der bemerkenswerten Besonderheiten an Kaisers erstem Segler ist das V-Leitwerk. Diese bei Segelflugzeugen selten zu findende Leitwerkform bewirkt bei der Ka 1 eine Verringerung von Gewicht und Widerstand. Das in einem Winkel von 110° angeordnete Leitwerk besteht aus starren, sperrholzbeplankten Flossen und stoffbespannten Rudern.
Kaiser baute den Prototyp der Ka 1 während des Winters 1951/52 in der eigenen Wohnung. Ostern 1952 fand dann auf dem Gelände der Wasserkuppe der Erstflug statt. Kaiser steuerte diesen Gleiter bis 1955 selbst, dann stieg er auf die erste Ka 6 um. Die Ka 1 ging kaum in die Industriefertigung (nur wenige bei Erwin Köhler in Engelsheim bei Fulda), sondern wurde im wesentlichen von Amateuren (etwa zehn) gebaut. Zwei davon fliegen noch heute in der Bundesrepublik und sind unter den Kennzeichen D-7168 und D-8899 zugelassen.
Trotz des bei Amateurbauern großen Interesses für die Ka 1 schreckten viele vor dem Schalenrumpf zurück. Daher setzte Kaiser die zwischenzeitlich bei Egon Scheibe gewonnenen Erfahrungen um und entwarf einen Stahlrohrrumpf, passend für den Tragflügel und das Leitwerk der Ka 1. Dieses Ka 3 benannte Flugzeug wurde für den Eigenbau in Baukästen produziert. Vorfabriziert wurden von Schleicher lediglich der Rumpf und die Holme. Im Frühjahr 1953 flog die Ka 3 zum erstenmal. Ungefähr 20 Exemplare wurden gefertigt, vier davon befinden sich noch heute in flugfähigem Zustand.

Die als Bausatz produzierte Ka 3 hat die Flügel und das Leitwerk der Ka 1. Der Rumpf ist allerdings eine Stahlrohrkonstruktion.

Rechte Farbseite: *Baby II noch ohne Rad. Es wurde bereits 1934 zugelassen.*

HB-120

Oben: *Ein Baby III im Flug. Das Rumpfvorderteil und das Seitenleitwerk sind die Hauptmerkmale, an denen es sich vom Baby IIb unterscheiden läßt.* (Foto Claude Visse)

Unten: *Originalgetreu nach den alten Plänen baute Klaus Heyn diesen Rhönadler 35 nach. Im August 1987 wurde er fertig.* (Foto Joachim Selinger)

Oben: *Diese ES 49 gehört heute dem Oldtimer-Segelflug-Club Wasserkuppe.* (Foto Peter F. Selinger)

Unten: *Der früher in Neresheim fliegende Condor IV nahm, von seinen neuen Besitzern aus Ütersen erst jüngst restauriert, am Treffen des Vintage Glider Club of Great Britain Ende Juli 1987 auf dem Flugplatz Aalen-Elchingen-Neresheim teil.* (Foto Peter F. Selinger)

Die Ka 1 ist Kaisers erster selbstgebauter Segler. Sie steht hier auf einem abwerfbaren kleinen Fahrwerk. (Foto Claude Visse)

Diese K 6CR des Aeroclub von Lausanne zeigt ihre ausgefahrenen Schempp-Hirth-Bremsklappen. (Foto R. Ferrière)

Nach dem Gesichtsausdruck des Piloten zu urteilen, ist der Einstieg in die enge Ka 1 kein Vergnügen. (Foto C. Visse)

Die Nase einer Ka 6CR in Großaufnahme. Die sehr gerundeten Formen waren für die 50er Jahre typisch. (Foto R. Ferrière)

Diese Aufnahme einer Ka 4 »Rhönlerche« zeigt deutlich die eckige Rumpfform, die Anordnung der Schwerpunktschleppkupplungen und die Befestigungspunkte der Flügelstreben. (Foto Richard Ferrière)

Die E-Version war die letzte Baureihe der K 6. Obwohl sie den Vorgängern sehr ähnlich ist, wirkt sie von der Silhouette her doch wesentlich feiner. (Foto R. Ferrière)

Rechte Seite: *Eine K 6E auf Überlandflug.*

Ein startender Rhönadler. (Foto R. Ferrière)

Linke Seite: *Zwei K 7 »Rhönadler« warten auf den Start.*

Wie hier anhand eines der ersten Exemplare zu sehen ist, wurden an der K 8B wenig Veränderungen während des Fertigungszeitraums vorgenommen. (Foto R. Ferrière)

Die K 8 wurde in hohen Stückzahlen in alle europäischen Länder exportiert. Die jüngsten Exemplare sind mit einer Panoramahaube umgerüstet. (Foto R. Ferrière)

Technische Daten: **Ka 1**		
Tragflügel:		
Spannweite	10,0	m
Fläche	9,9	m^2
Streckung	10,1	
Zuspitzung	1	
V-Stellung	2	Grad
Pfeilung	0	Grad
Schränkung	7	Grad
Profil innen	Gö 549 mod.	
Dicke	16,0	%
Profil Mitte	Gö 549 mod.	
Dicke	16,0	%
Profil außen	Gö 549 mod.	
Dicke	16,0	%
Höhenleitwerk:		
Spannweite	2,0	m
Fläche (projiziert 1,2 m^2)	1,8	m^2
Profil	symmetrisch	
Dicke	12,0	%
Seitenleitwerk:	V-Leitwerk	
V-Winkel	37	Grad
Fläche (projiziert 0,9 m^2)		
Rumpf:		
Länge	5,50	m
Cockpit-Breite	0,60	m
Höhe	1,00	m
Fahrgestell/Rad-Abmessung	Kufe	
Massen:		
leer (ausgerüstet)	98	kg
Cockpit-Zuladung	ca. 85	kg
höchste nichttragende Masse	155	kg
Wasserballast	–	kg
höchste zulässige Flugmasse	195	kg
Flächenbelastung:	19,7	kg/m^2
Mindestgeschwindigkeit:	53	km/h
Geringstes Sinken	0,95	m/s
bei Flächenbelastung	18,2	kg/m^2
und Fluggeschwindigkeit	65	km/h
Beste Gleitzahl	18	
bei Flächenbelastung	18,2	kg/m^2
und Fluggeschwindigkeit	75	km/h
Höchste zulässige Fluggeschwindigkeit	160	km/h

Technische Daten: **Ka 3**		
Tragflügel:		
Spannweite	10,0	m
Fläche	9,9	m^2
Streckung	10,1	
Zuspitzung	1	
V-Stellung	2	Grad
Pfeilung	0	Grad
Schränkung	7	Grad
Profil innen	Gö 549 mod.	
Dicke	16,0	%
Profil Mitte	Gö 549 mod.	
Dicke	16,0	%
Profil außen	Gö 549 mod.	
Dicke	16,0	%
Höhenleitwerk:		
Spannweite	2,0	m
Fläche (projiziert 1,2 m^2)	1,8	m^2
Profil	symmetrisch	
Dicke	12,0	%
Seitenleitwerk:	V-Leitwerk	
V-Winkel	37	Grad
Fläche (projiziert 0,9 m^2)		
Rumpf:		
Länge	5,46	m
Cockpit-Breite	0,60	m
Fahrgestell/Rad-Abmessung	Kufe	
Massen:		
leer (ausgerüstet)	ca. 95	kg
Cockpit-Zuladung	ca. 100	kg
höchste nichttragende Masse	155	kg
Wasserballast	–	kg
höchste zulässige Flugmasse	195	kg
Flächenbelastung:	19,7	kg/m^2
Mindestgeschwindigkeit:	53	km/h
Geringstes Sinken	0,95	m/s
bei Flächenbelastung	18,2	kg/m^2
und Fluggeschwindigkeit	65	km/h
Beste Gleitzahl	18 bis 20	
bei Flächenbelastung	18,2	kg/m^2
und Fluggeschwindigkeit	75	km/h
Höchste zulässige Fluggeschwindigkeit	160	km/h

Linke Seite: *Eine K 8B im Landeanflug.*

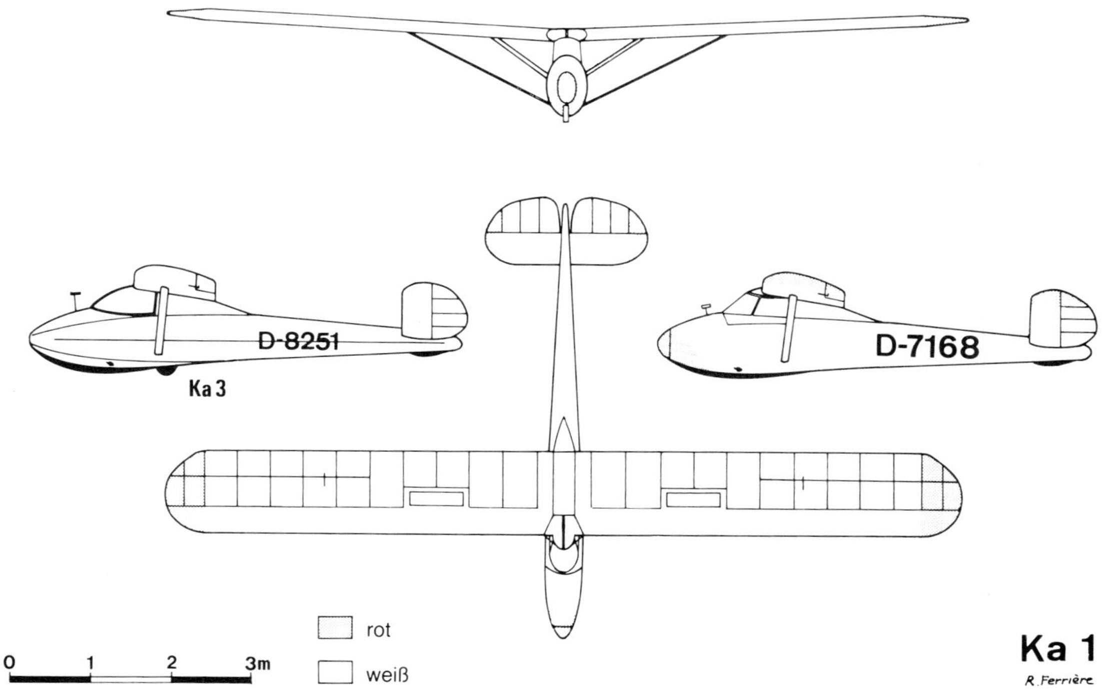

Ka 1

R. Ferrière

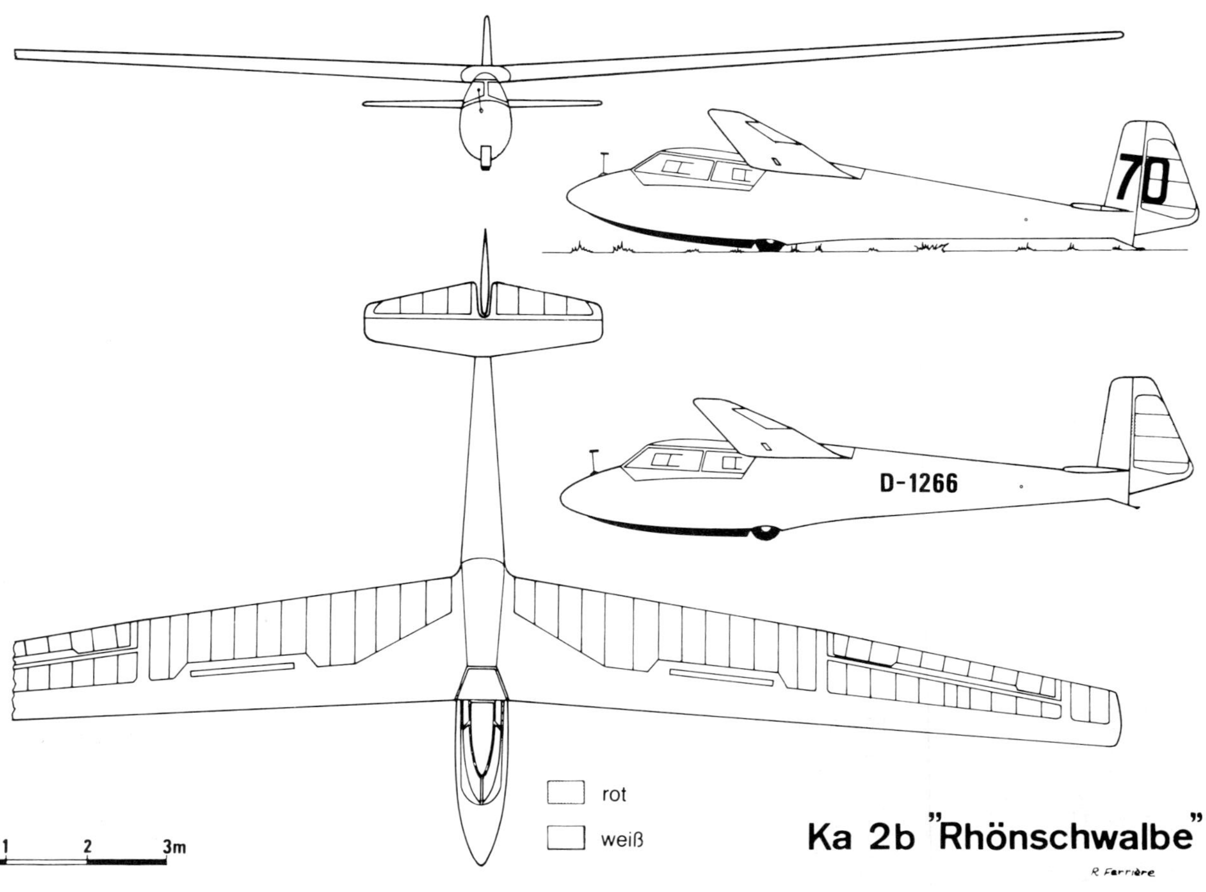

Ka 2b "Rhönschwalbe"

R. Ferrière

Ka 2 Rhönschwalbe

In den Jahren 1952 und 1953 arbeitete Rudolf Kaiser sowohl für Scheibe, mit dem er den Spatz baute, als auch für Schleicher, für den er die Muster Ka 2 und Ka 4 entwarf. Von Oktober 1953 bis April 1955 war er bei Egon Scheibe voll mit der Entwicklung des Zugvogel (der Ka 5 in Kaisers persönlicher Nomenklatur) beschäftigt. 1955 ging er nach Poppenhausen zurück, um die Ka 6 zu entwickeln.
Die Ka 2 »Rhönschwalbe« ist das erste Segelflugzeug, das Kaiser für Schleicher entwarf. Im Gegensatz zu den damals zahlreich auftauchenden Doppelsitzern ist die Ka 2 nicht die Weiterentwicklung eines Vorkriegsmusters, sondern ein vollkommen neu konzipiertes Flugzeug. Bemerkenswert ist der vorgepfeilte Tragflügel. Diese bis dahin bei Seglern selten anzutreffende aerodynamische Flügelform (Ausnahmen sind der KIM Stachanowez oder die DFS 42 Kormoran) war während des Krieges Gegenstand systematischer Untersuchungen beim Entwurf des schweren Bombers Junkers Ju 287.

Diese von Kaiser für den Bau seines ersten Doppelsitzers wieder aufgegriffenen Studien hatten sehr unterschiedliche Zielsetzungen:
– Eine mit einer geringeren V-Stellung zusammenhängende Vergrößerung der Querstabilität schafft eine Verbesserung der Quersteuerbarkeit.
– Das bessere Querverhalten dieses Flügeltyps verzögert besonders bei niedriger Geschwindigkeit den Übergang in das Trudeln und trägt eher dazu bei, aus diesem wieder in eine normale Fluglage zu kommen.
– Die Möglichkeit, den Tragflügel weiter hinten am Rumpf zu befestigen, beseitigt Trimmprobleme und bewirkt gleichzeitig ein vergrößertes Sichtfeld vom hinteren Platz aus.
Die Entwicklung der Ka 2 erstreckte sich über das ganze Jahr 1951. Die Rhönschwalbe ist ein kleiner Doppelsitzer in Tandemanordnung. Sie ist eine Holzkonstruktion und gleichermaßen für Wettbewerbe und Leistungsflüge gedacht.
Unter dem vollbeplankten Rumpf befindet sich ein leichtes, aus Spanten und Gurten bestehendes Skelett. Den Führersitz überspannt eine große, abnehmbare Haube aus Strahlrohrstre-

Die von den Türken Yarkin und Argun gesteuerte Ka 2b nahm 1956 an den Weltmeisterschaften von Saint-Yan teil und belegte den 7. Rang. Dahinter sieht man eine Air 100 und dann die Einzelkonstruktion HKS 1. (Foto C. Visse)

ben mit Plexiglasscheiben. Das Landegestell umfaßt eine gummigefederte Eschenkufe, ein hinter dem Schwerpunkt angeordnetes, tief versenktes, festes Rad sowie einen gedämpften Schwanzsporn zum Schutz des Leitwerks.
Die vollbeplankte Flosse des Seitenleitwerks bildet eine Einheit mit dem Rumpf; das Ruder ist bespannt. Das Höhenleitwerk besteht aus einer mit zwei Zapfen und einer Schraube auf dem Rumpf befestigten, beplankten Stabilisierungsflosse; das Höhenruder ist bespannt.
Beide Tragflügelhälften sind weit oben am Rumpf angesetzt. Im Grundriß haben sie die Form eines zum Ende stark zugespitzten Doppeltrapezes. Das Flügelprofil geht von einem Gö 533 an der Wurzel zu den Spitzen in ein Gö 532 über. Die Struktur jedes Halbflügels besteht aus einem I-Holm, der mit der Diagonalstrebe und der beplankten Flügelvorderkante einen Torsionskasten bildet. Die 22 Rippen sind innen durch ein Fachwerk aus Kiefernholzleisten verstärkt. Schempp-Hirth-Bremsklappen fahren an Unter- und Oberseite aus.
Der Prototyp der Ka 2 wurde während des Winters 1952/53 in Poppenhausen gebaut. Unter dem Kennzeichen D-4310 erfolgte im Frühjahr 1953 der Erstflug auf der Wasserkuppe. Im gleichen Jahr begann die Serienproduktion, die dann 1955 mit

Technische Daten: **Ka 2**		
Tragflügel:		
Spannweite	15,0	m
Fläche	16,8	m²
Streckung	13,4	
Zuspitzung	2,2	
V-Stellung	2,5	Grad
Pfeilung	−7	Grad
Schränkung	1	Grad
Profil innen	ähnl. Gö 533	
Dicke	16,0	%
Profil Mitte	ähnl. Gö 533	
Dicke	14,0	%
Profil außen	Gö 532	
Dicke	12,0	%
Höhenleitwerk:		
Spannweite	3,0	m
Fläche	2,25	m²
Profil	symmetrisch	
Dicke	12	%
Seitenleitwerk:		
Fläche	1,15	m²
Streckung (geom.)	1,59	
Profil	symmetrisch	
Dicke	12	%
Rumpf:		
Länge	7,97	m
Cockpit-Breite	0,7	m
Fahrgestell/Rad-Abmessung	380	mm
Massen:		
leer (ausgerüstet)	254	kg
höchste nichttragende Masse	320	kg
Wasserballast	–	kg
höchste zulässige Flugmasse	460	kg
Flächenbelastung:	27,4	kg/m²
Mindestgeschwindigkeit:	65	km/h
Geringstes Sinken	0,96	m/s
bei Flächenbelastung	27,4	kg/m²
und Fluggeschwindigkeit	71	km/h
Beste Gleitzahl	24	
bei Flächenbelastung	27,4	kg/m²
und Fluggeschwindigkeit	87	km/h
Höchste zulässige Fluggeschwindigkeit	170	km/h

Technische Daten: **Ka 2b**		
Tragflügel:		
Spannweite	16,0	m
Fläche	17,5	m²
Streckung	14,63	
V-Stellung	4	Grad
Pfeilung	−7	Grad
Schränkung	4	Grad
Profil innen	ähnl. Gö 533	
Dicke	16,0	%
Profil Mitte	ähnl. Gö 533	
Dicke	14,0	%
Profil außen	Gö 532	
Dicke	12,0	%
Höhenleitwerk:		
Spannweite	3,0	m
Fläche	2,25	m²
Profil	symmetrisch	
Dicke	12	%
Seitenleitwerk:		
Fläche	1,15	m²
Streckung (geom.)	1,59	
Profil	symmetrisch	
Dicke	12	%
Rumpf:		
Länge	8,15	m
Cockpit-Breite	0,6	m
Höhe	über alles 1,7	m
Fahrgestell/Rad-Abmessung	380	mm
Massen:		
leer (ausgerüstet)	278	kg
höchste nichttragende Masse	320	kg
Wasserballast	–	kg
höchste zulässige Flugmasse	480	kg
Flächenbelastung:	27,1	kg/m²
Mindestgeschwindigkeit:	62	km/h
Geringstes Sinken	0,80	m/s
bei Flächenbelastung	27,1	kg/m²
und Fluggeschwindigkeit	65	km/h
Beste Gleitzahl	27	
bei Flächenbelastung	27,1	kg/m²
und Fluggeschwindigkeit	80	km/h
Höchste zulässige Fluggeschwindigkeit	170	km/h

insgesamt 38 gebauten Exemplaren auslief.
Der berühmte Schweizer Segelflieger Karl Baur bestellte eine Ka 2 mit der dringenden Bitte, um besserer Flugleistungen willen doch die Spannweite etwas zu vergrößern. Seinem Drängen gab man schließlich nach, aber so spät, daß seine Ka 2 (HB-535) zwar den neuen Flügel, aber noch den alten kürzeren Rumpf bekam. Diese Ka 2b sollte fast 30 Jahre später Ende August/Anfang September 1985 am Jubiläumstreffen zur Feier des 50. Jahrestages des internationalen Fluglagers auf dem 3954 m hohen Jungfraujoch in der Schweiz teilnehmen und dort die Segelflugpost befördern.
1955 stellte Kaiser eine vergrößerte Version mit der Bezeichnung Ka 2b vor, die sich von der alten Baureihe lediglich durch die auf 16 m vergrößerte Spannweite, eine geänderte Schränkung und der um 1 Grad erhöhten V-Form unterscheidet. Der Prototyp trug das Kennzeichen D-1266 und flog zum erstenmal im Sommer 1955. Zwischen 1955 und 1957 wurden insgesamt 75 Exemplare in Serie produziert. An Bord einer Ka 2b stellten Dieter Schmidt und Karl Pummer am 29. Januar 1959 in Fayence mit 6907 Metern den deutschen Höhenrekord auf. Eine von den Türken Yarkin und Argun gesteuerte Ka 2b belegte im Juni 1956 bei den Weltmeisterschaften von Saint-Yan den siebten Platz. Heute fliegen noch etwa 40 Ka 2 und Ka 2b.

Ka 4 Rhönlerche II

Die 50er Jahre brachten für die deutsche Segelfliegerei nicht nur ein erneutes Aufleben, sondern auch eine tiefgreifende Veränderung mit sich. Während vor dem Krieg der Segelflugsport aus politischen und militärischen Gründen vom Staat finanziert wurde, mußten die nach dem Krieg nun nicht mehr subventionierten Vereine sich aus eigenen Mitteln tragen. Zunächst ging man daher auf die Suche nach einem Segelflugzeug-Doppelsitzer für die Anfängerschulung, der folgende Qualitäten aufweisen sollte: Wirtschaftlichkeit in Anschaffung und Wartung, möglicher Eigenbau durch die Vereine, gute Flugeigenschaften und leichte Handhabung.
Getreu diesen Anforderungen ging Kaiser 1953 an die Konstruktion der Ka 4 Rhönlerche II, die noch 1953 zum erstenmal fliegen sollte.
Nach Fertigstellung der Ka 2 wurde Rudolf Kaiser von Schleicher gekündigt (möglicherweise aus finanziellen Gründen), bekam aber für die noch verbleibende Zeit von etwa einem Monat (August/September 1953) den Auftrag, die Rhönlerche zu konstruieren. Da Kaiser bei Scheibe am Doppelsitzer »Specht« gearbeitet hatte, fiel ihm der Entwurf der Rhönlerche II nicht schwer, zumal er seine Ideen ungehindert verwirklichen konnte. In dieser kurzen Zeit schaffte er die Auslegung und legte die Profile fest. Die Detailkonstruktion führte Ludwig Krönung aus (der schon seit 1939 im Konstruktionsbüro bei Schleicher arbeitete), so daß die erste Rhönlerche II schon am 7. Dezember 1953 in die Luft kam. Zu diesem Zeitpunkt arbeitete Kaiser schon bei Egon Scheibe in Dachau am Zugvogel.
Um dem Wunsch nach Robustheit und Wirtschaftlichkeit zu entsprechen, ist der Rumpf eine Strahlrohrkonstruktion. Zur Verbesserung der aerodynamischen Eigenschaften sind einige Holzleisten angebracht, wodurch der eckige Rumpfquerschnitt etwas gerundet werden soll. Rumpfnase und Leitwerkflosse sind beplankt. Der restliche Rumpf ist bespannt. Die Ka 4 ist ein Doppelsitzer in Tandemanordnung: Der Schüler sitzt vor der Flügelvorderkante, der Fluglehrer unter den Flügeln im Schwerpunkt. Die Haube besteht ebenfalls aus einer Stahlrohrkonstruktion, die mit Astralonscheiben und einem

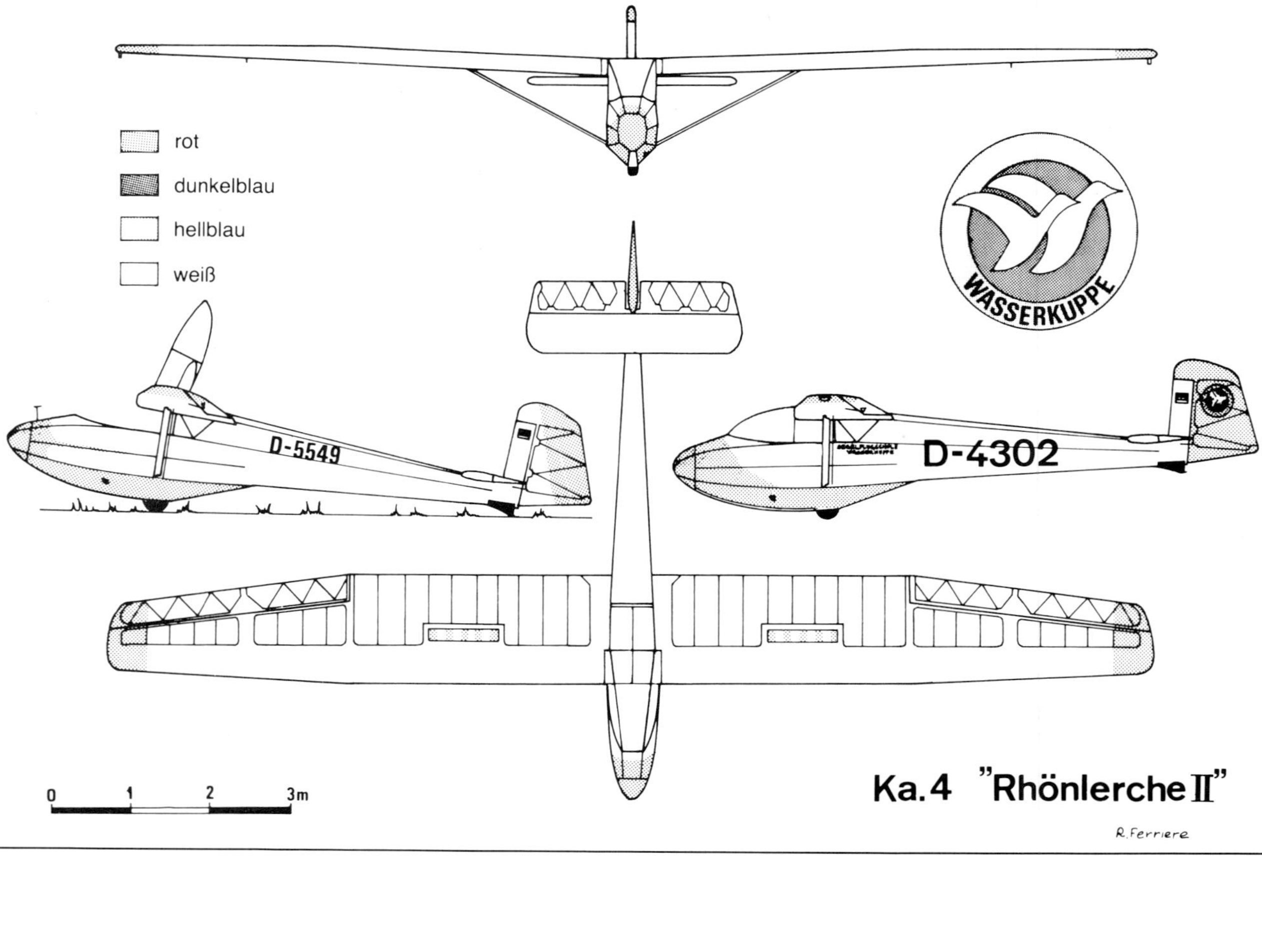

Von vielen Schweizer Aeroklubs wird die Ka 4 als das Flugzeug für die Anfängerschulung verwendet. Trotz bescheidener Leistungen eignet es sich auch für die ersten Übungsflüge.

Eine der Ka 4 vom Segelflugsportzentrum der Wasserkuppe im Landeanflug. Am linken Unterflügel ist deutlich der statische Massenausgleich zu erkennen.

Die Haubenkonstruktion am hinteren Führersitz und die Befestigungspunkte des Tragflügels am Rumpf.

Ein Blick ins Cockpit der Ka 4: Die Reglerfeder für die Höhenrudertrimmung ist am Fuß des Steuerknüppels befestigt. (Foto R. Ferrière)

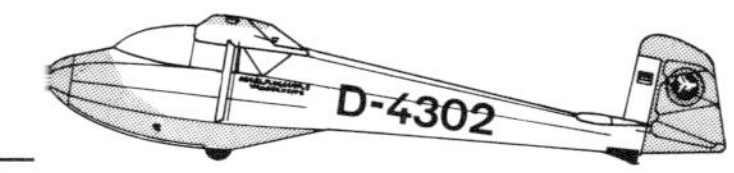

geblasenen Plexiglasvorderteil bedeckt ist. Mittels eines Scharniers in Höhe des Flügelholmes kann die einteilige Haube nach oben aufgestellt werden, um den Zugang zum hinteren Sitz zu erleichtern. Das Landegestell wird gebildet aus einer langen, gefederten Eschenkufe, einem hinter dem Schwerpunkt gelegenen, halbfreien Rad sowie einem gummigedämpften Schwanzsporn.

Technische Daten: **Ka 4 »Rhönlerche II«**		
Tragflügel:		
Spannweite	13,0	m
Fläche	16,34	m^2
Streckung	10,34	
Zuspitzung	1,57	
V-Stellung	2,5	Grad
Pfeilung	0	Grad
Schränkung	2	Grad
Profil innen	Gö 533	
Dicke	15,7	%
Profil Mitte	Gö 533	
Dicke	15,7	%
Profil außen	Gö 532	
Dicke	12,5	%
Höhenleitwerk:		
Spannweite	2,7	m
Fläche	2,32	m^2
Profil	symmetrisch	
Dicke	12	%
Seitenleitwerk:		
Fläche	1,13	m^2
Streckung (geom.)	1,5	
Profil	symmetrisch	
Dicke	12	%
Rumpf:		
Länge	7,3	m
Cockpit-Breite	0,68	m
Fahrgestell/Rad-Abmessung	300	mm
Massen:		
leer (ausgerüstet)	(190) 220	kg
höchste nichttragende Masse	320	kg
Wasserballast	–	kg
höchste zulässige Flugmasse	400	kg
Flächenbelastung:	24,5	kg/m^2
Mindestgeschwindigkeit:	50	km/h
Geringstes Sinken	0,95	m/s
bei Flächenbelastung	24,5	kg/m^2
und Fluggeschwindigkeit	60	km/h
Beste Gleitzahl	19	
bei Flächenbelastung	24,5	kg/m^2
und Fluggeschwindigkeit	65	km/h
Höchste zulässige Fluggeschwindigkeit	170	km/h

Am Seitenleitwerk sind die Flosse beplankt und das Ruder bespannt. Das Höhenleitwerk ist gedämpft.
Die Tragfläche, mit einer Spannweite von nur 13 m und einer kleinen Flügelstreckung (10,3), weist Rechteck-Trapez-Form auf. Der Flügel ist von der Vorderkante bis zum Holm beplankt und von dort bis zur Hinterkante stoffbespannt. Die großflächigen Querruder werden durch einen an der Flügelunterseite angebrachten Massenausgleich statisch gedämpft. Störklappen vom Typ DFS befinden sich hinter dem Holm und nur auf der Flügeloberseite. Die Ruder werden über Seilzüge gesteuert. Der Tragflügel ist oben auf dem Rumpf angesetzt. Zwei Streben geben ihm eine V-Form von zwei Grad.
Die von Kaiser umgesetzten technischen Lösungen machten die Ka 4 in ihrer Bauweise leicht und extrem robust. Vor allem letzteres Merkmal trug mit zu ihrem Spitznamen »Rhönstein« bei. Dank der geringen Spannweite war die Ka 4 gutmütig und einfach zu steuern. Ihre allerdings nur bescheidenen Flugleistungen und eine Gleitzahl von maximal 19 rechtfertigten dagegen schon eher ihre spöttische Umbenennung in »Rhönstein«.
Willi Gilges, der Bauprüfer, erinnert sich noch gut an eine Episode aus der Frühzeit der Rhönlerche II. Im Verlauf der Flugerprobung zur Musterzulassung geriet die Rhönlerche II 1954 ins Flattern, und ein Flügel brach ab. Gilges kam noch aus der Maschine heraus, wurde aber ohnmächtig. Der Fallschirm ging auf, und er kam mit zerrissener Hose am Boden an. Obwohl es seine gute Sonntagshose war, konnte ihm Alexander Schleicher nur das Kunststopfen bezahlen. So schwierig war damals die Zeit in der Rhön.
Schon kurz nach dem Erstflug wurde der Ka 4 sowohl in Deutschland als auch in der Schweiz, in Holland und in Belgien ein beachtliches Interesse entgegengebracht. Die Holländer verlangten entsprechend ihren Zulassungsvorschriften höhere Lastannahmen, die zu einer Verstärkung der Struktur der Rhönlerche führten. Diese wurde dann auch für die Serie übernommen. Die Rüstmasse stieg dadurch von den 180 kg des Prototyps auf 220 kg beim Serienflugzeug an.
Als 1963 die Produktion eingestellt wurde, waren insgesamt 338 Exemplare der Rhönlerche II von Schleicher, in Lizenz oder von Amateuren gebaut worden. Aufgrund der legendären Robustheit der Rhönlerche besteht noch heute ein bemerkenswerter Anteil des schweizerischen Bestandes an Doppelsitzern aus Ka 4, und 147 Exemplare dieses Musters flogen 1983 noch in Deutschland.

Rhönlerche-Motorsegler-Umbauten

Die deutschen Amateurbauer beschäftigten sich besonders mit der Konzeption von Motorseglern, vor allem aber mit der Anpassung von Triebwerken an bereits bestehende Zellen, um diesen Selbststartfähigkeit zu geben. Die von W. Knechtel präsentierte Lösung verwendet die Zelle einer Ka 4, in der anstelle des hinteren Sitzes ein 40 PS starker VW-Motor mit 1600 cm^3 Hubraum eingebaut ist. Die mit Riemenscheiben versehene Antriebswelle betreibt über Zahnriemen zwei Zugpropeller, die auf einem Träger am Rumpf angebracht sind. Zwei auf jede Zylinderreihe wirkende Ventilatoren kühlen den Motor. Die Abgase entweichen durch zwei Öffnungen in den Rumpfseiten. Um auch mit hängendem Flügel starten zu können, sind an den Flügelspitzen nach unten gebogene, mit einem Rad versehene Randkappen angebracht. Die Anordnung der Propeller wurde mit Hinblick auf den geringen Widerstand gewählt. So kann der Pilot nach Abstellen des Motors im Flug die Propeller mittels Anlasser in Segelstellung bringen.

Herbert Schwämmle aus Marbach am Neckar entwickelte einen Bugmotorsegler aus der Rhönlerche. Eine ähnliche Lösung fliegt seit vielen Jahren in Finnland mit dem Kennzeichen OH-252X.

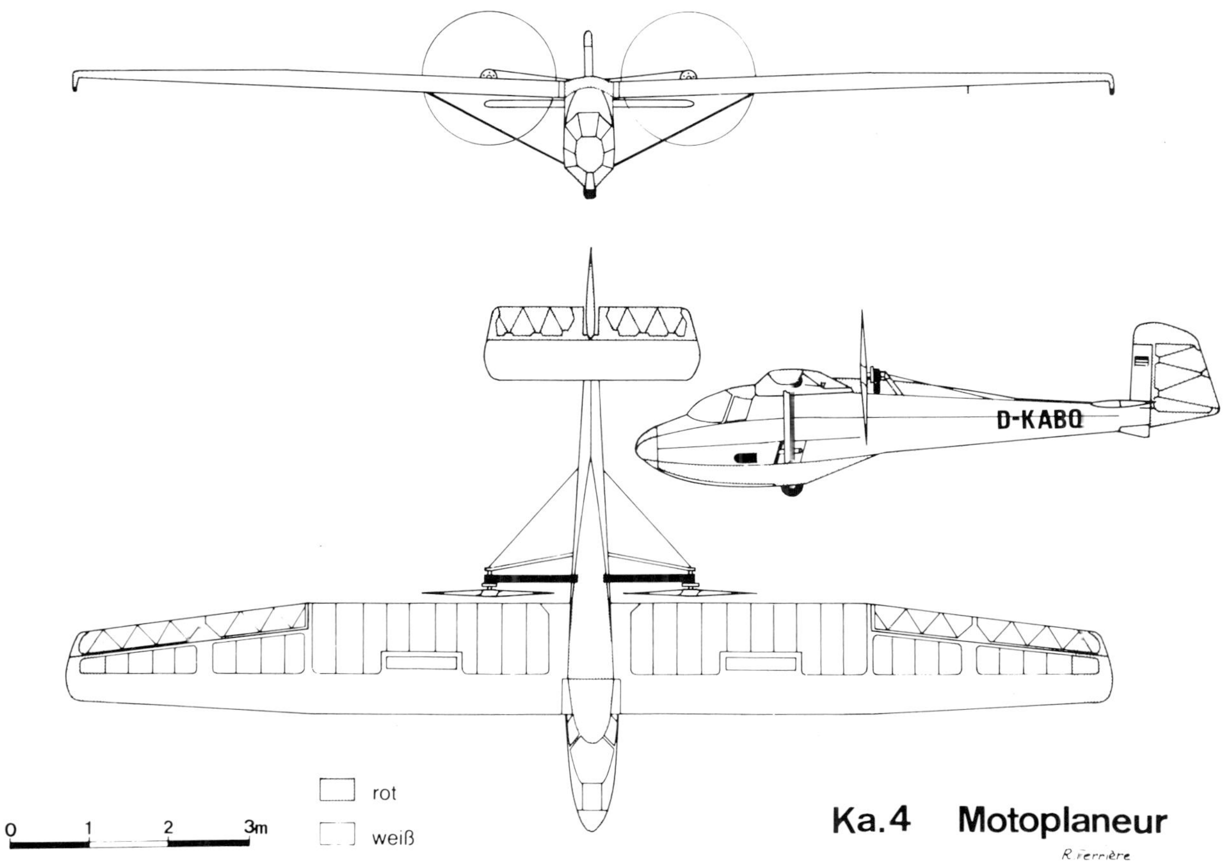

Ka.4 Motoplaneur

Zuerst rüstete Wilhelm Knechtel seine Rhönlerche mit zwei Stihl-Motoren an den Streben aus – 1973 nahm er damit am Motorseglertreffen auf Burg Feuerstein teil.
(Foto Peter F. Selinger)

Jetzt treibt der im Rumpf eingebaute VW-Motor die zwei seitlich des Rumpfes an Auslegern angeordneten Luftschrauben.
(Foto Peter F. Selinger)

Ka 6 Rhönsegler

Mit der Ka 1 war es Kaiser gelungen, die Silber-C zu erhalten. Die Leistungen dieses Kleinseglers waren jedoch zu bescheiden, um Ansprüche auf die Gold-C zu erheben, wonach ihr Konstrukteur strebte. Daher machte sich Kaiser 1955 an den Entwurf eines Hochleistungsseglers, den er Ka 6(0) Rhönsegler nannte. Der Bau wurde privat ausgeführt, und der Erstflug des Prototyps mit dem Kennzeichen D-4351 erfolgte Ende Oktober 1955 (Prüfscheindatum 24. 10. 1955).

Eine Ka 6A mit dem belgischen Kennzeichen (00-ZPU) 1957 auf dem Gelände von Fayence aufgenommen. (Foto C. Visse)

Ka 6(0) – Ka 6A

Merkmal der Ka 6(0) ist ihr Holzschalenrumpf, dessen Silhouette größtmögliche Verringerung schädlicher Widerstände verspricht. Über dem Führersitz befindet sich eine abnehmbare und den Wurzelbereich der Flügel profilierende, geblasene Plexiglashaube, deren Sperrholzrahmen sich in die Rumpfform integriert. Aus aeordynamischen Gründen und aus Gewichtsersparnis besteht das Fahrwerk aus einer einfachen Kufe und einem Schwanzsporn. Gestartet wird mit einem an der Kufe befestigten Abwurffahrwerk. Die Flosse des Seitenleitwerks bildet eine Einheit mit dem Rumpf und ist sperrholzbeplankt. Das Ruder ist dagegen bespannt. Das dem Seitenleitwerk etwas vorgelagerte Höhenleitwerk besteht aus einer oben auf

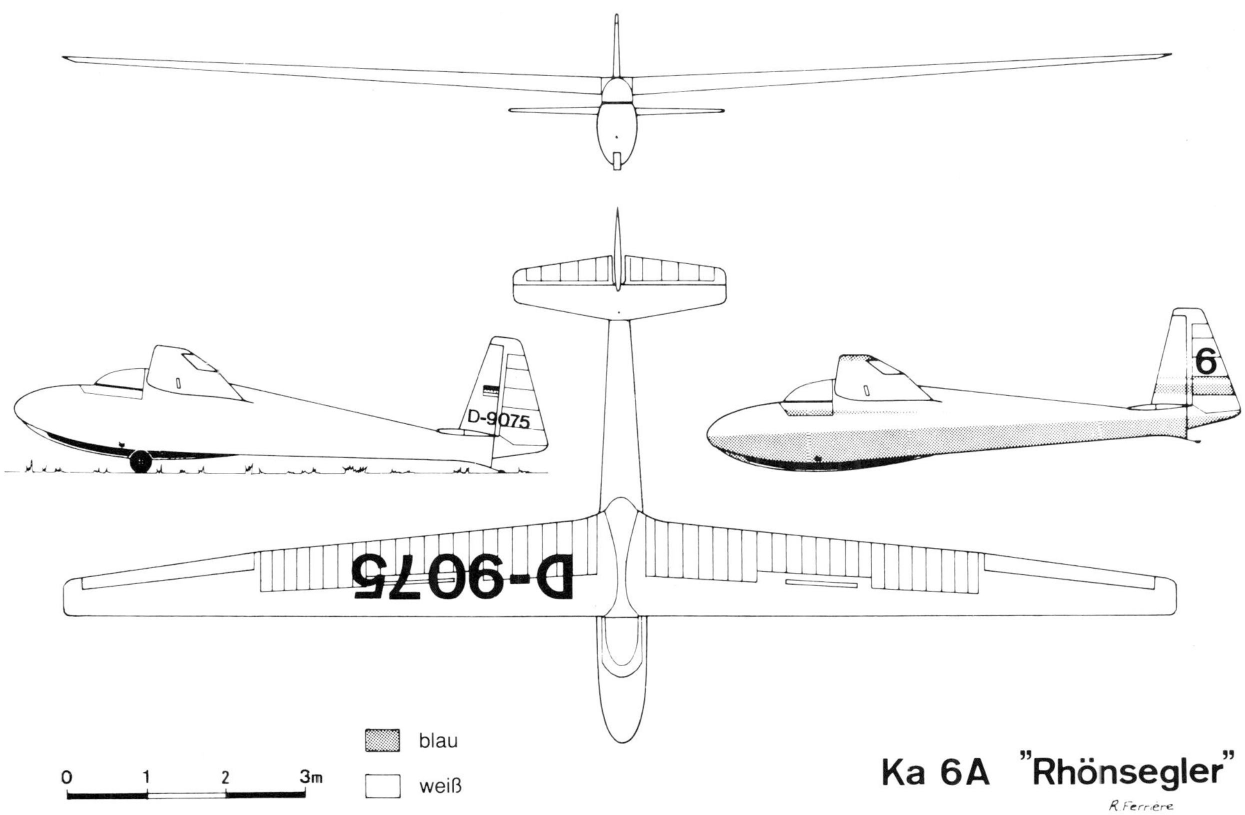

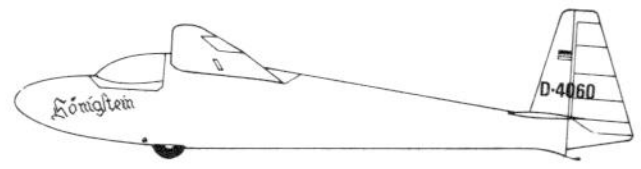

dem Rumpf aufgesetzten, beplankten Flosse sowie aus einem bespannten Ruder. Zur Höhenrudertrimmung dient eine am Steuerknüppel angebrachte Feder.
Der Tragflügel (mit einer Spannweite von 14,0 m) hat die Form eines Doppeltrapezes mit einer geraden Vorderkante. Seine Besonderheit liegt in dem erstmaligen Ersatz der alten Gö-Profile durch eine »Laminar«-Profilserie der NACA-Reihe (633–618) bei einem Schleicher-Segelflugzeug.
Die Erprobung der Ka 6 zeigte ihre exzellenten Flugeigenschaften und bewies ihre leichte Handhabung. Um die Flugleistungen zu verbessern, sollte die Spannweite vergrößert werden. Die Festigkeit der Flügel erlaubte nur 0,2 m auf jeder Seite. Damit ergaben sich 14,4 m für die erste Serienausführung, die als Ka 6 zwischen 1956 und 1957 in 25 Exemplaren gebaut wurde.
Während des Sommers 1956 ging die Technische Kommission der OSTIV daran, den Segelflugsport zu reorganisieren. Die wichtigste Entscheidung war die Schaffung einer neuen Segelflugzeugklasse, die »Standardklasse« genannt wurde. Festgelegt wurden eine Spannweite von 15 m, sowie das Verbot von verschiedenen Vorrichtungen, wie Wölbklappen, Raum für Wasserballast oder ein einziehbares Fahrwerk. Ziel der OSTIV war es, mit diesen Maßnahmen die Segelflugzeugkonstrukteure zur Konzeption von Mustern anzuregen, deren Anschaffung für die Vereine im Bereich des finanziell Möglichen lag. Mit diesen Flugzeugen sollten dann die Piloten mit gleichen Chancen einen Zugang zu Hochleistungswettbewerben erhalten. Gleichzeitig wurde mit der »offenen« Klasse den Konstrukteuren der Freiraum gegeben, der zur Weiterentwicklung von Aerodynamik, Auslegung und Bauweise unbedingt erforderlich war und ist.
Die von der OSTIV 1956 eingeführte Regelung wurde erst ab der Weltmeisterschaft von 1958 in Lezno, Polen wirksam, wo die alten Klassen »Einsitzer« und »Doppelsitzer« durch die neuen Klassen »Standard« und »Offen« ersetzt wurden.

Technische Daten: **Ka 6**		
Tragflügel:		
Spannweite (Ka 6(0):14,0 m)	14,4	m
Fläche (12,0 m²)	12,17	m²
Streckung (16,3)	17,04	
Zuspitzung	3,16	
V-Stellung	3	Grad
Pfeilung	1,5	Grad
Schränkung	3,0	Grad
Profil innen	NACA 63_3-018	
Dicke	18	%
Profil Mitte bei 4,6 m: aus NACA 63-Reihe entwickelt		
Dicke	14	%
Profil außen	Joukowsky-Tropfen	
Dicke	12,5	%
Höhenleitwerk:		
Spannweite	2,8	m
Fläche	1,61	m²
Profil	symmetrisch	
Dicke	ca. 12	%
Seitenleitwerk:		
Fläche	1,07	m²
Streckung (geom.)	1,81	
Profil	symmetrisch	
Dicke	ca. 12	%
Rumpf:		
Länge	6,68	m
Cockpit-Breite	0,60	m
Fahrgestell/Rad-Abmessung	Kufe	
Massen:		
leer (ausgerüstet)	(170) 185	kg
Cockpit-Zuladung	115	kg
höchste nichttragende Masse	(200) 195	kg
Wasserballast	–	kg
höchste zulässige Flugmasse	300	kg
Flächenbelastung:	24,65	kg/m²
Mindestgeschwindigkeit:	60	km/h
Geringstes Sinken	0,6	m/s
bei Fluggeschwindigkeit	72	km/h
Beste Gleitzahl	30	
bei Fluggeschwindigkeit	85	km/h
Höchste zulässige Fluggeschwindigkeit	200	km/h

Ka 6B – Ka 6BR

Das neue Reglement hatte auf die Entwicklung der Ka 6 direkten Einfluß: Kaiser vergrößerte die Spannweite auf 15 m, um so die Normen der Standardklasse zu erfüllen. Es entstand die in zwei Exemplaren gebaute Ka 6B (Prüfscheindatum 5. 7. 1957). Dann wurde die Ka 6 in Anwendung der OSTIV-Empfehlungen mit einem festen Rad versehen und in Ka 6BR (R für Rad) umbenannt (Prüfscheindatum 10. 8. 1957). In dieser Ausführung sollte das Muster bei den Weltmeisterschaften in Lezno (1958) erste internationale Beachtung finden: Heinz Huth belegte dort den 3. Platz, und die OSTIV erkannte der Ka 6BR den Preis für das beste Segelflugzeug der Standardklasse zu. Diese Auszeichnung bewirkte zahlreiche Bestellungen aus Deutschland wie aus dem Ausland. Die Zahl der gebauten Flugzeuge wird auf 150 Exemplare geschätzt. Die Begeisterung für die Ka 6 zeigte sich dann auch auf der Weltmeisterschaft in Köln-Butzweilerhof im Jahre 1960: Von 35 in der Standardklasse gestarteten Flugzeugen waren 16 vom Typ Ka 6a, Ka 6B und Ka 6BR. Die Ka-6-Piloten Huth (Bundesrepublik Deutschland) und Munch (Brasilien) belegten den ersten und den zweiten Platz, und sechs Ka 6 plazierten sich auf den ersten zehn Rängen.

Technische Daten: **Ka 6B**		
Tragflügel:		
Spannweite	15,0	m
Fläche	12,4	m²
Streckung	18,1	
Zuspitzung	3,16	
V-Stellung	3	Grad
Pfeilung	1,5	Grad
Schränkung	3,5	Grad
Profil innen	NACA 63_3-018	
Dicke	18	%
Profil Mitte bei 4,6 m: aus NACA 63-Reihe entwickelt		
Dicke	14	%
Profil außen	Joukowsky-Tropfen	
Dicke	12,5	%
Höhenleitwerk:		
Spannweite	2,8	m
Fläche	1,61	m²
Profil	symmetrisch	
Dicke	12	%
Seitenleitwerk:		
Fläche	1,07	m²
Streckung (geom.)	1,81	
Profil	symmetrisch	
Dicke	12	%
Rumpf:		
Länge	6,66	m
Cockpit-Breite	0,60	m
Fahrgestell/Rad-Abmessung	B: Kufe, BR: Rad 300	mm
Massen:		
leer (ausgerüstet)	185	kg
Cockpit-Zuladung	115	kg
höchste nichttragende Masse	190	kg
Wasserballast	–	kg
höchste zulässige Flugmasse	300	kg
Flächenbelastung:	24,2	kg/m²
Mindestgeschwindigkeit:	59,5	km/h
Geringstes Sinken	0,63	m/s
bei Flächenbelastung	22,25	kg/m²
und Fluggeschwindigkeit	68	km/h
Beste Gleitzahl	31,5	
bei Flächenbelastung	22,25	kg/m²
und Fluggeschwindigkeit	76	km/h
Höchste zulässige Fluggeschwindigkeit	200	km/h
mit Pendelleitwerk		
Ka 6BR-Pe	180	km/h

Technische Daten: **K 6CR**		
Tragflügel:		
Spannweite	15,0	m
Fläche	12,4	m²
Streckung	18,1	
Zuspitzung	3,16	
V-Stellung	3	Grad
Pfeilung	1,5	Grad
Schränkung	3,5	Grad
Profil innen	NACA 63_3-018	
Dicke	18	%
Profil Mitte bei 4,6 m: aus NACA 63-Reihe entwickelt		
Dicke	14	%
Profil außen	Joukowsky-Tropfen	
Dicke	12,5	%
Höhenleitwerk:		
Spannweite	2,8	m
Fläche	1,61	m²
Profil	symmetrisch	
Dicke	ca. 12	%
Seitenleitwerk:		
Fläche	1,07	m²
Streckung (geom.)	1,81	
Profil	symmetrisch	
Dicke	ca. 12	%
Rumpf:		
Länge	6,66	m
Cockpit-Breite	0,60	m
Fahrgestell/Rad-Abmessung	C: Kufe, CR: Rad 300	mm
Massen:		
leer (ausgerüstet)	185	kg
Cockpit-Zuladung	115	kg
höchste nichttragende Masse	190	kg
Wasserballast	–	kg
höchste zulässige Flugmasse	300	kg
Flächenbelastung:	24,2	kg/m²
Mindestgeschwindigkeit:	59,5	km/h
Geringstes Sinken	0,65	m/s
bei Flächenbelastung	21,80	kg/m²
und Fluggeschwindigkeit	67	km/h
Beste Gleitzahl	30	
bei Flächenbelastung	21,80	kg/m²
und Fluggeschwindigkeit	80	km/h
Höchste zulässige Fluggeschwindigkeit	200	km/h
mit Pendelleitwerk		
Ka 6CR-Pe	200	km/h

Ka 6CR

Große Leistungen, unvergleichliche Steuereigenschaften und neue aerodynamische Lösungen hatten die Ka 6 zu einem Erfolgsschlager gemacht. Kaiser war hingegen fest davon überzeugt, daß noch nicht alle Möglichkeiten des Flugzeuges erschöpft seien und daß es weiter ausbaufähig wäre. Deshalb nahm er 1958 eine Reihe von Änderungen vor, die sich im wesentlichen auf den Tragflügel erstreckten. Der Flügelrumpfübergang wurde neu entworfen und zusätzlich der Holm verstärkt. Diese Verbesserungen hatten die Einführung einer neuen, Ka 6CR genannten Version zur Folge. Sie flog 1959 (Prüfschein vom 20. 4. 1959) zum erstenmal und ging dann in Produktion. Die Nachfrage war so unerwartet groß, daß Schleicher mit der Produktion nicht nachkam. Die Folge war, daß die Ka 6 1964 Lieferfristen von drei Jahren hatte. Bis zur Produktionseinstellung im Jahre 1968 wurden etwa 700 Exemplare dieses Typs gebaut.

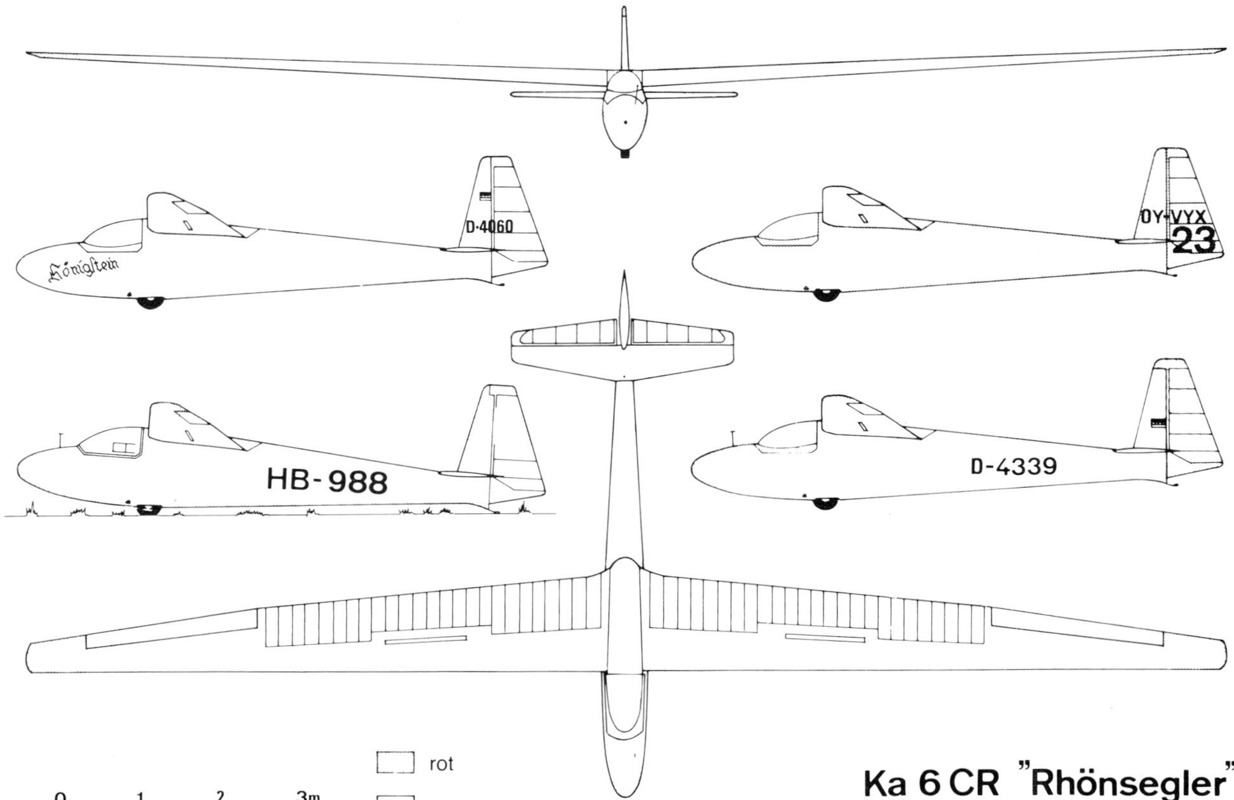

Ka 6 CR "Rhönsegler"

Der sportliche Erfolg der Ka 6CR war noch größer als der ihrer Vorgängerin. Die Bilanz dieser Erfolge bei nationalen und internationalen Meisterschaften ist unvorstellbar – so überlegen dominierte sie zwischen 1959 und 1969 in der Standardklasse. Einige Höhepunkte sollten jedoch angeführt werden: Zum Beispiel die Siege von Heinz Huth und seiner Ka 6 »Alte Liebe« bei den deutschen Meisterschaften 1960 und 1963 sowie bei der Weltmeisterschaft von 1963 in Junin. Die Ka 6CR behauptete ihre Stellung auch durch einige Weltrekorde: Im Streckenflug mit 876 zurückgelegten Kilometern am 2. Juni 1963 gleichzeitig aufgestellt von Karl Betzler und Otto Schäuble, Deutschland; im Zielflug mit 875 zurückgelegten Kilometern aufgestellt von Wallace Scott, USA, zusammen mit Rudi Lindner im Phönix, dem ersten Kunststoffsegelflugzeug, das in Serie gebaut worden war.

Einige Ka 6CR wurden mit Panoramahauben umgerüstet, die dem Piloten einiges mehr an Sicht boten. (Foto R. Ferrière)

Ka 6B-S

Ein bemerkenswertes einzelnes Ka 6 Flugzeug darf hier nicht unerwähnt bleiben: Die Ka 6B-S, eine von Prof. Dr. F. X. Wortmann und Dieter Althaus zwischen 1957 und 1961 umgebaute Ka 6B. Mit ihr stellten die beiden berühmten Aerodynamiker unter Beweis, daß auch ein Holzflugzeug mit Laminarprofilen damals neuester Erkenntnis ausgestattet werden kann, und sich trotz der Leistungssteigerung die Flugeigenschaften sogar noch verbessern lassen, und dies bei einer Ka 6. Der Tragflügel erhielt völlig neue Profile, aus Festigkeitsgründen natürlich mit den gleichen relativen Dicken, wie sie Kaisers Originalflugzeug hatte: innen FX 07-S-181 und im Querruderbereich FX 06-S-137 mit 18,1% und 13,7% Dicke. Die spitze Nase erforderte eine Nasenleiste, auf die 2 mm dicke bis zum Holm gehende Sperrholzbeplankung aufgeleimt wurde. Da die laminare Laufstrecke oben bis zu 60% und unten bis zu 80% der Flügeltiefe reichen würde, mußte der Flügel auch hinten dem Holm noch beplankt werden: Eine GFKK-Balsa-Sandwichplatte von nur 3 mm Dicke löste nach vielen Versuchen dieses Problem. Die sorgfältige Arbeit belohnte die beiden nicht nur durch die, wie erwartet, verbesserten Flugleistungen, sondern auch durch die gute Haltbarkeit und Festigkeit der Oberfläche, obwohl der Flügel nicht schwerer geworden war!

Die Vermessung der Flugleistungen der Ka 6B-S (D-8390) durch die Idaflieg unter der Leitung von Hans Zacher ergab zwar keine signifikante Verbesserung der besten Gleitzahl von 29, aber ein deutlich geringeres Sinken bei hohen Geschwindigkeiten (2,6 m/s anstelle von 2,8 m/s bei 150 km/h z. B.) und eine kleinere Mindestgeschwindigkeit. Das geringste Sinken verbesserte sich um etwa 2 cm/s auf 0,7 m/s trotz der 0,4 kg/m² größeren Flächenbelastung im Vergleich zur Polare der Ka 6CR (D-4390).

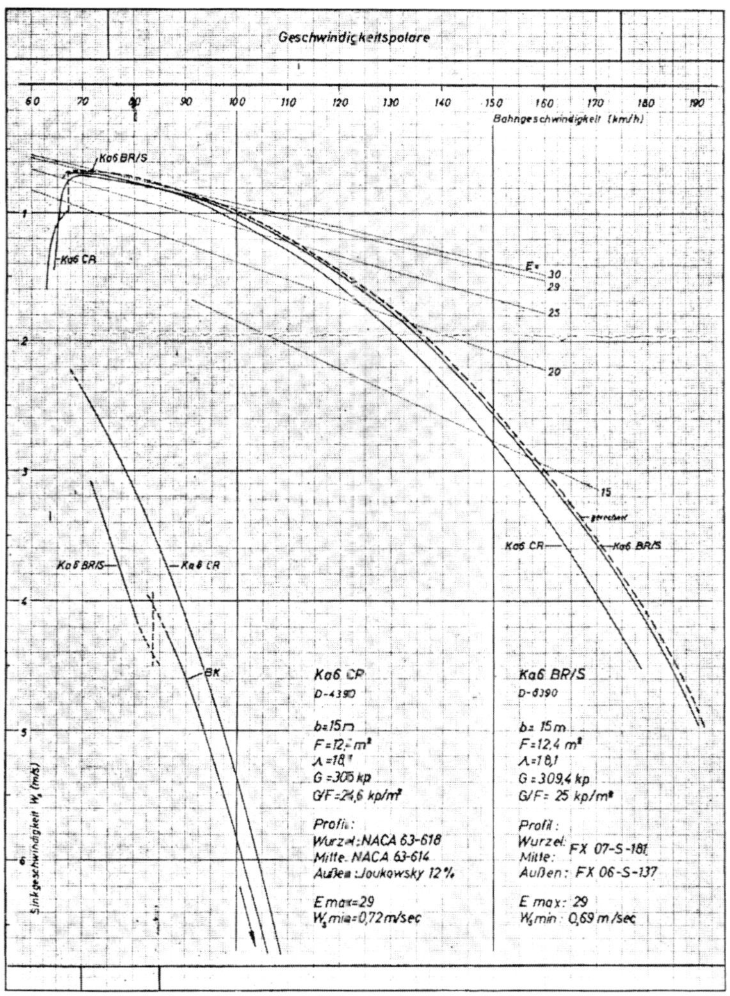

Polare der von F. X. Wortmann und Dieter Althaus mit einem neuen Flügelprofil versehenen Ka 6B-S. (Aerokurier 2/1964)

K 10

Bevor die Produktion der Ka 6CR endgültig auslief, erprobte Kaiser an 15 Exemplaren die Verwendung von Pendelrudern. Die Baureihe wurde mit dem Zusatz »Pe« (für Pendelruder) versehen. Der Wegfall der Stabilisierungsfläche sollte einen aerodynamischen Gewinn bringen und Einfluß auf die Steuereigenschaften des Flugzeuges haben. Die erzielten Resultate waren zufriedenstellend, und Kaiser übertrug diese Bauweise auf das Folgemodell der Ka 6CR, der K 10, mit deren Konzeption er 1962 begann. Mit dem Ziel, die Flugeigenschaften

Technische Daten: **K 10**		
Tragflügel:		
Spannweite	15,0	m
Fläche	12,53	m²
Streckung	17,96	
V-Stellung	3	Grad
Pfeilung	1,5	Grad
Schränkung	3	Grad
Profil	FX 40/30	
Höhenleitwerk:		
Spannweite	2,8	m
Fläche	1,61	m²
Profil	symmetrisch	
Dicke	12	%
Seitenleitwerk:		
Höhe	1,6	m
Fläche	1,07	m²
Streckung (geom.)	1,81	
Profil	symmetrisch	
Dicke	12	%
Rumpf:		
Länge	6,64	m
Cockpit-Breite	0,60	m
Fahrgestell/Rad-Abmessung	Rad 300	mm
Massen:		
leer (ausgerüstet)	210	kg
Cockpit-Zuladung	110	kg
höchste nichttragende Masse	200	kg
Wasserballast	–	kg
höchste zulässige Flugmasse	320	kg
Flächenbelastung:	25,5	kg/m²
Mindestgeschwindigkeit:	64	km/h
Geringstes Sinken	0,70	m/s
bei Fluggeschwindigkeit	71	km/h
Beste Gleitzahl	32	
bei Fluggeschwindigkeit	84	km/h
Höchste zulässige Fluggeschwindigkeit	200	km/h

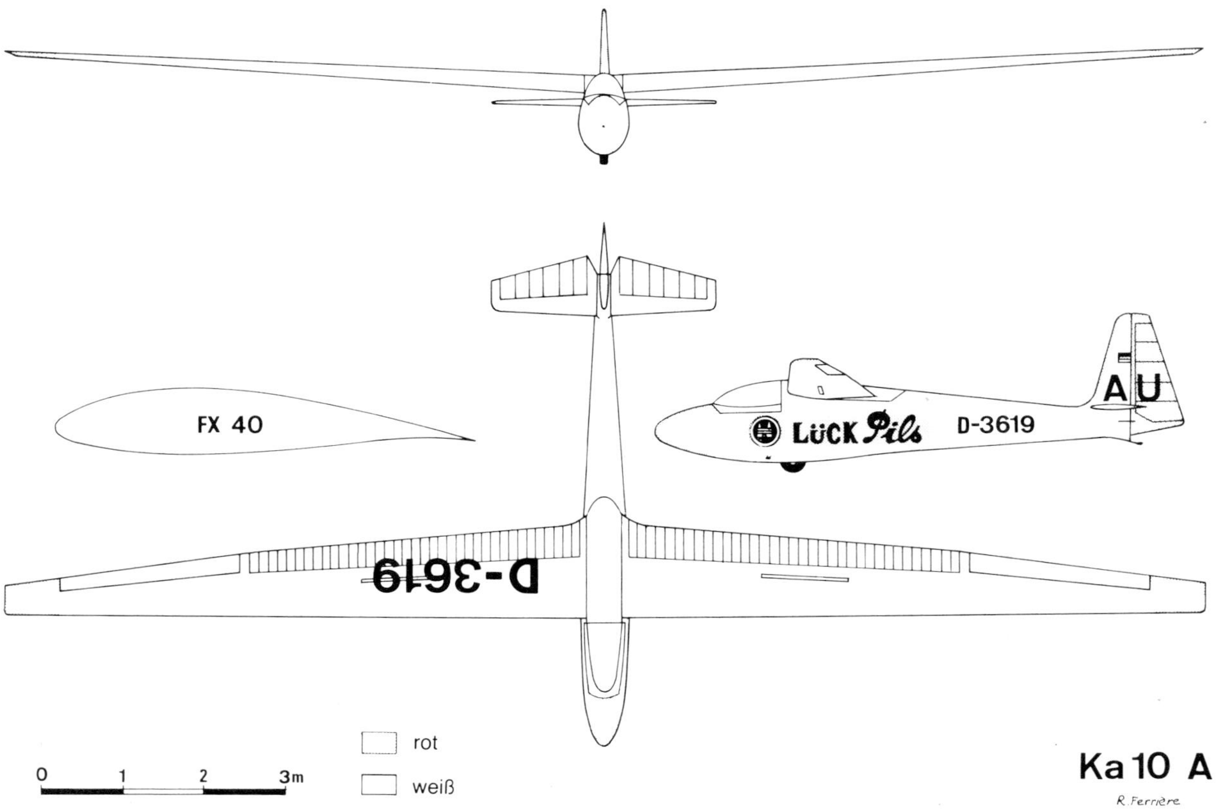

bei hohen Geschwindigkeiten zu verbessern, wurde die Zelle der Ka 6 neu überarbeitet. Als wesentliche Änderungen sind anzumerken: Eine mehr zugespitzte Rumpfnase und ein nach hinten versetztes Höhenruder. Auch im Tragflächenbereich kam es am Übergang zwischen Rumpf und Flügel zu Modifizierungen. Das NACA-Profil wurde ersetzt durch ein Wortmann-Profil, das von einem FX 40 an der Wurzel nach außen in ein FX 30 übergeht. Um ein möglichst genaues Profil und damit auch eine längere laminare Luftströmung zu erzielen, reichte die Vorderkantenbeplankung bis 65% der Flügeltiefe und bestand aus 2,5 mm starkem Sperrholz.
Der Prototyp der K 10 mit dem Kennzeichen D-3619 wurde von Hans Böttcher 1963 zum erstenmal geflogen (Prüfscheindatum 30. 7. 1963). Zwar zeigte die Erprobung, daß die Verwendung von Wortmann-Profilen und die durch die Strukturversteifung bedingte Gewichtszunahme bei hohen Geschwindigkeiten einen großen Leistungszuwachs brachten, die Flugeigenschaften bei mittleren Geschwindigkeiten, die die Ka 6 unter anderem so anziehend machten, waren jedoch schlecht. Die zwischen 1963 und 1964 in nur zwölf Exemplaren gebaute K 10 wurde fallen gelassen, und Kaiser ging an den Entwurf einer neuen Version der Ka 6, die nun eine Synthese der Flugeigenschaften der Ka 6CR und der Leistungen der K 10 darstellen sollte.

K 6E

Ausgangsbasis war die K 10. Der Rumpf ist teilweise überarbeitet, das Vorderteil ist spitzer und besteht aus GFK. Die Bauhöhe ist um 7 cm geringer. Der Führer hat nun eine halbliegende Position in einer Sitzschale. Die stark verlängerte Haube ist besser in die Rumpfform integriert und bleibt abnehmbar. Das von der K 10 stammende Pendelleitwerk ist tiefer am Rumpf angesetzt.
Die K 6E hat die gleiche Tragflächenform wie die Ka 6CR. Die Schränkung ist jedoch auf zwei Grad verringert. Der Flügel hat ein Mischprofil, das von Wortmann mit einer neuen Nase versehene NACA 63_3618, das er dann FX 40 nannte. Vom baulichen Standpunkt aus ist der Tragflügel der K 6E ein Rückgriff auf die Konzeption der Ka 6CR, jedoch wurde der Holm wesentlich verstärkt. Die Sperrholzbeplankung der Flügelvorderkante erreicht nun 50% der Flügeltiefe. Die Bremsklappen schließlich sind aus Duralblech.
Der Prototyp der K 6E mit dem Kennzeichen D-4372 flog im Frühjahr 1965 zum erstenmal (Prüfscheindatum 15. 4. 1965). Die Serienproduktion mit 394 Exemplaren lief von 1965 bis 1972. Wegen zu hoher Kosten ließ Schleicher 1977 trotz beständiger Nachfrage die Produktion der K 6E zugunsten der ASW 15 einstellen.

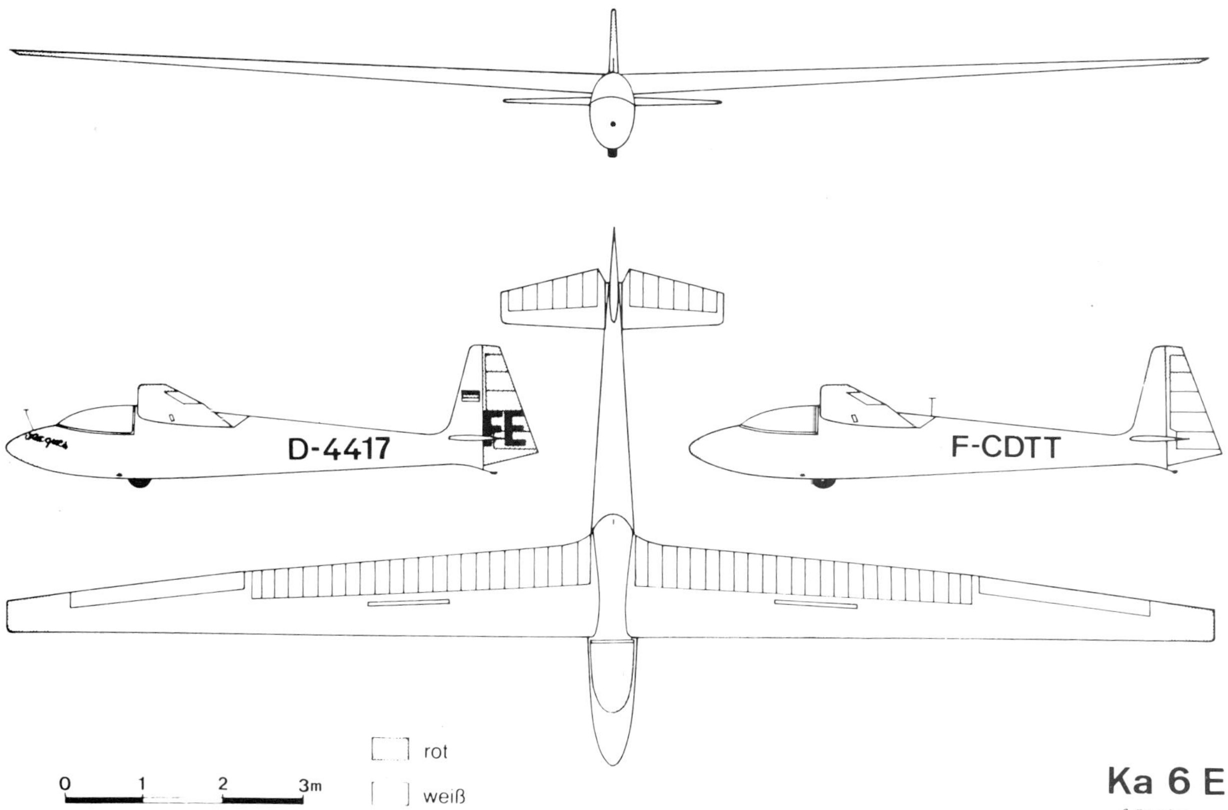

Ka 6 E

Eines der Hauptmerkmale der K 6E und der anderen Versionen, von denen diese Baureihe abgeleitet wurde, ist die leichte und ansprechende Handhabung. Das Ausfahren der Bremsklappen wirkt sich nur wenig auf die Steuerung aus, auch bleibt das Flugzeug frei von Sekundäreinflüssen. Lediglich das ungedämpfte Leitwerk, das bei der Ka 6CRPe, K 10 und der K 6E zu finden ist, gibt möglichen Anlaß zu Kritik, da es zu leicht erscheint und die Beschleunigungswerte, denen Flugzeug und Pilot ausgesetzt sind, nicht auf den Steuerknüppel überträgt. Ein anderer Kritikpunkt ist die aus der Mittellage nach links versetzte, für Flugzeugschlepp- und Windenstart gleichermaßen gedachte Schleppkupplung. Diese bei deutschen Segelflugzeugen häufig anzutreffende Anordnung erzeugt besonders bei Startvorgängen mit Seitenwind einige Handlingprobleme. Im Flug erweist sich die K 6E nicht nur – getreu ihrer Legende – als äußerst harmonisch in der Handhabung, sondern auch als ein Segler von besonderer Eignung für schwache Wetterlagen. Zusammen mit dem guten Steigvermögen bei mittlerer Geschwindigkeit (weniger als 150 km/h) macht diese Eigenschaft aus der K 6E ein auch heute noch gesuchtes Flugzeug für Streckenflüge bei schwach instabilen Wetterverhältnissen.

Die K 6E war jedoch zu spät auf dem Markt erschienen. Bei Hochleistungswettbewerben konnte man mit ihr nicht mehr konkurrenzfähig gegen Kunststoffmaschinen antreten. Dagegen brillierte sie auf nationalen Veranstaltungen, bei denen es besondere Wettbewerbe für Flugzeuge herkömmlicher Bauweise gab. Das eigentliche Element der K 6E war und bleibt aber der als persönliche Leistung durchgeführte Streckenflug, an dem lediglich das Segelflugzeug, sein Pilot und der Himmel beteiligt sind. Vom ersten Kontakt eines Flachlandpiloten mit der phantastischen Welt des Hochgebirges erzählt uns A. de Chatellus in seinem Flugbericht »K 6E Zulu Uniform im Gebirge«:

Ich war an jenem Abend gegen 19 Uhr auf der Autoroute du Sud zwischen Lyon und Vienne mit meinem Wagen und dem Hänger mit meiner K 6E in einer der für den August üblichen Staus geraten und mußte warten. Also hatte ich Zeit darüber nachzudenken, was mir der Aufenthalt im Segelflugzentrum Fayence bringen würde.
Bereits im August des Vorjahres hatte ich an der pausbäckigen Thermik des Haut-Var Geschmack gefunden, aber eine unbegründete Angst zwang mich, in Flugplatznähe zu bleiben und nur bis zum Lachens-Kamm zu fliegen, was für mich schon ein kleiner persönlicher Erfolg war. Von dort aus konnte ich im Norden die mit dem bloßen Auge erkennbaren Zinnen des Cheval Blanc ausmachen. Cheval Blanc, ein Zauberwort, das mir die sagenhaften Aufwinde der Südalpen ins Gedächtnis rief – jenem Paradies des Segelflugs, dessen Technik sich mir abends an der Bar durch umstehende Kameraden mit Ausdrücken wie drei Meter hier, fünf Meter da, Talwind, ab zur »Sauzucht«, Fallwind oder Wellenaufwind offenbarte. Ein Schatz an

Technische Daten: **K 6E**		
Tragflügel:		
Spannweite	15,0	m
Fläche	12,4	m^2
Streckung	18,1	
Zuspitzung	3,16	
V-Stellung	3	Grad
Pfeilung	1,5	Grad
Schränkung	3,5	Grad
Profil innen	NACA 63-618	
Dicke	18	%
Profil Mitte	NACA 63-614	
Dicke	14	%
Profil außen	Joukowsky	
Dicke	12	%
Höhenleitwerk:		
Spannweite	2,8	m
Fläche	1,61	m^2
Profil	symmetrisch	
Dicke	12	%
Seitenleitwerk:		
Fläche	1,07	m^2
Streckung (geom.)	1,81	
Profil	symmetrisch	
Dicke	12	%
Rumpf:		
Länge	6,66	m
Cockpit-Breite	0,60	m
Fahrgestell/Rad-Abmessung	Rad 300	mm
Massen:		
leer (ausgerüstet)	190	kg
Cockpit-Zuladung	115	kg
höchste nichttragende Masse	190	kg
Wasserballast	–	kg
höchste zulässige Flugmasse	300	kg
Flächenbelastung:	24,2	kg/m^2
Mindestgeschwindigkeit:	59	km/h
Geringstes Sinken	0,65	m/s
bei Fluggeschwindigkeit	72	km/h
Beste Gleitzahl	34	
bei Fluggeschwindigkeit	84	km/h
Höchste zulässige Fluggeschwindigkeit	200	km/h

Fachterminologie, der einen in die berufliche Alltagslast eines Novembermontags eingebundenen Segelflieger zurücklehnen läßt und zum Träumen bringt.
Mit vielen solcher Gedanken und einer Menge Kaffee erreichte ich schließlich am nächsten Morgen um 7 Uhr Fayence. Ich ruhte mich ein wenig aus, traf mit Freunden zusammen, machte in den ersten zwei oder drei Tagen ein paar Gewöhnungsflüge und besprach abends mein Vorhaben mit den Kameraden. Den Flugbereich nach Norden auszuweiten wurde für mich zu einem Muß! Es gehörte sich einfach nicht, mit einer K 6 nach Fayence zu kommen und dann nur im Platzbereich zu bleiben.
Bei leichtem Südwest würde der 10. August zu einem schönen Tag werden. Mein Freund Fache, der eine K 6E aus Beynes flog, war einverstanden, mich auf einem ersten Gewöhnungsflug zum Grand Goyer (2694 m) etwa 50 km in 015 von Fayence mitzunehmen.
Nachdem wir ausgeklinkt hatten, schraubten wir uns nacheinander den Seillanshang, den Malay und den Lachens hoch, wo wir bis zur Wolkenbasis bei etwa 2100 m NN aufstiegen.
Fache teilte mit über Funk mit, daß er auf Kurs vorausflöge. Ein wenig ungeduldig setzte ich mich 200 m hinter ihn. Dann ging es los. Am Teillon gewannen wir über den funkelnden Wassern von Castellane wieder an Höhe und nahmen erneut Kurs Nord. Aber nun unterlief mir ein schwerer Fehler: Ganz in Gedanken an das für Notlandungen bekannte Gelände von La Mure hinter Saint-André des Alpes versuchte ich vergeblich in müden 0,5 m/s vor einem mit Tannen bewaldeten Hang über dem Verdon aufzusteigen. Ich informierte Fache, daß ich immer stärker absinke und daß mein Flug auf der Wiese bei La Mure enden würde.
»Versuche den anderen Hang. Der ist felsiger und sonnenbeschienen«, riet er mir, ruhig 1000 m über mir in Richtung Thorame aufsteigend. Sofort befolgte ich seinen Rat und überflog die Zinne. Ich folgte dem Verdon ein kurzes Stück, dann einem sonnigen Hang über der Issole und kam zu dem Punkt, wo beide Flüsse sich vereinen.
Jetzt klappte es: Einige Kreise mit 3 m/s und in einem Rutsch stieg ich bis zu den Spitzen der Montagne de Cordœil auf, wo ich wieder mit Fache zusammentraf. Trotz seines höflichen Schweigens am Funkgerät wirkte er spöttisch auf mich.
Nach diesem schlechten Anfang doch etwas verunsichert, bat ich ihn, mir für den Rest des Fluges behilflich zu sein. Aber es ging alles glatt. Abends fragte mich dann die sich ebenfalls in Fayence aufhaltende Mannschaft aus Beynes, ob mich meine Amme denn auch wohlbehütet zu Bett gebracht hätte!
Dieser erste Ausflug war mir eine Lehre.
Am nächsten Morgen war das Wetter immer noch gut. Der Wind wehte schwach aus Nordwest. Wieder hing ich an Faches Rockzipfel (wenn ich das so sagen darf). Wir fragten Jean-Marie, den Leiter des Segelflugzentrums, nach den Chancen für einen 300-km-Ziel-Rückkehrflug nach Norden. Seine Antwort war ermutigend. Als Ziel gab er uns Pamplinet, ein kleines Dorf in der Névache am Ufer der Clarée, 15 km nördlich von Briançon.
Ein Blick auf die Wendefotos, und gegen Mittag klinkten wir aus. Der Anfang war mühsam: Erneut krebsten wir fast eine Stunde zwischen Fayence und dem Lachens hin und her, ohne den Gipfel überwinden zu können.
Nachdem wir die Funkstation hinter uns hatten, ging es besser. Kurs wie am Vortag: Zum Teillon und nach Saint-André, und von dort aus zum Mont Pelat. Die kräftigen und regelmäßigen Wolkenaufwinde schwankten zwischen 3,5 und 4 m/s. Im Funk hörten wir andere Flieger, wohl aus Saint-Auban, die gerade die Welle des Nordwest nutzten. An diesem Tag herrschten komische Windverhältnisse: Alle Gebirgsketten westlich unserer Route waren frei. In Höhe Digne und wohl auch über Lure war Dunst auszumachen. Der ganze Osten war dagegen so wolkenverhangen wie an einem schönen Frühlingsmorgen.
Vom Pelat aus gingen wir um 13.15 Uhr im Gleitflug direkt auf die Kämme der Tête-Dure zu, wo wir auf maximale Höhe (3100 m QNH) stiegen, um die Ubaye und Barcelonnette queren zu können. Danach wollten wir uns den Grand Bérard vornehmen. Die majestätische Landschaft bedrückte mich noch immer ein wenig, aber meine Moral war gut. Nachdem ich bis jetzt alle Gipfel hoch genug genommen hatte, unterschied sich für mich dieser Flug von einem Segelflug in der Ebene lediglich durch die stärktere Thermik und die unvergleichlich schöne Aussicht. Um 14 Uhr waren wir am Grand

Polare der Ka 6 Cr und Ka 6 E

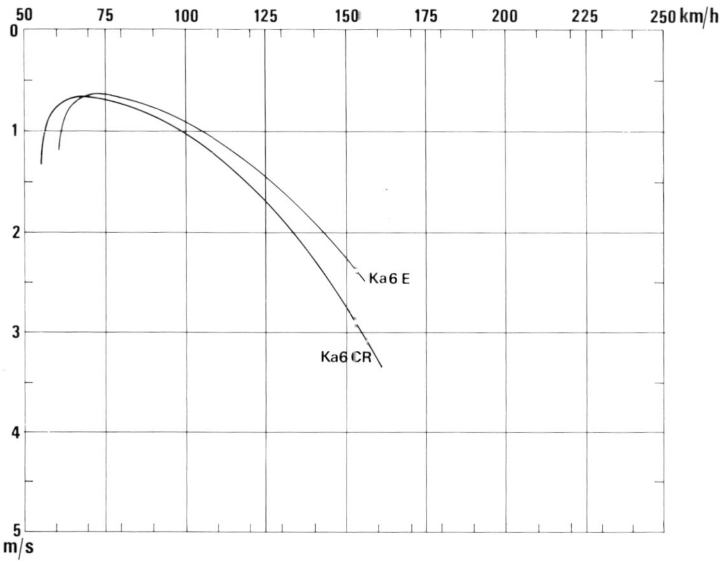

Polare der Ka 10 A

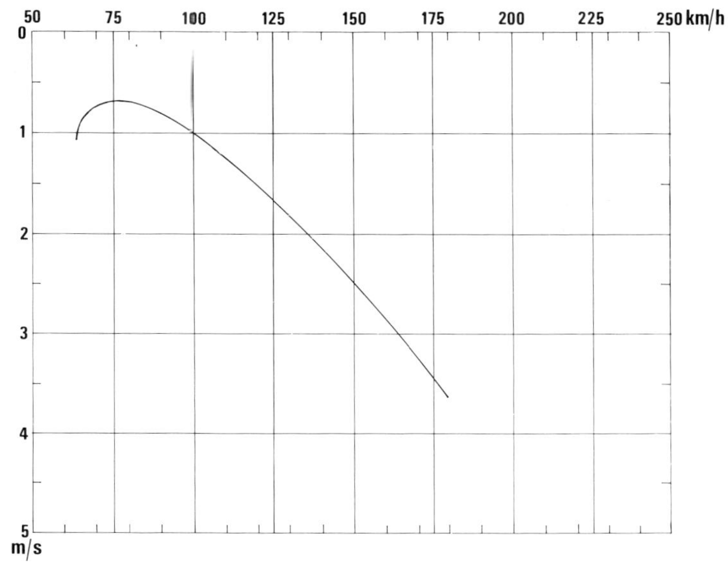

Bérard (3042 m) angelangt. Erneut stiegen wir auf 3200 m. Fache kletterte in einem Bart sogar bis auf 3600 m. Im Norden sähe er wenig Berauschendes, berichtete er. Die gerade noch in der Ferne auszumachenden Glacier Blanc und Mont Pelvoux wären voll in den Wolken.

Wir ließen Vars-Sainte-Marie unter dem rechten Flügel liegen. Die Gegend war mir vertraut (ich hatte bereits mehrere Klettertouren ins Ecrins-Massiv unternommen). Es fiel mir nicht schwer, Fache zu überzeugen, daß wir um jeden Preis weiterfliegen müßten. Sollte es wirklich zumachen, hätten wir immer noch Zeit genug gehabt umzukehren. Fache wunderte sich über meine Hartnäckigkeit. Als er dann aber hörte, daß ich meine 300er-Strecke noch nicht hatte, begriff er meinen Eifer.

An der Croix de l'Alpette bekamen wir erneut Aufwind. Im Gleitflug querten wir das im Schatten liegende Guillestre. Am jenseitigen Ufer des Guil segelten wir über sämtliche Eygliers-Hänge und die Serre de la Cavale. Mit voller Fahrt schossen wir auf die Grande Maye zu. Die Wolkenbasis sank herab, und unser Flug begann zu einem richtigen Gebirgsflug zu werden. Wir nahmen die Bergzinnen mit 150 m Sicherheitshöhe und nutzten jeden Talwind, der von den kleinen Zuflüssen der Haute-Durance zu uns heraufstieg. Der Fahrtmesser zitterte zwischen 80 und 110 hin und her, der Vario bleibt praktisch auf Null.

Als ich um 15.20 Uhr über Briançon war, hatte ich den Sichtkontakt zu Fache bereits verloren. Erst in der Wand des Infernet trafen wir wieder zusammen. Am Boden entdeckte ich Vertrautes; die beiden Klettertouren vor etlichen Jahren in diesem Gebiet waren also nicht vergessen. Der Pelvoux war wolkenverhangen. Im Norden sah man die ersten Regenschauer heranziehen. Wir mußten uns beeilen! Wir ließen die Lame-Wand hinter uns und flogen das linke Ufer der Clarée hinauf. Etwa 300 m über uns reckten die Tête-Noire und der Pécé ihre Gipfel in die Höhe.

Da lag das Ziel: Das winzige Dorf Plampinet. Nach einer zweiminütigen Diskussion waren wir sicher, es nicht mit Névache zu verwechseln, das etwas weiter links oben lag. Zur Sicherheit machte ich vier Fotos. Dabei kippte ich zur Talmitte ab und sang auf 2100 m – Plampinet lag aber schon auf einer Höhe von 1500 m. Zum Glück konnte ich mich sofort an die sonnenbeschienenen Osthänge retten. Es war 15.40 Uhr.

Auf dem Rückflug nach Briançon sollte ich dann einen echten Gebirgsflug bekommen. Fache hatte ich erneut verloren; er mußte irgendwo hinter mir sein. Also versuchte ich, bestmöglich nach den Ratschlägen der »alten Hasen« zu fliegen – so wie sie es mir abends in der Kantine in langen Gesprächen eingetrichtert hatten. Der T-Gradient war schwach, die Sonnenbestrahlung jedoch ziemlich konstant. Wenn ich auf Talwinde und Sonnenhänge achtete, wenn ich aufpaßte, auf der anderen Hangseite nicht heruntergedrückt zu werden, konnte ich nach Hause kommen. Fahrtmesser 90. Wieder segelte ich unterhalb der Tête-Noire-Zinnen. Schon war ich in der Infernet-Wand, wo mich eine starke Thermik mit mehr als 5 m/s auf 2800 m brachte. Zweimal war ich aus ihr herausgeschleudert worden. Als ich in den Spitzen der Grande Maye krebste, bemerkte ich Fache weit unter mir in Höhe von Villardt-St.-Pancrace. Wir sprachen uns ab, jeder sollte allein nach Fayence zurückfliegen.

Aber wie der Zufall es will: Einige Funksprüche später waren wir über dem Schottergestein des Grand Bérard wieder zusammen. Für mich ein Glück, denn die Wolkendecke war auf 2750 m herabgesunken. Darüber war alles mit gewittrigen Wolken verhangen. Ich wußte nicht genau, wo ich mich befand. Große, hier und da mit grauem Firn überzogene Felsplatten waren gottlob so klar erkennbar, daß ich nicht befürchten brauchte, sie mit dem Flügel zu streifen. Am nächsten Tag erfuhr ich dann, daß ich in den Trois Evêchés geflogen war. Der Kompaß zeigte Heimkurs an, die andere Ka 6 gab mir ein optimistisches Gefühl der Sicherheit. Also dann los! Estrop, Carton und der Cheval Blanc wurden mit voller Geschwindigkeit genommen. Als ich in der Ferne den See von Castellane entdeckte, geriet ich in Aufregung: Vielleicht schaffte ich es!

Der Himmel war klar, bis auf zwei, drei Wellenwolken in Höhe von

Saint-Auban. Wie eine Krone hingen sie sehr hoch über einer Gipfelkette, die sich im gelbgoldenen Gegenlicht des Spätnachmittags vor der sinkenden Sonne hellbraun bis malvenfarbig abhob. Welcher Farbkontrast zum Osten und zur italienischen Grenze hin, wo sich einige gewittrige Regenwolken aufbauten.
»Zulu Uniform, du kannst den Champagner kaltstellen!« gab Fache mir mit durstiger Stimme durch. Am Teillon noch ein letzter Aufwind, bevor es über den Lachens ging. Es war 17.30 Uhr. Wir konnten bis auf 2400 m steigen, querten den Lachens in 1800 m, überflogen die Funkstation und waren dann mit 140 bis 150 km/h im Endanflug auf den Platz. Um 17.59 Uhr waren wir gelandet und begossen das Ereignis – aber das ist eine andere Geschichte.
310 km in 5,59 Stunden. Nichts Ungewöhnliches, aber unvergeßlich für mich: Mein erster Flug im Gebirge.

Im folgenden Jahr kehrt A. de Chatellus wieder nach Fayence zurück, um zusammen mit seiner Zulu Uniform erneut einen alpinen Leistungsflug abzulegen.

Großes Ereignis in Fayence: Während der Ferien hatte Etienne, der Kantinier, dessen Hand den Steuerknüppel ebenso fachmännisch wie den Kochlöffel führt, Ende Juli einen schönen 300-km-Rückflug nach Plampinet auf der Nordroute hingelegt. Als ich am 1. August im Segelflugzentrum eintraf, bekam ich den 83. Aufguß seiner Leistung erzählt. Ich war mit meiner K 6E wieder ins Schottergestein der Südalpen gekommen. Mein geheimer Wunsch, diesmal unter Ausnutzung eines kräftigen Sommermistral meine 3000 zu machen.
Bis zu diesem nicht ganz einfachen Ereignis brachte ich mich erst einmal mit ein paar Gewöhnungsflügel über Savines, den Grand Goyer und Barcelonnette in Form. Die Gebirgsflugmannschaft aus Beynes war auch da, und Michel Fache – seit seiner schönen Leistung bei den französischen Meisterschaften mit dem Nimbus des strahlenden Siegers umgeben – ist immer ein 500-km-Dreieck in den Alpen wert.
Die Tage vergingen. Der am Fuß der Bure schlafende »Rhonibus« wollte einfach nicht aus Nordwest blasen, damit eine – und wenn auch noch so schwache – Wellenlage entstand, die für mein Vorhaben von Vorteil gewesen wäre.
Mittlerweile war es Sonntag, der 15. August geworden. Die großen Vögel von Fayence tauchten aus ihren Schlupflöchern auf. Yves und Jeannot zogen die Schutzplane von ihrer ASW 15 ab, und Jean-Pierre befreite seine Foka von den letzten Staubkörnern. Der Wetterbericht gab für die Alpen eine schwach-gewittrige Strömung, bei Winden von 210 auf 270 drehend, mit 20 bis 30 kts. zwischen 1000 und 3000 m. Dann begann das mehr oder weniger geheimnisvolle Studieren des Wendekatalogs: Karten wurden konsultiert, Köpfe zusammengesteckt, verstohlen suchte man den alten Boujet auf, den Kommissar, bei dem die administrative Seite abzuwickeln war. Yves flog an diesem Tag die ASW 15. Er wollte eines der klassischsten Dreiecke überhaupt sich vornehmen: Fayence–Grambois–Savines–Fayence. Ich dagegen wollte alles auf eine Karte setzen. Es war mein letzter Tag in Fayence. Und wenn ich meinen 3000er Aufstieg haben wollte, dann mußte ich ihn dort suchen, wo er möglich war: In thermischen Aufwinden, indem ich bei den 3900er bis 4000er Gipfeln der Meije und der Ecrins im Oisans die dortigen Aufwinde nutzte – falls die Spitzen nicht zu sehr in Wolken wären. Also gab ich als Ziel den kleinen Weiler La Bérarde an, am Fuß des Bonnepierre-Gletschers, der auf der NW-Seite der Barre des Ecrins abfließt: 4102 m, 152 km nördlich von Fayence.
Michel Fache hatte ich von meiner Absicht erzählt. Er steuerte an diesem Tag die K 6E »Romeo Victor« und beschloß, mit mir zu kommen. Jean-Pierre Barrois hatte noch keine Route festgelegt. »Je verrückter, desto lustiger«, meinte er, und wir waren zu dritt. Allerdings sollte Jean-Pierre unsere Formation über Savines wieder verlassen, da er den wolkenverhangenen Gipfeln des Oisans nicht traute. Er zog es vor, über dem Osten der Haute-Durance einige Kreise über Modane auf einer ihm bekannten Route zu fliegen. Auch unser Kamerad Yves Cierapicca sollte nicht über den Malay-Kessel hinauskommen, seine ASW 15 schien an diesem Tag Bleischuhe anzuhaben.
Um 11 Uhr wurden wir bis auf 450 m geschleppt; erst die Foka, dann die beiden K 6E »RV« und »ZU«. Ein klassischer Start im August, ganz im Stil von Fayence. Trotz eines Ostsüdost mit fünf bis zehn Knoten geizte der Seillan-Hang mit Aufwinden und gab nur kleine schwierig zu zentrierende Bärte. Alle in Fayence gestarteten Flugzeuge krebsten zwischen 600 und 900 m QFE zwischen Seillan und der Goranne. Fache löste sich als erster und steuerte den Malay an. Ich drehte immer noch kurz hinter Fayence in geringer Höhe, aber dann meinte Rhonibus es gut mit mir und ließ mich auf 1100 m genau über La Garonne aufsteigen. In der Ferne machte ich Romeo Victor aus, der knapp über dem Fels flog. Wenn er dort war, würde ich es auch schaffen. Also flog ich los und griff den Malay vom Fuß her an. Nach einigen unruhigen Augenblicken war ich auf Faches Höhe und wartete mit ihm auf die Foka. Dann endlich war unser Trio an der ersten Etappe der Nordroute, der klassischen Fayence-Strecke, wieder vereint.
12.15 Uhr. Wenig Thermik. Die normalerweise übliche 045-Route zum Lachens war an diesem Tag schwierig. Also ging ich ein kalkulierbares Risiko ein, verließ den Malay in 1200 m QFE und tauchte zum Lachens hinab, um ihn ziemlich tief an seiner Südflanke zu nehmen. Am Logis du Pin wäre meine Zulu Uniform beinahe »zu den Kühen« gegangen. Zum Glück verhalf mir der bis dorthin tragende Südsüdost zu einem gleichmäßigen Aufstieg über den sonnenbeschienenen Felsen. Fache hatte mein plötzliches Verschwinden überrascht. »He, Zulu Uniform, kommt man hoch?« fragte er über Funk. – »Romeo Victor, du kannst kommen, alles o. k.!«
Jean-Pierre hatte in seiner Foka leider kein Funkgerät. Er war ganz verdutzt über unser unerschrockenes Manöver. Einige Sekunden verstrichen, bis auch er diesem wenig normalen Weg folgte. Es ging prima weiter, der Lachens war ideal. In 1800 m QFE löste ich mich von ihm und stellte QNH ein. Wir waren auf 2030 m.
Dann kam die bereits bekannte Strecke über den Teillon, die Chamattes und Cordœil. Es sollte ein schöner Tag werden. Alles was unter 2 m/s war, beachtete ich gar nicht. Die Westhänge hatten eine gute Thermik; und um 13.30 Uhr traf sich unser Trio an der Blanche.
»Victor von Unifom, ich gehe auf Steighöhe, bevor ich direkt Serre-Ponçon quere.«
»Uniform von Victor, verstanden.«
Die K 6E bekam einen gleichmäßigen und breiten 3 m/s Bart unter die Flügel. Ich schraubte mich hoch und sah die mich nach oben pumpende Cu-Basis näherkommen. Im Norden konnte man den 80 km entfernten Oisans ausmachen, dessen Zinnen auf mindestens 300 m in Wolken waren. Wir verloren die Foka. Auf 3400 m funkte ich RV an, dann löste ich mich von der Basis und ließ den Fahrtmesser auf 140 hochschnellen, um mit größtmöglicher Geschwindigkeit den See von Serre-Ponçon zu queren. Kreuzende Segelboote hatten seine Oberfläche zerfurcht; Zelte und Wohnwagen bedeckten sein Ufer wie ein bunter Flickenteppich.

Oben: *Die Ka 6 mit dem Kennzeichen D-4339 war ursprünglich eine Ka 6BR, die modifiziert wurde und als Prototyp der CR-Version galt.* (Foto Schleicher)

Unten: *Eine belgische Ka 6CR, 1960 in Angers fotografiert.* (Foto A. Scherer)

Um 13.50 Uhr trafen RV und ich in 2400 m an den Zinnen von Lucy wieder zusammen. Ich schätzte den Wind auf 30 kts., er hatte auf WSW gedreht. Die vorbeiziehenden Wolken warfen klare und deutliche Schatten auf die Felswände – für uns gute fliegerische Anhaltspunkte.
Bei zu geringem oder verpaßtem Aufstieg hatten wir zu unserer Sicherheit drei Ausweichrouten nach Westen:
– von Lucy nach Chorges;
– vom Pinier nach Orcières und zum Haute-Drac;
– und dann, nahe unserem Ziel, eine Westroute über dem Valgaudemar und eine Ostroute nach Ailefroide und Vallouise.
Wir passierten den Pinier um 14.10 Uhr. Die wilde und majestätische Landschaft nahm uns in Besitz. Die Blanche und die Trois Evêchés waren nur kleine Hügel im Vergleich mit diesen Felsriesen. An der Pointe de Verdonne geriet ich querab zum Wind in ein enges, steiniges Tal am Fuß eines überhängenden, winzigkleinen Gletschers. Sein Bruch betrug aber immerhin noch sechs bis sieben Meter. Steigen mit 0,20 bis 1 m/s, unregelmäßig. Ein überhaupt nicht ängstlicher Schneehase verfolgte jede Acht, die ich im Hang drehte. Lieber als dieser unerreichbare Braten wäre mit jedoch ein schöner 2 m/s Aufwind gewesen.
Ich mußte unbedingt aus diesem Tal heraus. Ich löste mich von der Wand, querte den Kamm und kam in ein anderes, 45° weiter westlich liegendes Tal, das teilweise im Schatten war. Und dort ereignete sich jenes Wunder, das einen Piloten aus der Ebene immer wieder in Erstaunen versetzt: Dieses neue, vom Westwind bestrichene Tal beschwerte mir herrliche 3 m/s, die mich nach oben hievten. Erneut schlug ich Kurs Nord ein.
Als ich am Sommet des Bans angelangt war, erzählte mir Fache, den ich seit einiger Zeit aus den Augen verloren hatte, von seinen Schwierigkeiten, La Bérarde finden zu können. Nach seinen Informationen mußte er bereits über unsere Ziellinie hinaus geflogen und nun irgendwo in Höhe der Roche Faurio sein. Auch ich hatte Probleme, meine Position zu bestimmen. Etwas Furcht ergriff mich beim Anblick der tiefgespaltenen Eiszacken. Zehn Ka 6 hätten in ihrem Schlund leicht Platz gefunden. Wie fern waren in diesem Augenblick die lieblichen ebenen Flächen von Saint-Dizier! Wie ich am nächsten Tag der Karte entnehmen konnte, gehörten die gewaltigen, haushohen Eiszinnen zum Gletscher des Pic Coolidge. Auf thermische Winde wäre ich dort wohl kaum gestoßen. Da ich aber gut im Hangwind lag, konnte ich mich mit wohltuendem 1 m/s und Fahrtmesser 90 von allem befreien.
»Victor von Uniform, glaube bereits jenseits der Westwand der Barre des Ecrins zu sein. Suche nicht weiter nach La Bérarde. Steige bis zur Basis, um meine 3000 zu machen und fliege dann zurück.«
»Verstanden, Uniform, ich bin sicher schon über die Meije hinaus und wahrscheinlich im Tal von La Romanche. Fliege im Osten um das Massiv herum und über Villeneuve-La-Salle zum Platz.«
»Okay, Victor, bis dann am Dormillouse.«
Als ich in den Bärten bis auf 3850 m gestiegen war, entdeckte ich eine Ka 6 – »Romeo Oscar«, wenn ich mich recht entsinne –, die 200 m von mir entfernt ruhig ihre Kreise drehte. Wo zum Teufel kam die her? Die andere Ka 6 versetzte mir jenen Schock, den ein Bergsteiger erleidet, der auf einem noch unbezwungen geglaubten Gipfel eine leere Sardinendose findet. So mußte ich, der sich für einen Segelflugpionier hielt, meinen Stolz und meine Freude ganz schnell zurückdrehen.
14.55 Uhr. Voller Begeisterung und auf einen korrekt funktionierenden Barographen hoffend verließ ich die immer noch auf 100 bis 150 m wolkenverhangenen Ecrins. Kurs 180. Ich war auf dem Rückweg.
Ohne eine einzige Steigkurve querte ich 40 Minuten später die Matten und den heißen Schotter am Fuß des 1900 Meter hohen Fort du Dormillouse. Eine Cumulus mit glatter Basis krönte meinen alten Bekannten. Er versprach nicht zuviel und ließ mich auf 2900 m steigen. Nach meinen kurz zuvor durchgemachten Ängsten in den Eiszinnen wurde die Route entlang der Blanche zu einem ruhigen und erholsamen Spazierflug. Um 16.30 Uhr brachte ich berauscht, aber erschöpft meine Zulu Uniform in ihren Stall zurück.
Fache landete eine halbe Stunde später – nach einem wunderschönen Flug, der meines Wissens die erste Direktquerung des Oisans von Fayence aus war. An diesem Abend konnte Etienne einige gute Flaschen aus seinem Keller holen.

A. de Chatellus

(Auszüge aus der französischen Zeitschrift »Aviasport«, Nr. 197, Oktober 1970, und Nr. 209, Oktober 1971)

Alexander Schleicher und Heinz Huth auf der Wasserkuppe.
(Foto Schleicher)

K 7 Rhönadler

Nach einigen Anfangsschwierigkeiten erhielt der deutsche Segelflugsport ab 1955 wieder den dynamischen Auftrieb, den er vor dem Krieg hatte. Nach und nach kehrten auch die infolge des Segelflugverbots in der Nachkriegszeit nicht mehr aktiven Flugzeugbauer zu ihrer eigentlichen Tätigkeit zurück. Neue Unternehmen entstanden, um den ständig wachsenden Bedarf an modernen Segelflugzeugen zu decken. Bei den Doppelsitzern konzentrierten sich die Anstrengungen auf Flugzeuge für die Anfängerschulung – wie z. B. die Muster Doppelraab, Specht und Ka 4 –, aber auch auf hochentwickelte Segler, die gleichermaßen für Schulungs- und Leistungsflüge verwendbar waren. Aus dieser Definition heraus waren der Scheibe Bergfalke, die Focke-Wulf Kranich III und die Schleicher Ka 2 und Ka 2b entstanden. Gegenüber ihren direkten Konkurrenten war die Ka 2b allerdings wegen ihres hohen Anschaffungspreises und der relativen Empfindlichkeit ihres Schalenrumpfes im Nachteil. Daher ging Kaiser 1955 an die Entwicklung eines direkt von der Ka 2b abgeleiteten Doppelsitzers, dessen Stahlrohrrumpfkonstruktion ähnlich ausfiel wie die, die bei der Ka 4 berühmt wurde. Der Prototyp des neuen Musters verließ das Poppenhausener Werk 1957, er erhielt die Bezeichnung K 7 Rhönadler.

Der Rumpf ist den eleganten Formen der Ka 2 entlehnt. Die Stahlrohrkonstruktion hat die Höhe des Führersitzes einen rechteckigen Querschnitt, der nach hinten in ein auf die Spitze gestelltes Dreieck übergeht. Holzleisten runden den teilweise beplankten und bespannten Rumpf facettenartig ab. Auch das Landegestell stimmt mit der Ka 2 überein. Das Rad mit 380 mm Durchmesser ist jedoch so angebracht, daß mehr Bodenfreiheit gegeben ist, was auf nicht präparierten Plätzen oder bei Außenlandungen eine größere Spurtreue bewirkt. Zwei Schleppkupplungen sind mit dem Stahlrohrrumpf fest verbunden: Die für den Flugzeugschleppstart befindet sich in der Rumpfspitze, die für den Windenstart unterhalb des Vordersitzes. Beide Kupplungen werden nacheinander durch eine einzige Vorrichtung ausgelöst. Die Anordnung der Steuerele-

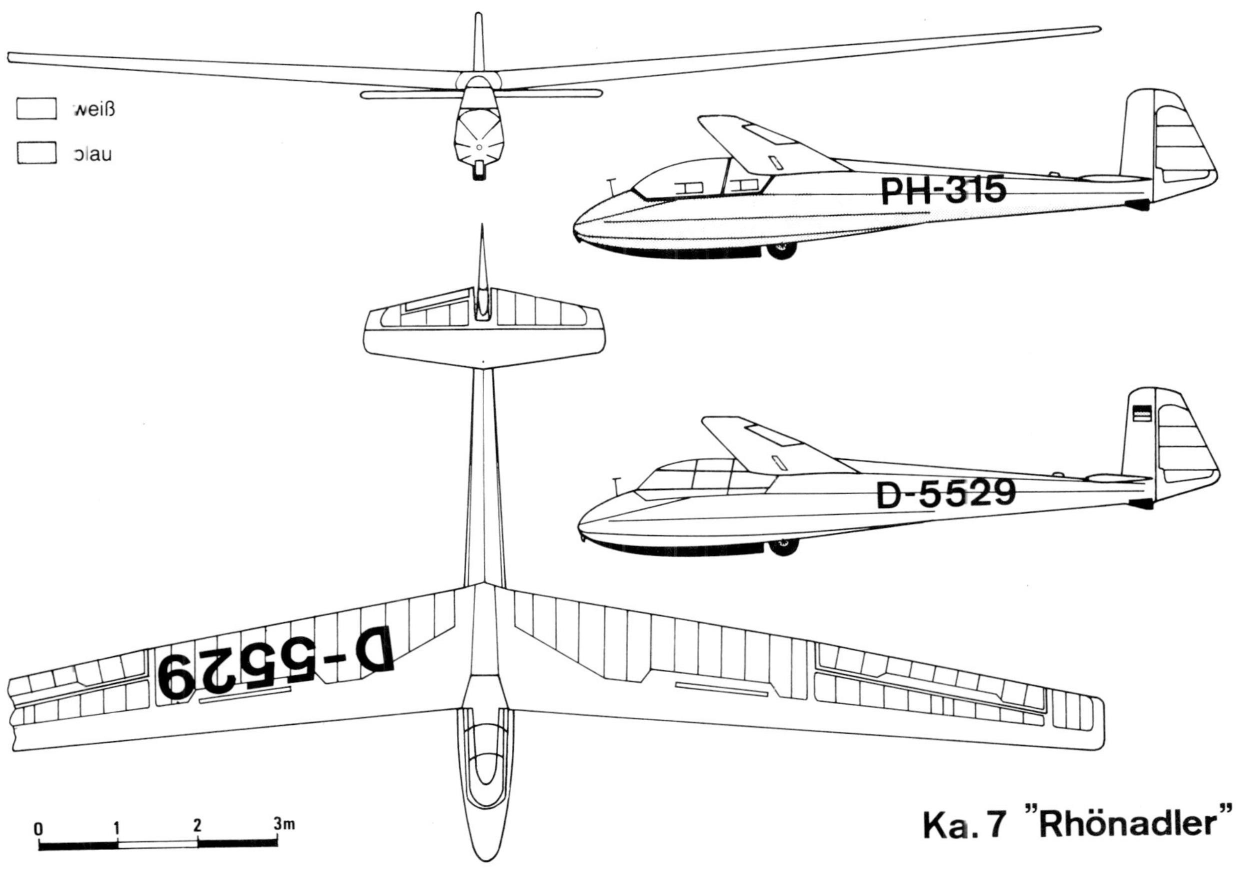

Ka. 7 "Rhönadler"

HB-687

mente ist klassisch; lediglich die vorderen Pedale haben ein Zahnstangensystem, über das sie am Boden eingestellt werden können. Das Seitenleitwerk wird über Steuerseile betätigt, Höhen- und Querruder über Steuerstangen. Die zweigeteilte Haube erstreckt sich über beide Sitze; ihr Stahlrohrgerüst ist mit geblasenen Plexiglasscheiben vorne und oben und sonst mit Astralon überzogen. Der vordere Haubenteil wird nach rechts aufgeklappt. Die hintere Hälfte durchschneidet die Flügelvorderkante und wird nach oben geöffnet. Viele Ka 7 wurden später mit geblasenen Mecaplex-Hauben ausgerüstet.
Flügel und Leitwerke entsprechen in Form und Struktur der Ka 2b. Allerdings besitzt die K 7 ein Flettner-Ruder als Trimmklappe am Höhenruder.
Von 1957 bis 1966 wurde die K 7 in Serie produziert. Die in dieser Zeitspanne gebauten 511 Exemplare gingen nicht nur an deutsche Vereine, sondern auch an Aeroklubs in der Schweiz, in Belgien, in den Niederlanden und in Italien. 318 Exemplare sind noch heute in der Bundesrepublik zugelassen. Zusammen mit der ASK 13 bilden sie das Rückgrat der Segelflugschulen. In Frankreich ist dieses Muster wesentlich seltener. Sein Preis konnte mit dem der Wassmer WA 30 Bijave nicht konkurrieren.

Polare der Ka 7

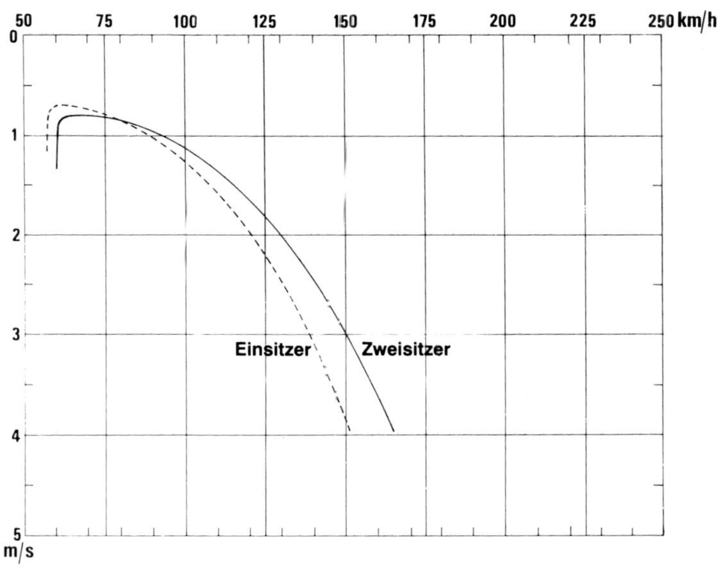

Linke Seite:

Oben: *Eine Schweizer K 7 startet auf dem Gelände von Montricher.* (Foto R. Ferrière)

Links: *Man sieht, wie weit der hintere Führersitz in den Tragflügel hineinreicht, die in die Vorderkante des Flügels integrierte Haubenform, die Befestigungspunkte des Tragflügels am Rumpf, aber auch, daß der Fluglehrer keine Rückenlehne hat (der Fallschirm gibt eine gute Polsterung ab).*

Rechts: *Der vordere Führersitz der K 7.* (Foto R. Ferrière)

Technische Daten: **K 7**		
Tragflügel:		
Spannweite	16,0	m
Fläche	17,5	m^2
Streckung	14,6	
Zuspitzung	2,5	
V-Stellung	4	Grad
Pfeilung	6	Grad
Schränkung	3	Grad
Profil innen	ähnl. Gö 533	
Dicke	16	%
Profil Mitte	ähnl. Gö 533	
Dicke	14	%
Profil außen	Gö 532	
Dicke	12	%
Höhenleitwerk:		
Spannweite	3,0	m
Fläche	2,25	m^2
Profil	symmetrisch	
Dicke	12	%
Seitenleitwerk:		
Fläche	1,21	m^2
Streckung (geom.)	1,74	
Profil	symmetrisch	
Dicke	12	%
Rumpf:		
Länge	8,15	m
Cockpit-Breite	0,7	m
Fahrgestell/Rad-Abmessung	380	mm
Massen:		
leer (ausgerüstet)	285	kg
Cockpit-Zuladung	195	kg
höchste nichttragende Masse	320	kg
Wasserballast	–	kg
höchste zulässige Flugmasse	480	kg
Flächenbelastung:	27,4	kg/m^2
Mindestgeschwindigkeit:	59,3	km/h
Geringstes Sinken	0,81	m/s
bei Flächenbelastung	25,4	kg/m^2
und Fluggeschwindigkeit	67	km/h
Beste Gleitzahl	25	
bei Flächenbelastung	25,4	kg/m^2
und Fluggeschwindigkeit	85	km/h
Höchste zulässige Fluggeschwindigkeit	170	km/h

K 8 und ihre motorisierten Varianten

Dank Kaisers Kreativität konnte Schleicher 1957 eine Modellpalette anbieten, die zur Zufriedenheit all seiner Kunden war. Allerdings fehlte noch ein einsitziger Übungssegler. Lange war der für diese Flugzeuge bestehende Bedarf mit einfachen Maschinen abgedeckt worden, die noch vor dem Krieg entworfen und ab 1951 wieder neu aufgelegt worden waren. Zwar konnten diese Muster dem deutschen Segelflugsport zu neuem Aufschwung verhelfen, aufgrund ihrer Leistungen und Steuereigenschaften erwiesen sie sich jedoch schon bald als vollkommen veraltet. So traten die deutschen Segelflieger an die Konstrukteure mit der Forderung heran, eine einfache, moderne und robuste Maschine zu entwerfen, die die Lücke zwischen Schul- und Leistungsflugzeug ausfüllen konnte. Auf diese Weise entstanden bei Scheibe der Spatz und bei Schleicher die K 8.

Kaiser ging daran, die aerodynamischen Besonderheiten, die die Ka 6 zu einem Erfolg machten, auf ein stark vereinfachtes Muster zu übertragen, dessen Merkmale eine solide Bauweise und ein gutmütiges Verhalten sein sollten. Unter diesem Blickwinkel wurde die K 8 entworfen. Zwar ähnelt sie äußerlich der Ka 6, ihre Konstruktion ist jedoch gänzlich anders: Der Rumpf ist eine Stahlrohrkonstruktion, die vorn mit einer GFK-Schale verkleidet und entlang des Rumpfes mit Holzleisten profiliert ist. Das gesamte Gerüst ist bespannt. Die Haube wird nach rechts aufgeklappt. Sie hat einen schmalen Blechrahmen, auf dem eine geblasene Plexiglashaube befestigt ist. Das Landegestell besteht aus einer gefederten Eschenkufe, einem festen, halbfreien Rad mit 300 mm Durchmesser und einem gummigefederten Sporn. Der Tragflügel hat im Grundriß eine Doppeltrapezform. Die Vorderkante ist nicht gepfeilt. Gegenüber der Ka 6 wurde die Flügelfläche um 1,75 m² vergrößert, beim Profil griff man auf das alte Gö 533 zurück: Beides ein Beweis dafür, daß die Flugleistung einem guten Verhalten im Langsamflug geopfert wurde. Die Konstruktion des Holzflügels ist klassisch: Ein einziger Holm bildet mit der Nasenbeplankung einen Torsionskasten, die Rippen sind innen durch ein Fachwerk aus Kiefernholz versteift, Schempp-Hirth-Bremsklappen fahren an Flügelunter- und -oberseite aus.

Die Leitwerke bestehen aus beplankten Flossen und bespann-

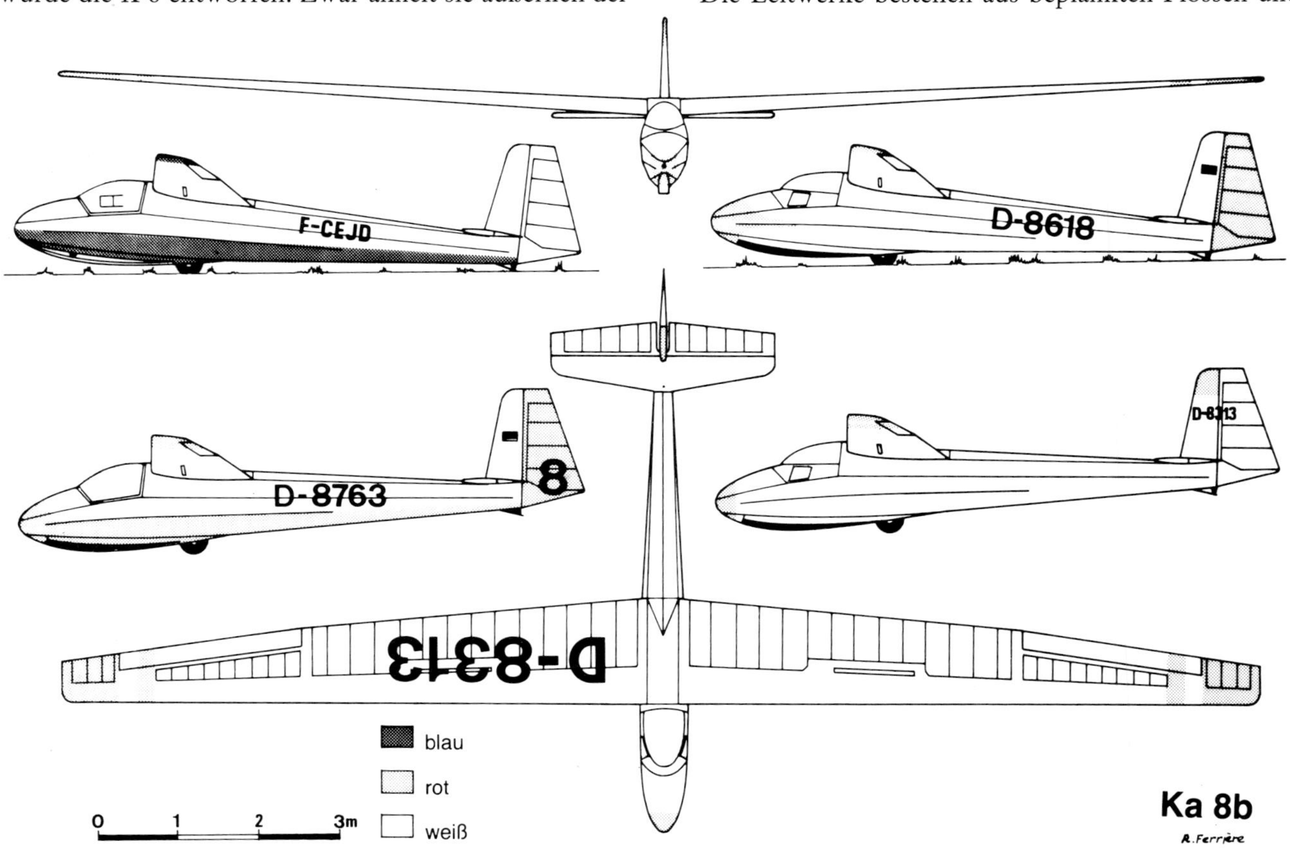

Als einsitziger Übungssegler für Anfänger ist die K 8 wohl das in den letzten 30 Jahren am meisten gebaute Segelflugzeug. (Foto R. Ferrière)

Der Rumpf einer verunglückten K 8B ohne Bespannung. Zu erkennen sind die Polyesternasenhaube, die Kopfstütze, die Befestigungspunkte des Tragflügels. (Foto R. Ferrière)

ten Rudern. Höhen- und Querruder werden über Stoßstangen gesteuert, das Seitenruder über Stahlseil angetrieben.
Die K 8 flog zum erstenmal im November 1957 in einer A-Version, von der nur sechs Exemplare gebaut wurden. Die Flugerprobung ergab mangelnde Querruderwirkung. Vergrößerte Querruderflächen, eine Federtrimmung am Höhenruder und ein Schiebefenster im Haubenrahmen zur besseren Sicht nach unten führten dann zur B-Version. Im März 1958 erfolgte der Erstflug der K 8b, die bis 1976 teils im Industriebau von Schleicher, teils in Lizenz bei Schempp-Hirth und Wolf Hirth, aber auch von Amateuren mit Hilfe vorfabrizierter Baukästen in 1180 Exemplaren gefertigt wurde. An vielen Flugzeugen dieser Baureihe wurde die ursprüngliche Haube durch eine Panoramahaube ersetzt. Ab November 1958 wurde die K 8b mit Flettnertrimmung am Höhenruder geliefert.

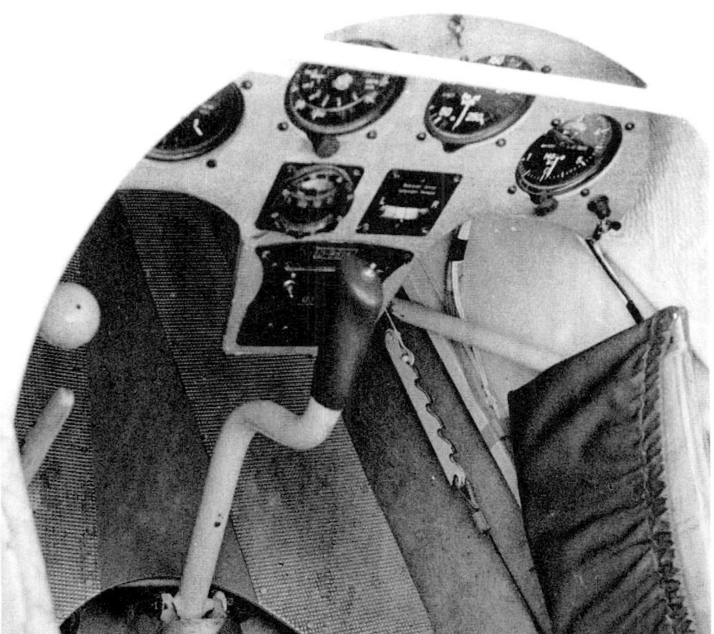

Der Führersitz der K 8: Die nüchternen und einfachen Instrumente sind typisch für aus den 60er Jahren stammende Übungssegler. Wie schon bei der K 7 hat der Sitz keine Rückenlehne. (Foto R. Ferrière)

In Hilden-Haan fliegt eine Eigenbau K 8b mit ungewöhnlicher Form. Mit zwei bei Eichelsdörfer gekauften K 8-Holmen bauten sich Dr. Helmut Weeber und Helmut Krips ihr eigenes Flugzeug, K 8-W. Eine eingestrakte Phoebus-Haube gibt dieser K 8 ein ganz besonderes und schnittiges Aussehen (D-5665). Auch in Weissenburg/Bayern gab es eine modernisierte K 8.
1962 griff Kaiser auf seine alten, seit dem Bau der Ka 3 vernachlässigten Ideen zurück und machte sich privat an eine Weiterentwicklung der K 8 zu einem kostengünstigen Kleinsegler für den Amateurbau. Viele Teile der K 8 kamen in diesem Flugzeug mit 12 m Spannweite zur Anwendung. Der Tragflügel hatte jedoch ein von Kaiser selbst entworfenes Profil, das für niedrige Fluggeschwindigkeiten optimiert war. Die K 9 ist in nur zwei Exemplaren gebaut worden. Ein drittes, K 11 getauftes Flugzeug wurde 1964 mit einem 26-PS-Motor im Bug ausgerüstet.
Weiter verbreitet waren die Aufsatztriebwerke von Eckard Bruns aus Münster mit einem Stihl-Motor Sk 120-FL mit 95 cm^3 und einer Dauerleistung von 4,8 kW (6,5 PS) bei 6000 U/min. Der 10 l Tank reichte für 2,5 Stunden, also einen Heimflug von mehr als 200 km. Denn selber starten konnte die K 8b-Stihl nicht, Sinn war ja die Heimweghilfe oder die Suche nach der Thermik am Morgen, um die Schulflüge zu

Technische Daten: **K 8b**		
Tragflügel:		
Spannweite	15,0	m
Fläche	14,15	m²
Streckung	15,9	
Zuspitzung	2,6	
V-Stellung	3	Grad
Pfeilung	1,8	Grad
Schränkung	4	Grad
Profil innen	Gö 533	
Dicke	16,8	%
Profil Mitte	Gö 533	
Profil außen	Gö 532	
Höhenleitwerk:		
Spannweite	2,8	m
Fläche	1,95	m²
Profil	symmetrisch	
Seitenleitwerk:		
Höhe	1,50	m
Fläche	1,4	m²
Streckung (geom.)	1,61	
Profil	symmetrisch	
Rumpf:		
Länge	7,0	m
Cockpit-Breite	0,6	m
Höhe	1,05	m
Fahrgestell/Rad-Abmessung	300×100	
Massen:		
leer (ausgerüstet)	191	kg
Cockpit-Zuladung	120	kg
höchste nichttragende Masse	200	kg
Wasserballast	–	kg
höchste zulässige Flugmasse	310	kg
Flächenbelastung:	21,9	kg/m²
Mindestgeschwindigkeit:	55	km/h
Geringstes Sinken	0,67	m/s
bei Flächenbelastung	19,8	kg/m²
und Fluggeschwindigkeit	60	km/h
Beste Gleitzahl	27	
bei Flächenbelastung	19,8	kg/m²
und Fluggeschwindigkeit	73	km/h
Höchste zulässige Fluggeschwindigkeit	190	km/h

Polare der Ka 8

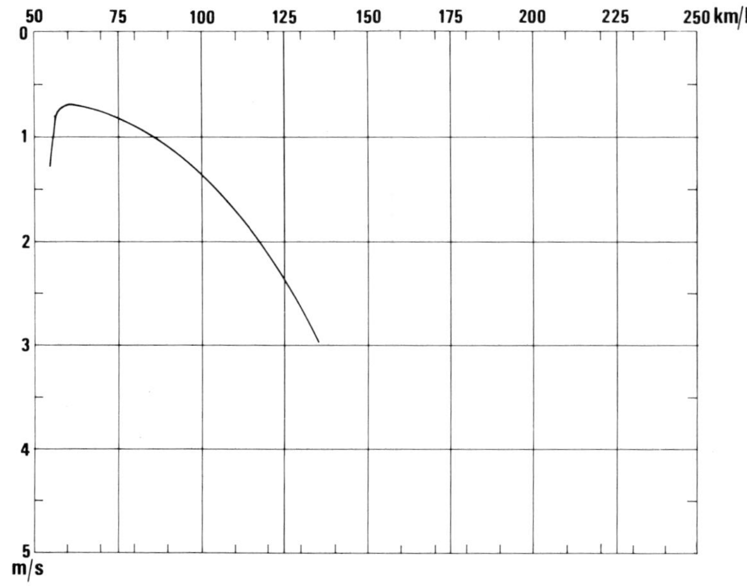

verlängern. Bei Vollgas stieg die K 8b-Stihl mit 0,67 m/s bei 70 km/h.

Nach der Zulassung am 28. April 1966 wurden bis 1976 insgesamt 30 Schleicher K 8b damit ausgerüstet. 1966 kostete ein Aufsatz DM 1450,–. Eckard Bruns berichtet, daß darüber hinaus zwei K 8b mit je zwei Motoren ausgestattet worden waren. Ebenso erhielten zwei K 7 einen Doppelantrieb und 5 K 6 den normalen K 8b-Aufsatz. Die heute (1987) wieder so aktuelle und viel gekaufte Heimweghilfe war damals Neuland, auch bei der Zulassung. Interessant, daß dieser K 8b-Aufsatz auch noch auf anderen Segelflugzeugen eingesetzt wurde: 3 × L-Spatz mit einem Motor. Die Lo 100, die holländische Sedbergh, je eine K 7 und Gö 4 in England erhielten zwei Motoren. Ein Doppelraab wurde zum 4-mot. An jeder Strebe trieben zwei Motoren ihre 0,73 m Propeller. Einmal gelang damit im Ausland sogar ein F-Schlepp mit einem L-Spatz hinten am Seil. Aber dies nur am Rande, der Vollständigkeit wegen.

Eckard Bruns gab damals schon exakte Hinweise über das Fliegen mit einer Heimweghilfe, um unnötigen Lärm zu vermeiden: Der Motor erlaubt Umwege, und der Pilot ist gehalten sich in dem langsamen Steigflug von Ortschaften fern zu halten.

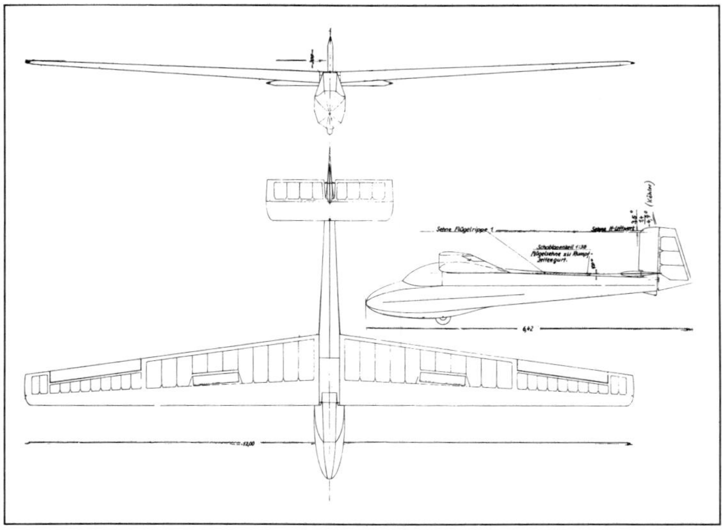

3-Seiten-Ansicht der K 9, von der nur zwei Exemplare gebaut wurden. (Rudolf Kaiser)

Links: *So sah der Aufsatzmotor von Eckard Bruns auf einer K 8 aus.* (Foto E. Bruns) – Rechts: *Der Sachs-Wankel-Motor auf der K 8 war verkleidet.* (Foto Adolf Wilsch)

Eine in die gleiche Richtung gehende Erprobung unternahm 1967 der Konstrukteur von Bomhard, der auf einer Serien-K 8 einen Wankelmotor auf einem abmontierbaren Tragmast installierte. Der Motor vom Typ KM 48 wurde von Fichtel und Sachs gebaut. Mit einem Kammervolumen von 1600 cm^3 entwickelte er 10 PS bei 4500 U/min. Der 8,5 kg schwere Motor trieb direkt einen 80 cm messenden Schubpropeller an. Durch diese Motorisierung erreichte die K 8b/KM 48 eine Kraftflugdauer von zwei Stunden bei 95 km/h und eine Steiggeschwindigkeit von 0,6 m/s. Sie konnte jedoch nicht aus eigener Kraft starten. Trotz der damals vorhandenen Begeisterung wurde die Erprobung dieses Prototyps aufgrund von Problemen mit dem Wankelmotor nicht fortgeführt.

Heinrichs Hennigs baute mit seiner Schülerfluggemeinschaft an der Berufsschule Detmold auch eine K 8b um. Zuerst setzte er zwei Stihl-Motoren SK 120-137FL links und rechts in den Tragflügel ein und ließ die Luftschrauben in einem Schlitz im Flügel rotieren (ähnlich dem Propeller im Seitenleitwerk der RW 3): K 8b-2M. Im August 1968 flog sie so zum erstenmal, ein Eigenstart war gerade noch möglich. Leider verursachte dieser Einbau sehr viel Lärm, schon damals zu viel. Um diesen zu verringern baute Hennigs auf die rechte Seite den 14,7 kW (20 PS) Lloyd LS 400 ein, mit elektrischem Anlasser: K 8b-Lloyd. Mit viel Detailarbeit konnte der »Krach« auf ein erträgliches Maß reduziert werden. Wieder mit dem Kennzei-

Technische Daten: **K 9**		
Tragflügel:		
Spannweite	12,0	m
Fläche	12,0	m^2
Streckung	12,0	
Zuspitzung	2,28	
Pfeilung	0	Grad
Schränkung	2	Grad
Profil innen Joukowsky-Tropfen mit NACA-Mittellinie		
Dicke	15	%
Höhenleitwerk:		
Spannweite	2,5	m
Fläche	1,95	m^2
Profil	symmetrisch	
Dicke	12,5	%
Seitenleitwerk:		
Höhe	1,21	m
Fläche	1,037	m^2
Profil	symmetrisch	
Dicke	12,5	%
Rumpf:		
Länge	6,42	m
Massen:		
leer (ausgerüstet)	136	kg
Cockpit-Zuladung	100	kg
höchste nichttragende Masse	170	kg
Wasserballast	–	kg
höchste zulässige Flugmasse	240	kg
Flächenbelastung:	19,17	kg/m^2
Mindestgeschwindigkeit:	50	km/h
Geringstes Sinken	0,8	m/s
bei Fluggeschwindigkeit	67	km/h
Beste Gleitzahl	20	
bei Fluggeschwindigkeit	70	km/h
Höchste zulässige Fluggeschwindigkeit	160	km/h

Die K 8-Lloyd von Hans Hennigs mit der im rechten Flügel in einem Schlitz laufenden Luftschraube. (Foto Peter F. Selinger)

Gerade zum richtigen Zeitpunkt gelang diese Aufnahme vom Windenstart der K 8b auf dem Segelfluggelände Hahnweide: Das Seil ist an der Sollbruchstelle gerissen, man kann die offenen Enden sehen. Wie es jeder Flugschüler lernen muß, drückte der Pilot sofort nach und landete glatt noch auf dem Flugplatz. (Foto Peter F. Selinger)

chen D-KOFO nahm sie Anfang Juni 1972 am Motorseglertreffen auf Burg Feuerstein teil. Die Weiterentwicklung stellte Hennigs später nach dem Umbau eines Bergfalken IV ein, letztlich wegen des (damals?) mit vernünftigem Aufwand nicht beizukommenden Lärms der im Schlitz laufenden Luftschraube.

Die letzte Version der K 8 war die C-Baureihe im Jahre 1974. Hauptmerkmale waren ein verbessertes Cockpit, ein großes, vor dem Schwerpunkt angeordnetes Rad mit 380 mm Durchmesser, eine verkürzte Kufe und großflächigere Leitwerke. Etwa zehn Exemplare wurden von der Ka 8C gebaut, dann stellte Schleicher die Produktion zugunsten der wesentlich leistungsfähigeren ASK 18 ein.

Die für ihre Steuereigenschaften und ihre Robustheit immer noch geschätzte K 8 war besonders in der Schweiz, den Beneluxländern und in Österreich ein Verkaufsschlager. Nach Frankreich wurden dagegen nur bescheidene 20 Exemplare geliefert, da ihr Preis über dem vergleichbaren Muster aus nationaler Produktion (Javelot, Super Javelot, Fauconnet, Mésange) lag.

Von der D 36 zur ASW 12

Gerhard Waibel beginnt bei Schleicher

Die frühen 60er Jahre bedeuteten eine erste Übergangsphase in der Entwicklung von Segelflugzeugen. Diese Zeit brachte gleichzeitig den Höhepunkt der Flugzeuge in Gemischtbauweise und das Erscheinen neuer Prototypen, an denen sowohl die aerodynamischen Theorien der Professoren Eppler und Wortmann als auch der neue Werkstoff Glasfaser-verstärkte-Kunststoffe zur Anwendung kamen. Während die meisten Segelflugzeugbauer diesen innovativen Gedanken eine abwartende, ja skeptische Haltung entgegenbrachten, hielten vier Hersteller (Glasflügel, Schempp-Hirth, Bölkow und Schleicher) und Björn Stender ihre kommende industrielle Anwendung für realisierbar. So sicherte sich Schleicher ab 16. September 1964 die Mitarbeit von Gerhard Waibel, einem Diplom-Ingenieur, der erst kurz zuvor sein Studium an der Technischen Hochschule Darmstadt abgeschlossen hatte. Dort war Waibel am Bau der D 36 beteiligt gewesen, die damals als ein Spitzenprodukt der Segelflugzeugtechnik angesehen wurde. Der Name Waibel sollte die neue Dynastie der ASW-Flugzeuge (Alexander Schleicher-Waibel) begründen, deren erstes, direkt von der D 36 abgeleitetes Muster die Nummer 12 in der Schleicher Nomenklatur erhielt:
Die ursprüngliche AS 12 wurde bald in ASW 12 umbenannt. Der erste Prototyp AS 12 (später ASW 12) hatte einen mit vielen Rippen gebauten Flügel, der dann als Kern für die Flügelnegativform für die Serienflugzeuge gedient hat.

D 36 Circe

Das Projekt D 36 beginnt im Jahre 1962 an der Akaflieg Darmstadt unter der Leitung von Prof. Dr.-Ing. Bock und schließt nahtlos an die ab 1955 an dem Segelflugzeug D 34d durchgeführte Erprobung von Kunststoffbauweisen an. Zielsetzung war die Realisierung eines Hochleistungsseglers, bei dem nicht nur Verbundwerkstoffe, sondern auch das von Prof. Wortmann entwickelte Wölbklappen-Laminarprofil FX 62-K-131 verwendet werden sollte.

Noch 1962 wurden die Aufgaben für die Konstruktion und den Bau der D 36 verteilt:

– Gerhard Waibel zeichnet für die Rumpfkonstruktion mit Leitwerk und Fahrwerk verantwortlich und

– Wolf Lemke befaßt sich mit dem Tragflügel, wobei Doktorand

– Klaus Weise die Steuerung im Flügel und die Wölbklappen und Querruder konstruieren muß.

– Heiko Frieß kam etwas später zur Akaflieg und mußte sich zuerst um die Bremsklappen kümmern.

Die Flugerprobung führten Wolf Lemke, Gerhard Waibel und Klaus Weise durch. Dabei stellten sie schweres Torsionsflattern am Leitwerk fest, das erstmals mit einem langen Massenausgleich an der Höhenflosse beseitig wurde.

– Klaus Holighaus, 6 Semester jünger als Frieß, Lemke und Waibel, entwarf ein neues Leitwerk

– Günter Schapka (heute in Lemkes Konstruktionsteam) flog die ergänzende Erprobung.

Während die Studenten der Akaflieg mit dem Bau des Prototypen V1 beginnen, wird gleichzeitig ein zweites Exemplar (V2) von Walter Schneider, Egelsbach, in Eigenregie aufgelegt. Schneider, Hersteller von Metallzargen und Rolläden, wird später zusammen mit Wolf Lemke die berühmten LS-Flugzeuge in Serie bauen.

Die D 36 hat einen sehr schlanken Rumpf, einen geringen Rumpfquerschnitt (was damals sehr modern war, wie die Beispiele Zefir, Foka, Edelweiß und BS 1 zeigen) sowie ein T-Leitwerk. Der Sandwich-Rumpf (GFK, Epoxydharz, Balsaholz) wurde aus zwei über einem Positivkern hergestellten Halbschalen zusammen gebaut. Die frei geblasene, geteilte

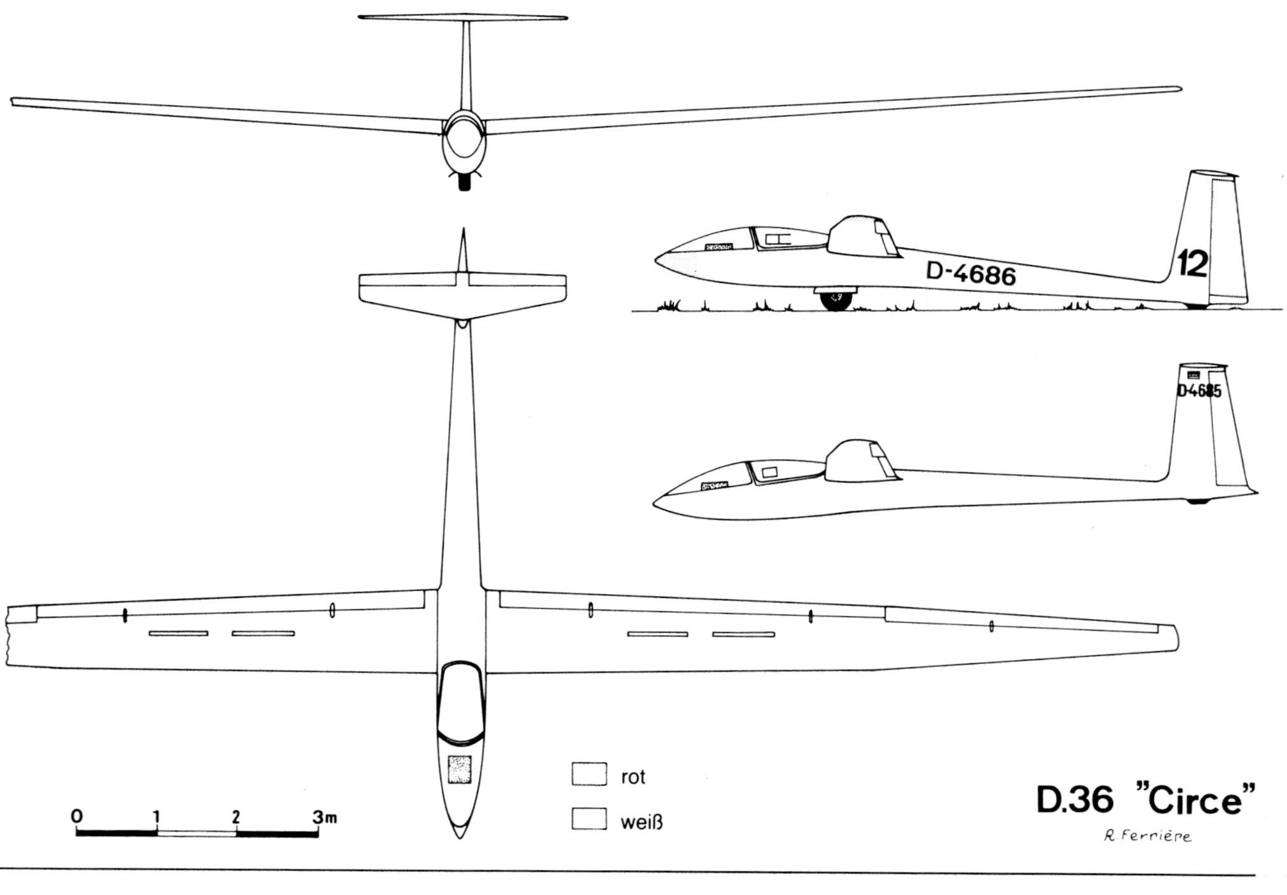

Die ASW 12 »Doppel-Alpha« vor einem Janus in Startaufstellung auf der Piste von Fayence. Zwischen den Entwürfen für beide Segler liegen 10 Jahre. (Foto A. Zutter)

Die einzige in Frankreich zugelassene ASW 12 fliegt in Fayence und gehört Jean-Pierre Barois. Das Foto zeigt gut die Klappenantriebshäubchen auf der Flügeloberseite. (Foto Alain Zutter)

Vorige Farbseite: *ASK 13 am Abend eines Wellenflugtages.*

Unten: *ASK 13 im Hangflug.* (Foto R. Ferrière)

Oben: *Eine ASW 15B beim Start im Flugzeugschlepp. Sie hat nur eine Schleppkupplung, die gleichermaßen für Windenstart und F-Schlepp verwendet wird.* (Foto R. Ferrière)

Unten: *Hier zieht Alvaro de Orléans-Bourbon die ASW 17 nach dem Überflug steil nach oben.* (Foto Jean-Louis Chaffanel)

Über den Wellenbergen der Sierra Nevada: ASW 15.
(Foto Jean-Claude Batault)

Warten auf den Start in gleißender Sonne: ASW 17.
(Foto J.-L. Chaffanel)

Linke Seite: *Alvaro de Orléans-Bourbon aus Spanien mit seiner ASW 17 bei den Weltmeisterschaften 1978.* (Foto Jean-Louis Chaffanel)

Unten: *Die ASW 19 der Akaflieg Braunschweig wurde mit »Winglets erprobt« und in ihren Leistungen vermessen.* (Foto Gerd Stich/DFVLR)

Die ASK 18 hat einen niederen Rumpf als die K 8B, die sie ablösen sollte. (Foto Richard Ferrière)

Linke Seite: Die ASW 19A im Flug über der Schwäbischen Alb. (Foto Schleicher)

Folgende Seite: *ASW 20FP im Gebirgsflug.*

Die ASW 20 war in ihrer Ursprungsversion lange Zeit das beste auf dem Markt erhältliche Segelflugzeug der FAI-15-m-Klasse, oft Rennklasse genannt. (Foto R. Ferrière)

Unten: *Eine ASW 20 CL (hier mit 15 m Spannweite) überfliegt die Ziellinie bei den Segelflugweltmeisterschaften in Rieti/Italien am 8. August 1985.* (Foto Peter F. Selinger)

TBR
F-CFLX

Plexiglashaube hat ein perfekt in die Rumpfform eingestraktes festes Vorderteil und einen abnehmbaren Teil, unter dem der Pilot halbliegend Platz findet. Das Einziehfahrwerk besteht aus einem großen Rad mit 380 mm Durchmesser an einer nicht gefederten Gabel, an der auch die Schleppkupplung angebracht ist. Ein Gummisporn schützt das Rumpfende.
Der Tragflügel hat im Grundriß eine ausgeprägte Doppeltrapezform. Das Profil ist das neue Wortmann FX 62-K-131, das zu den Spitzen in ein FX 60-126 übergeht. An der Flügelhinterkante befinden sich ausschließlich bewegliche Teile: Die Wölbklappen, die 17% der Profiltiefe sowie 75% der Spannweite ausmachen, können von −10° bis +10° ausschlagen; die Querruder mit einer relativen Tiefe von 25% haben gleichsinnigen Ausschlag und sind mit den Klappen verbunden. Aufgrund der geringen Bauhöhe ragen die Querruderantriebshebel aus dem Flügel heraus und sind mit kleinen Kunststoffkappen abgedeckt. Die in 50% Profiltiefe angeordneten, vierteiligen Bremsklappen der V1 fahren nur nach oben aus. Die V2 ist dagegen nur mit einem unter dem Seitenruder verstauten Bremsschirm ausgerüstet. Der Tragflügel ist zweiteilig. Jede Hälfte ist in Sandwich-Bauweise (GFK, Epoxydharz, Balsaholz) hergestellt und besteht aus zwei in Negativformen gebauten Schalen, die mit dem I-Holm verklebt sind. Die Holmgurte bestehen aus GFK-Rovings.
Der Prototyp D 36 V1 mit dem Kennzeichen D-4685 flog

Rolf Spänig steuerte die D 36 V1 bei der Weltmeisterschaft in South Cerney, GB (1962), und belegte den 2. Platz in der offenen Klasse. Die Schwanzspitze wurde modifiziert, um in der Basis des Seitenleitwerks einen Bremsschirm unterbringen zu können. Die Schleppflugzeuge im Hintergrund sind vom Typ De Havilland Canada DHC 1 »Chipmunk«. (Foto Akaflieg Darmstadt)

Der Prototyp V2 der D 36 wurde von Walter Schneider gebaut. Diese Version besaß keine Bremsklappen, sondern einen Bremsschirm im Schwanz. (Foto Akaflieg Darmstadt)

Polare der D 36

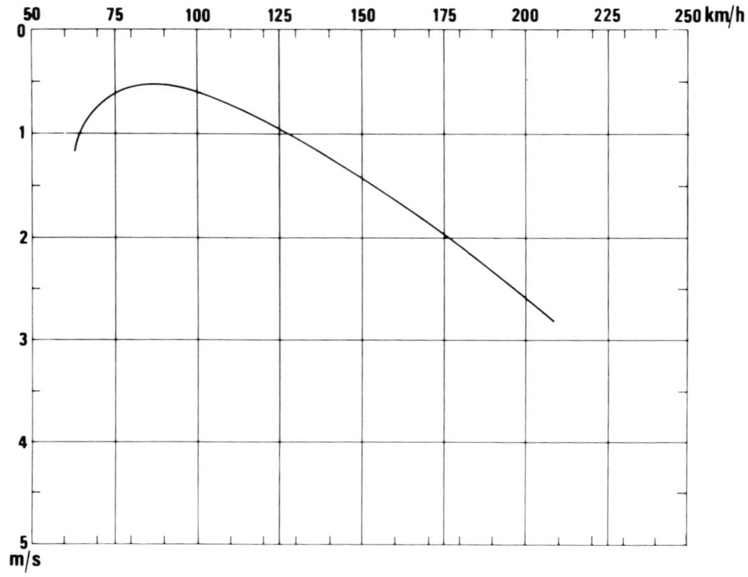

Technische Daten: **Akaflieg Darmstadt D 36**		
Tragflügel:		
Spannweite	17,8	m
Fläche	12,8	m^2
Streckung	24,8	
V-Stellung	2	Grad
Pfeilung	0	Grad
Schränkung	3	Grad
Profil innen	FX 62-K-131	
Dicke	13,1	%
Profil Mitte	FX 62-K-131	
Dicke	13,1	%
Profil außen	FX 60-126	
Dicke	12,6	%
Höhenleitwerk:		
Spannweite (urspünglich 2,58 m)	2,3	m
Fläche (1,20 m^2)	1,0	m^2
Seitenleitwerk:		
Höhe (1,55 m)	1,57	m
Fläche (1,15 m^2)	1,27	m^2
Streckung (geom.)	1,95	
Rumpf:		
Länge	7,35	m
Cockpit-Breite	0,57	m
Höhe	0,71	m
Massen:		
leer (ausgerüstet) (zuletzt 302 kg)	285	kg
Cockpit-Zuladung zuletzt	105	kg
höchste nichttragende Masse zuletzt	235	kg
Wasserballast	–	kg
höchste zulässige Flugmasse	410	kg
Flächenbelastung:	32,0	kg/m^2
Mindestgeschwindigkeit:	65	km/h
Geringstes Sinken	0,53	m/s
bei Flächenbelastung	29,3	kg/m^2
und Fluggeschwindigkeit	82	km/h
Beste Gleitzahl	44	
bei Flächenbelastung	29,3	kg/m^2
und Fluggeschwindigkeit	87	km/h
Höchste zulässige Fluggeschwindigkeit	200	km/h

zum erstenmal am 28. März 1964 in Gelnhausen. Noch im gleichen Jahr holte sich Waibel damit bei den deutschen Meisterschaften den Sieg in der offenen Klasse. An Bord der V1 erflog sich Rolf Spänig 1965 das erste 500-km-Dreieck in Deutschland und – als deutsche Mannschaft zusammen mit Rolf Kuntz auf SHK – den zweiten Platz bei der Weltmeisterschaft in South Cerney (Großbritannien) hinter dem Polen Wroblewski auf Foka 4. 1966 nahm die D 36 V1 erneut an den deutschen Meisterschaften teil, wo sie von Waibel gesteuert auf den dritten Platz in der offenen Klasse kam. 1967 montierte die D 36 V1 bei einem Wolkenflug ab. Durch den Ausfall des Wendezeigers geriet der Pilot in eine Steilspirale und wurde durch die hohe G-Belastung herausgeschleudert und erwachte am automatischen Schirm hängend.

Die D 36 V2 (D-4686) nahm ebenfalls an verschiedenen Segelflugveranstaltungen teil: So z. B. an den »Acht Tagen von Angers« oder an der Weltmeisterschaft von 1970 in Marfa (USA). Sie verunglückte zweimal, wurde jedoch jedesmal wieder instandgesetzt und fliegt heute beim Segelflugsportverein Köln.

ASW 12

Als Waibel 1965 seine Tätigkeit bei Schleicher aufnimmt, ist der Bau eines Hochleistungsseglers geplant. Er soll bei Wettbewerben siegen und mit seiner Erfolgsbilanz den Absatz der anderen in Poppenhausen gebauten Flugzeuge steigern helfen. Darüber hinaus bringt Waibel in diese Verbindung den gesamten wissenschaftlichen und technischen Kenntnisstand ein, den sich die Akaflieg Darmstadt auf dem Gebiet der GFK-Bauweise erarbeitet hat. Ein weiterer Gesichtspunkt ist, daß Schleicher beim direkt von der D 36 abgeleiteten ASW-12-Projekt die mit der Circe experimentell gewonnenen Erfahrungen nutzen kann, was ihm den Bau eines Prototyps erspart. Er kann also gleich mit der Nullserie beginnen.
Die charakteristische Rumpfform der D 36 wurde für die ASW 12 teilweise übernommen. Die Bauhöhe ist jedoch geringer, wodurch zwar der Flugzeugführer noch stärker zum Liegen kommt, dafür aber das Haubenglas tiefer heruntergezogen ist und bis in die Rumpfnase reicht. Das Cockpit hat einen Schalensitz. Die Bedienungselemente für Fahrwerk und Klappen sind links auf einer Konsole angeordnet. Die Instrumente befinden sich in einem pilzförmigen Instrumentenbrett in der Mitte, das genügend Platz für die Pilotenbeine läßt. Der Führersitz wird von einer teilweise abnehmbaren Plexiglashaube überdeckt. Das Einziehfahrwerk hat ein großes Rad von 380 mm Durchmesser, das von einer ungewöhnlich langen Gabel getragen wird. Ein Gummisporn schützt das Rumpfende. Die Konfiguration des Fahrwerks verleiht der ASW 12 eine besonders bei Starts auf nicht präpariertem Gelände geschätzte Bodenfreiheit. Wie bei der D 36 ist jeder Rumpf als GFK-Epoxydharz-Balsa-Sandwich in Positivbauweise hergestellt worden.
Im Vergleich mit der D 36 weist der Tragflügel der ASW 12 kleine Unterschiede auf: Vergrößert wurden die Spannweite um 50 cm und die Streckung auf 28,5. Das Wortmann-Profil FX 62-K-131 wurde aufgedickt. Die Flügelhinterkante ist voll beweglich. Die Klappen, die zwei Drittel der Spannweite und 17% der Tiefe ausmachen, können in sieben verschiedenen Winkeln ausschlagen (zwei negativ, einer Null, vier positiv). Ihre Stellung wird zusätzlich von den Querrudern beeinflußt.

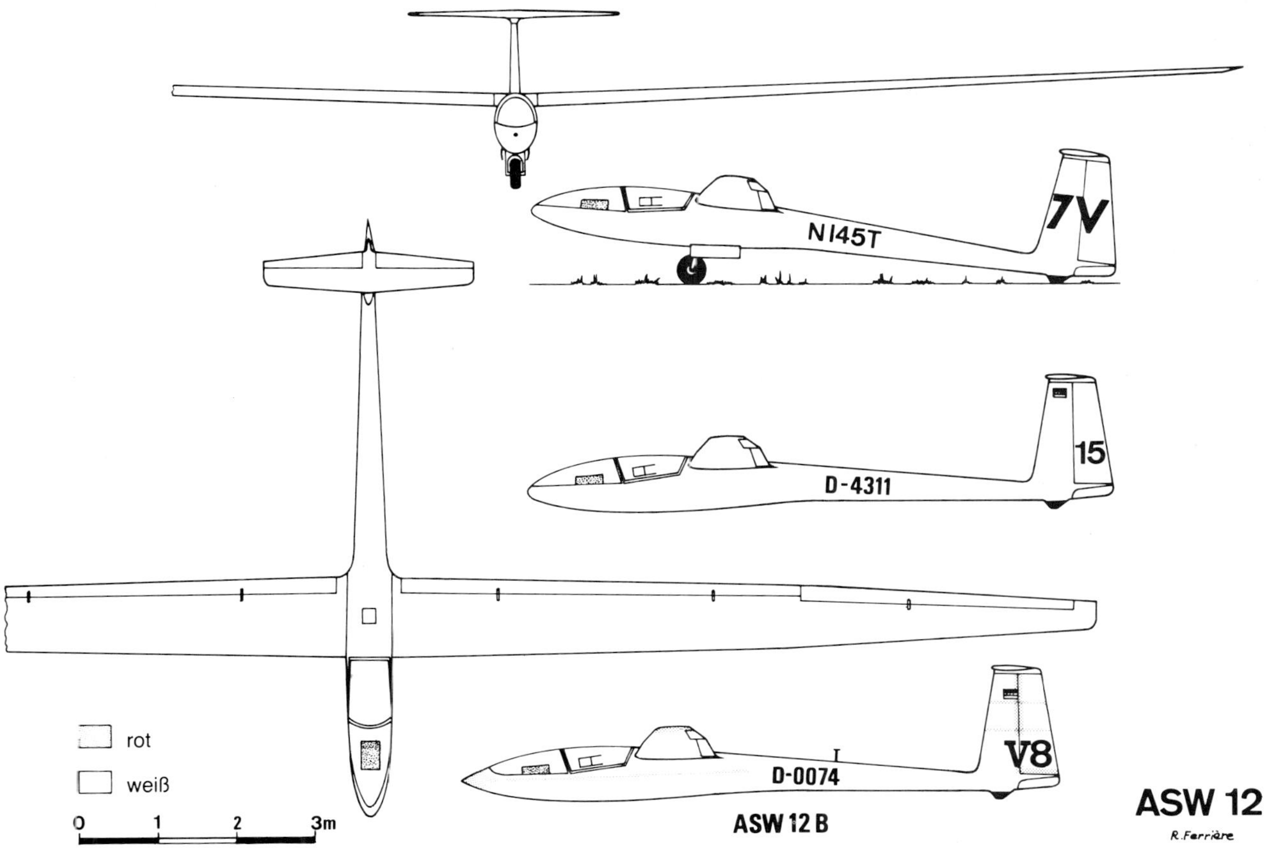

Der Prototyp der ASW 12 – hier mit ausgezogenem Bremsschirm – im Landeanflug über Tannenwipfel. (Foto Schleicher)

Die Kammer für den zweiten Bremsschirm ist hinter dem Fahrwerkschacht angeordnet. (Foto A. Zutter)

Dies verbessert die Rollwendigkeit (+45°, −45° in vier Sekunden bei 90 km/h) und die Steuerbarkeit im Langsamflug. Der zweiteilige Tragflügel besteht aus GFK-Epoxydharz-Balsa-Sandwich-Schalen, die mit dem Holm verklebt sind. Die Holmgurte bestehen aus GFK-Rovings. Die ASW 12 hat keinen Wasserballasttank.

Der von Edgar Kremer gesteuerte Prototyp (D-4311) führte den Erstflug am 31. Dezember 1965 in Fulda durch. Die Serienproduktion wurde 1966 aufgenommen und endete 1970 nach nur 15 gebauten Exemplaren. Drei davon waren aus der Baureihe ASW 12B, die eine auf 19 m vergrößerte Spannweite hatte. Heute sind noch 14 Flugzeuge zugelassen: Zehn fliegen in den USA, drei in der Bundesrepublik und eines in Frankreich. Eine ASW 12 BV hatte vorübergehend auch 19 m Spannweite.

Wie schon die D 36 V2 hat auch die ASW 12 keine Bremsklappen, sondern einen Bremsschirm mit 1,6 m Durchmesser, der im Rumpfende unter dem Leitwerk angeordnet ist.

Zwar verfügte die ASW 12 über eine für die damalige Zeit außergewöhnliche Leistungsfähigkeit, in ihrem Landeverhalten war sie jedoch problematisch. Anders als bei Bremsklappen kann mit Bremsschirm die Bahnneigung während der Landung nicht variiert werden. Dies kann sogar riskant sein, wenn nämlich der Landeanflug schlecht berechnet wurde und der Pilot dann gezwungen ist, den Bremsschirm abzuwerfen. Das Flugzeug beginnt erneut zu gleiten und braucht einige 100 Meter mehr bis zum Stillstand. Um diesem Problem beizukommen, erprobte Wallace Scott zwei Landeverfahren:

– Das eine wird angewandt, wenn der Anflug schwierig ist. Durch Ausschlag des Seitenruders wird das Flugzeug in einen stabilisierten Slip gebracht. In dieser Flugkonfiguration bildet die Rumpfachse mit der Flugbahn einen Winkel von 70°. Der Abstieg ist sehr steil. Bei dieser Anflugart wird der Bremsschirm erst im Endanflug ausgelöst.

– Das andere Verfahren erlaubt bei einer hindernisfreien Landepiste eine Landung ohne Bremsschirm. Es wird ein sehr flacher Anflug ausgeführt, dem eine »Pistenlandung« (auf dem Rad und Schwanz in der Luft) folgt. Bei Bodenberührung werden die Wölbklappen in die zweite negative Position gebracht, wodurch der Auftrieb des Flügels schlagartig nachläßt.

Das Cockpit der ASW 12. Die Instrumente sind in einem kleinen Pilz untergebracht. Kompaß und Sauerstoffblinkleuchte sind am Haubenbügel befestigt. An der linken Rumpfinnenseite sind die Bedienhebel für die Klappen und das Einziehfahrwerk angeordnet. Mit den blauen und roten Hebeln rechts können die beiden Bremsschirme ausgelöst werden. (Foto A. Zutter)

Einige ASW 12 wurden mit einem zweiten Bremsschirm umgerüstet, der unter dem Rumpf angeordnet war und vom Schwanzschirm ausgelöst werden konnte. (Foto J.-P. Barrois)

Das gelandete Flugzeug kommt nach weniger als 200 m zum Stehen.

Die beste Lösung fand jedoch Waibel selbst: Er empfahl den Einbau eines zweiten Bremsschirms in einer Kammer hinter dem Fahrwerkschacht. Beide Schirme können unabhängig voneinander ausgelöst werden. Bei zwei der ASW 12 konnte die Wölbklappe auch in eine Landestellung gefahren werden. Heute (1987) werden weitere ASW 12 mit der Wölbklappenlandestellung und den nach oben gehenden Querrudern ähnlich der ASW 20-Kinematik nachgerüstet.

Die ASW 12 begann ihre Karriere bei den Weltmeisterschaften von 1968 in Lezno (Polen). Dort belegte Heinz Huth mit dem dritten Serienexemplar (D-3213) den fünften Platz.

Lezno 1968 und der Mißerfolg der französischen Mannschaft bedeuteten einen Wendepunkt im Segelflugsport Frankreichs. Den Franzosen wurde ihr technischer Rückstand auf dem Gebiet des Segelflugzeugbaus im direkten Vergleich mit der ausländischen – und insbesondere der deutschen – Konkurrenz offen vor Augen geführt. Ehrenvoll war allein die Tatsache, daß die »Equipe de France« bis zu diesem Zeitpunkt ausschließlich nationale Muster flog, obwohl die französischen Segelflugzeugbauer seit der Bréguet 901 keine Wettbewerbsmaschinen mehr für die offene Klasse gebaut hatten. Durch den Einsatz von Flugzeugen der Standardklasse in der offenen Klasse konnte diese mißliche Lage 1963 in Junin, Argentinien, und 1965 in South Cerney, Großbritannien, noch verschleiert werden. Diese kurzsichtige Politik sollte in Lezno dann jedoch in einem Debakel enden: Unter 48 Konkurrenten belegten Mercier auf Edelweiß IV und Gavillet auf Squale den 35. bzw. 41. Platz. Der Rückstand der französischen Flugzeugbauer war nun so groß, daß der Segelflugsportverband von Frankreich seine Auswahlmannschaft für die Weltmeisterschaft von 1970 in Marfa, USA, mit ausländischen Mustern ausrüsten mußte. So verfügten Mercier und Labar über zwei ASW 12 und Mattern über eine LS 1. Lediglich Gombert flog eine französische Maschine vom Typ Squale-Marfa. In Marfa siegte zwar der Amerikaner George Moffat auf dem Nimbus I, jedoch rangierten fünf ASW 12 auf den ersten zehn Plätzen: Grosse (Bundesrepublik Deutschland) belegte den zweiten, Mercier (Frankreich) den dritten, Delafield (Großbritannien) den siebten, Labar (Frankreich) den achten und Scott (USA) den neunten Platz. Die ASW 12 nahm dann noch an der Weltmeisterschaft von 1972 in Vrsac (Jugoslawien) teil, wo sich die Piloten Wetli (Schweiz) und De Dorlodot (Belgien) den 26. bzw. 28. Platz erflogen. Das neue Muster ASW 17 hatte jedoch mittlerweile die Nachfolge der ASW 12 angetreten.

Auch mehrere Weltrekorde wurden mit der ASW 12 aufgestellt. Am 22. August 1969 holte sich Wallace Scott den Ziel-Strecken-Rekord mit einem 974-km-Flug von Odessa (Texas) nach Gila Brend (Arizona). Schon im folgenden Jahr ging dieser Weltrekord an Hans W. Grosse, der am 4. Juni 1970 die 1032 km von Lübeck nach Angers (Frankreich) flog. Zusammen mit Benjamin Greene nahm Wallace Scott erneut den freien Streckenweltrekord in Angriff: Am 26. Juli 1970 flogen die beiden von Odessa (Texas) nach Columbus (Nebraska) und legten die 1145 km mit einem Durchschnitt von 130 km/h zurück. Wally Scott flog hierbei den Prototyp mit dem Rippenflügel, Ben Greene eine Serien-ASW 12. Hier nun der Bericht dieser Leistung:

Scott: *Fiebrig sahen Ben und ich dem Tag entgegen, an dem wir gemeinsam diesen Rekord fliegen wollten. Wir beabsichtigten, ein ausreichend entferntes Ziel zu benennen, damit sowohl der Zielflugrekord als auch der Rekord für den freien Streckenflug geschlagen wer-*

den konnte. Für den Fall, daß wir auf dem letzten Teil der Flugstrecke getrennt worden wären, war unter uns ausgemacht, daß derjenige, der als erster das Ziel überflog, die Wahl hätte, entweder zu landen oder noch weiterzufliegen, um den Rekord für den freien Streckenflug aufstellen zu können. Der andere hätte dann immer noch die Möglichkeit gehabt, sich den Zielflug zu sichern.

Unsere Flugzeuge waren ständig startbereit. Am Abend des 25. Juli holte ich mir beim Flughafen Midland-Odessa das Wetter und erfuhr, daß der nächste Tag unser Tag sein würde.

Greene: *Schon seit einigen Tagen besserte sich das Wetter in geringer Höhe; jedoch baute sich im Osten, in Dakota, ein Tief mit einer heftigen Kaltfront nach Südwesten aus. Als ich mir am 25. die Entwicklung dieses Tiefdrucksystems ansah, bemerkte ich das Fehlen eines Ausläufers, der uns die für den Flug so nötigen, kräftigen Rückenwinde beschert hätte. Vorhergesagt war außerdem ein großes Hochdruckgebiet über dem Mittelsüden der USA mit einer kleinen Zirkulationsstörung weiter südlich. Am frühen Morgen des 26. Juli stellte ich aufgeregt fest, daß die Isobaren »meine« Rinne zeichneten. Nach Norden wehende Winde bestätigten meine Auffassung. Ich stürzte zum Telefon.*

Scott: *Als Ben mich anrief, war er wesentlich erregter als sonst. Sorge bereitete ihm jedoch die sich nach Nebraska verlagernde Kaltfront.*

Greene: *Während der 15minütigen Autofahrt zum Ector Country Airport ging ich in Gedanken noch einmal meine Checkliste durch (Barograph genau einstellen, Meldungen minutiös vorbereiten usw.). Die Zielfestlegung war noch problematisch. Die Front überquerte gerade die Nordwestecke von South Dakota und der Vorhersage zufolge sollte sie schnell nach Südosten weiterziehen. Das beste wäre also, ein Ziel zu benennen, das zum einen noch vor Einbruch der Dunkelheit und vor Eintreffen der Front erreichbar gewesen wäre. Zum anderen mußte es aber weit genug im Westen liegen, um vor Ort ein etwas durchschnittenes Gelände vorzufinden, in dem man Aufwinde optimal nutzen und Höhenverluste in der Berechnung der kompensierten Entfernung auf ein Minimum herabsetzen könnte. Das war für den Rekord von großer Bedeutung. Die Wahl fiel nicht leicht. Wally würde mit seinem Wissen über Wetter und seiner Streckenkenntnis im Norden von Odessa sicherlich eine Idee haben.*

Scott: *Als Ben zu mir kam, bereitete ich gerade meinen Barographen, die Karten und die ASW 12 vor. Er machte sich immer noch Sorgen über die Front, die unsere Route queren würde und schlug deshalb Broken Bow (Nebraska) als Ziel vor. Meine Wahl war jedoch auf Thedford gefallen, das jenseits der 700-Meilen-Linie (1130 km) lag. Wir warfen eine Münze. Ben verlor, und so gaben wir beide Thedford als Ziel an. Auf sein Drängen hin startete ich als erster.*

Greene: *Schon seit Jahren sprachen Wally und ich von einem solchen Flug. Wir bereiteten ihn sorgfältig vor und hatten wegen wechselhaften Wetters sogar schon einmal einen Fehlstart. Aber nun war »unser« Tag gekommen, mit traumhaften Cumuli, die sich in etwa 700 m auftürmten und schnell nach Norden abzogen. Hurra! Wally war im Schlepp gestartet. Doch halt, kurz nachdem er in 250 m ausgeklinkt hatte, ging er in den Landeanflug.*

Scott: *Ja, kurz nach dem Abheben stellte ich fest, daß ich vergessen hatte, meinen Barographen einzubauen. Nach einer kurzen Kurve landete ich wieder, aber ohne den Bremsschirm im Schwanz auszulösen. Wally Junior, der mich geschleppt hatte, gab auf 122,8 sofort »emergency« durch, damit ich im regen Flugverkehr einen vorgezogenen Start bekam. Obwohl das alles nur ein paar Minuten gedauert hatte, fühlte ich mich Ben gegenüber schuldig, der immer noch am Boden auf meinen zweiten Start in den weiß-blauen Himmel wartete. Nachdem ich ausgeklinkt hatte, ging ich sofort mit hoher Geschwindigkeit auf Kurs. »Bring mich dorthin, wo dein Vater ausgeklinkt hat«, hörte ich Ben im Funk. Sein Abstand auf mich betrug nur wenige Minuten. Die Bedingungen waren von Anfang an gut. Ein gleichmäßiger Wind unterstützte uns. Die Cumuli waren weit genug auseinander. Wolkenstraßen hatten sich noch nicht gebildet, aber das würde noch kommen. Ben rief mich: »He, wie geht's? Wo bist du?« – Ich gab ihm meine Position durch. – »Weißt du, wie hoch unsere Geschwindigkeit über Grund ist?« Ich wußte, daß wir bereits etwa 110 km in weniger als einer Stunde zurückgelegt hatten. »Ziemlich genau«, antwortete ich ihm. »Aber wir können noch mehr rausholen.«*

Nach ungefähr 300 km hob sich die Wolkenbasis. Straßen bildeten sich – unglücklicherweise jedoch in einer Richtung, die in bezug auf unsere Route erheblich nach Westen abwich. Trotzdem flog ich in sie hinein.

»Wo bist du jetzt?« rief mich Ben über Funk.

Nach einem Positionsaustausch sagte ich ihm, daß er mir etwas zu weit ostwärts fliegen würde. Da er im Gegensatz zu mir die Strecke vorsichtshalber auf einer Karte eingezeichnet hatte, fragte ich ihn nach dem Punkt, an dem unser Kurs die Höhe von Amarillo, 115 km südlich der Grenze zu Oklahoma, schneiden würde.

»Wir fliegen praktisch genau über Amarillo«, antwortete er mir.

Ich war genau über Dimmit, etwa 40 km zu weit westlich. »Okay, ich gehe wieder auf Kurs«, entgegnete ich.

Ostwärts der Wolkenstraße, der ich folgte, gab es ein ziemlich großes, blaues Loch. Da ich genug Höhe hatte, durchflog ich es ohne Probleme und befand mit über Canyon, einer Kleinstadt 30 km südlich von Amarillo. Die Aufwinde nahmen zu, die Basis stieg höher. Es war Sonntag, und unsere Fliegerkameraden von Panhandle wünschten uns Glück und Erfolg. Kurz nach 13 Uhr passierten wir Amarillo. Wir hatten eine gute Zeit herausgeflogen – etwa 150 km/h im Durchschnitt.

Greene: *Das Wetter für die nächsten 300 km war ideal: Gut ausgerichtete Wolkenstraßen, durchsetzt mit kräftigen Bärten. Ich hielt die Nadel des Fahrtmessers auf der roten Linie – Geschwindigkeit über Grund fast 280 km/h. In langen Gleitflügen sank ich auf 600 m unter die Wolken und schraubte mich mit 4 bis 5 m/s wieder nach oben.*

Scott: *Wir konnten tatsächlich mehrmals 20 bis 30 Minuten mit hohen Geschwindigkeiten gleiten und in starker Thermik schnell wieder zur Wolkendecke hochstoßen. Die Basis hatte sich mittlerweile auf 3100 m QNH stabilisiert.*

Greene: *Ich hatte das wohltuende Gefühl, daß mein Flug wie ein Uhrwerk ablief: Erstklassige Durchschnittsgeschwindigkeit und schnelles Zentrieren im Aufwind. »Wally habe ich bestimmt schon geschluckt«, dachte ich. Seit dem Start flog er mit 20 bis 30 km voraus, und es hätte mir Spaß gemacht, ihn überholt zu haben.*

Das hätte jedoch bedeutet, die Rechnung ohne den Wirt zu machen – in diesem Fall also Wally, mit dem ich schon viele Flüge unternommen hatte. Ich rief ihn über Funk:

»He, Kamerad, wo bist du?«

»Über dem See westlich Borger (einer Kleinstadt 80 km südlich der Grenze zu Oklahoma). Und du, wo treibst du dich denn rum?«

»Kurz hinter dir. Aber bald habe ich dich. Ich bin jetzt oben und lege zu.«

Scott: *Na, er vergaß wohl, daß auch ich oben war und ebenso zulegte!*

Technische Daten: **ASW 12**		
Tragflügel:		
Spannweite	18,3	m
Fläche	13,0	m²
Streckung	25,8	
V-Stellung	2	Grad
Pfeilung	0	Grad
Schränkung bis Knick 0 Grad, dann	3	Grad
Profil innen	FX 62-K-131	mod.
Dicke	14,5	%
Profil Mitte	FX 62-K-131	mod.
Dicke	14,5	%
Profil außen	FX 60-126	
Dicke	12,6	%
Höhenleitwerk:		
Spannweite	2,5	m
Fläche	1,0	m²
Profil	NACA 64-010A	
Dicke	10,0	%
Seitenleitwerk:		
Höhe	1,5	m
Fläche	1,2	m²
Streckung (geom.)	1,875	
Profil (ähnlich NACA 62-015A)	Ka 4-Tropfen	
Dicke	15,0	%
Rumpf:		
Länge	7,35	m
Cockpit-Breite	0,58	m
Höhe	0,70	m
Fahrgestell/Rad-Abmessung	380×150	mm
Massen:		
leer (ausgerüstet)	(296) 324	kg
Cockpit-Zuladung	115	kg
höchste nichttragende Masse	235	kg
Wasserballast	–	kg
höchste zulässige Flugmasse	430	kg
Flächenbelastung:	33,07	kg/m²
Mindestgeschwindigkeit:	68	km/h
Geringstes Sinken	0,57	m/s
bei Flächenbelastung	ca. 33	kg/m²
und Fluggeschwindigkeit	80	km/h
Beste Gleitzahl	46	
bei Flächenbelastung	ca. 33	kg/m²
und Fluggeschwindigkeit	100	km/h
HöchstezulässigeFluggeschwindigkeit	200	km/h

Polare der ASW 12

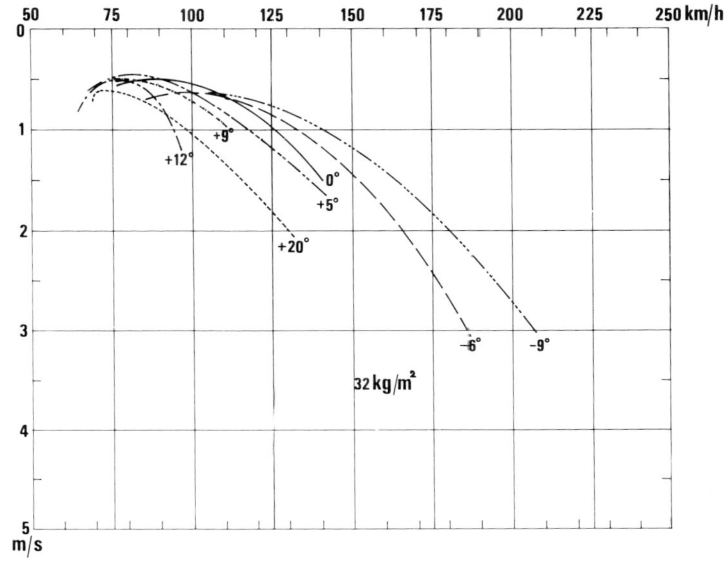

Ich bekam Probleme mit dem Funkgerät. Ich schaltete es ab, um Batterien zu sparen. Vorher hatte ich mit Ben ausgemacht, alle 15 Minuten Funkkontakt mit ihm zu haben. Die Wolkenstraßen erstreckten sich noch auf 100 km bis jenseits der Grenze Oklahoma/Kansas. Ab dort nutzten wir einzelne, noch sehr aktive Wolken. Die Aufwinde ließen allerdings nach. Im Norden von Kansas mußte ich lange gleiten, bis ich an eine erfolgversprechende Wolke herankam. In der Zwischenzeit hatte sie sich jedoch aufgelöst. Ich begann, ratlos zu werden. Meine Sorge war aber nur von kurzer Dauer, denn über Hoxie bekam ich einen 3,5 m/s Bart unter die Flügel, der mich wieder steigen ließ.

Greene: *Das Wetter änderte sich. Nicht zum Vorteil, das war offensichtlich. Die Straßen hatten sich schon seit einiger Zeit in zerstreute Fetzen aufgelöst. Fern im Norden konnte man die ersten Vorboten der Kaltfront ausmachen. Über den Flugwetterbericht erfuhr ich, daß sie augenblicklich den Raum North Platte in Nebraska überquerte. Die Front kreuzte also voll unsere Route. Das zwang uns, nach Nordosten auszuweichen. Ich rief Wally.*

Scott: *Die Front und die sie begleiteten Wolken machten sich immer stärker bemerkbar. Ihre Spitzen schoben nach Osten Amboßwolken vor sich her, die die Sicht auf den Boden verdeckten. Die Schleier trübten sogar die Wolken der unteren Schicht. Bevor wir aber unser Ziel aufgaben, mußten wir eine Erkundung durchführen.*

»Ja, die Front scheint mir in Richtung McCook zu wollen. Wir werden nach Osten müssen. Ich gehe mal auf Erkundung.«

Mein Abstecher zur Front bestätigte mir die allgemeine Verschlechterung. Ich hatte den Eindruck, in eine Falle zu geraten. Ein unvorhergesehener, sauberer Aufwind rettete mich jedoch und brachte mich auf fast 3200 m. Ich rief Ben:

»Also Buddy, ich habe es mir angesehen. Ist nicht berauschend. Gehe weiter nach Osten und versuche mal die nach rechts abdriftenden Wolken.«

»Okay, Wally, mach's, will dich nicht beeinflussen. Unsere Chancen, nach Thedford zu kommen werden immer geringer. Die Wetterfrösche aus North Platte geben mir für dort ein dickes Gitter mit Wolken/Boden- und Wolken/Wolken-Blitzen. Das einzige, was sie nicht melden, sind Wolken für Segelflieger!«

»Unser Ziel ist gestorben. Gehen wir nach Nordost; das ist die beste Lösung.«

»Gut, gehen wir hin«, stimmte Ben zu. »Aber wir sind noch nicht da!«

Greene: *Beim Überflug der Grenze Kansas/Nebraska versuchten wir, möglichst über sonnenbeschienenem Gelände zu bleiben. In der untergehenden Sonne warfen die herannahenden Wolken immer größere Schatten auf dem Boden. Dann entdeckte ich 60 km hinter der Grenze zu Nebraska nahe Hastings eine auftriebversprechende Cumuluswolke. Ich drückte die Geschwindigkeit auf 130, dann auf*

150 km/h. Ich mußte die Cumulus unbedingt erreichen, mußte unbedingt aus den Schattenzonen heraus.

Scott: Seit dem Start lagen immer gute 15 km zwischen uns. Aber nachdem Ben mir von seiner Cumulus bei Hastings erzählt hatte, konnte auch ich sie ausmachen. Sie hob sich von den kraftlosen Wolken im Norden ab. Bens Wolke schien die einzig aktive zu sein. Ich rief ihn über Funk und nahm Kurs auf die Cumulus. Ben glaubte mich ihm noch weit voraus, als er mir antwortete:
»Nein, nein! Dreh nicht um! Flieg weiter!«
Die Wolke war leider so wichtig für mich, daß ich trotz seines Drängens darauf zuhielt.

Greene: Auch ich flog auf meine Hastings-Wolke zu. Kein Zweifel, dort in der Ferne, dieser glänzende Punkt mit Flügel, das war Wally. Nach acht Stunden Flug und 970 km hatten wir zum erstenmal Sichtkontakt. Dieses Ereignis rief in mir ein seltsames Gefühl von Freude und Kraft hervor. Einige Augenblicke später kreisten wir unter unserer Wolke, die alle Erwartungen einzuhalten schien.
Ein Blick auf die Karte sagte mir, daß wir bereits eine rote Linie überflogen hatten, die von mir eingezeichnet worden war, um den bestehenden Weltrekord für den freien Streckenflug zu markieren. Frank Lilly, einer meiner Freunde, der in diesem Augenblick bei Columbus in einem Nullschieber Blut und Wasser schwitzte, hörte plötzlich unser »Geschafft! Geschafft!« aus seinem Funkgerät plärren.

Greene: Jeder konnte auf 123,3 unser Hurrageschrei hören – und andere Ausrufe, die man Erwachsenen sonst gar nicht zumutet. Als einzige Entschuldigung für solche Kindereien haben wir nur das nicht alltägliche Ereignis.

Scott: Aus Spaß erbot ich mich, Ben, der seit dem Start sicherlich nichts mehr gegessen hatte, ein Lunchpaket zu bringen.

Greene: »Gern, aber wenn ich mich von dir ködern lassen will, muß ich nach Wendezeiger fliegen, um dir in die Falle zu gehen«, antwortete ich ihm hintersinnig.

Scott: Himmel, ich hatte vergessen, daß er einen Peravia-Horizont hatte. Wir flogen noch immer unter der Cumulus. Wenn er in den Bart und in die Wolke gegangen wäre, hätte er vielleicht auf 6000 bis 7000 m steigen können, während ich unter der Basis hätte bleiben müssen. Ich schickte ihm ein »sorry« rüber und schlug ihm vor, weiterzufliegen.

Greene: »Nein, kommt gar nicht in Frage. Ich fliege nicht ohne dich. Wir müssen zusammenbleiben!« entgegnete ich ihm.

Scott: »Aber ja doch, flieg los! Kümmere dich nicht um mich.« In Wahrheit wollte ich aber eher das Gegenteil.

Greene: Es stimmte, ich war mit einem neuen Peravia-Horizont ausgerüstet, der zusätzlich noch einen Wendezeiger und eine Libelle hatte. Aber einige Stunden zuvor hatte ich auf einem Teilstück unserer Route, auf dem ich meinen Vogel einfach nur dahinsegeln zu lassen brauchte, über Funk bei der lokalen Flight Service Station die freien Flughöhen abgefragt. Danach hätte ich zwar bei günstigen Bedingungen und nicht zu dichtem Flugverkehr grünes Licht bis FL 240 bekommen. (Mit Rückenwind und dem Tageswetter hätten 24 000 Fuß, also 7200 m, für die ASW 12 einen Gleitflug von fast 390 km bedeutet.) Leider hatte sich dazu jedoch keine Gelegenheit gefunden, denn bei den heutigen Wetterbedingungen wäre ein Wolkenflug wegen der in der Höhe zu schwachen Aufwinde nicht lohnend gewesen. Während wir unter der Basis krebsten, war es mir daher leicht, Wally gegenüber großzügig zu sein. Aber wie hätte ich nich wohl verhalten, wenn wir noch 4 m/s bei Eintritt in den Bart gehabt hätten?
Wir gerieten jetzt in eine V-förmige Konvergenz zwischen der aus Westen heranwandernden Kaltfront und der parallel zur Grenze nach Iowa abziehenden Warmfront. Ziemlich hoch in Richtung York konnte man einige Cumuli ausmachen, die sicherlich einen kleinen Nullschieber erzeugten, der sich aber wegen der heranziehenden Warmfront nicht sehr stark zum Boden hin hätte auswirken können.
»He, wo seid ihr?« fragte uns Frank Lilly über Funk.
Ich gab ihm unsere Position. – »Okay, falls ihr in Columbus runtergehen wollt, wir haben Platz im Hangar und können euch unterbringen.«

Scott: Vermutlich hatte Lilly unseren Funkverkehr schon seit Stunden mitverfolgt. Nachdem er seine Sisu gelandet hatte, war er gleich wieder mit einem Motorflugzeug gestartet, um sich mit uns zu treffen. Aber er hatte nicht bis zu uns kommen können. Wir beschlossen, unseren Flug in Columbus enden zu lassen. Vor uns lag noch eine lange Autofahrt, und eine Außenlandung war nicht ganz nach unserem Geschmack. Wir stellten die Wölbklappen auf Position 3, und ich begann mich ein wenig zu entspannen, indem ich mir den unter den Flügeln dahinsausenden Boden betrachtete. Wir hatten wunderbaren Rückenwind.

Greene: Als wir in den Platzbereich kamen, hatten wir noch 600 m Höhe. Wir hätten also noch weiterfliegen können, hätten – selbst mit einer Sicherheitshöhe von 300 m – noch mindestens 35 km zurücklegen und uns einen Außenlandeplatz suchen können. Aber dann wären wir in Sturm und Regen niedergegangen. Wir sprachen uns ab. Unsere Rückholmannschaft lag im günstigsten Fall zwölf Autostunden hinter uns. Also hätten wir unsere Flugzeuge allein landen und vor Wind und Wetter in unbekanntem Gelände sichern müssen. Deshalb beschlossen wir, in Columbus zu landen.
Falls wir nicht gleichzeitig den Boden berühren sollten, so war abgemacht, daß der zweite zehn Kilometer weiterfliegen sollte, um dem ersten den Rekord wieder abzujagen.

Scott: »Hör mal«, sagte ich zu Ben, »wir landen ohne Bremsschirm. Mach einen langen Endanflug. Ich bin schräg hinter dir, und wenn du kurz vor ›touch-down‹ bist, sagst du es mir.«

Greene: Das Schauspiel lief planmäßig ab – unter schwarzen Wolken und zuckenden Blitzen.

Scott: Im hellen Licht der Blitze nutzten wir den Bodeneffekt. Im Tiefflug gingen wir mit niedriger Geschwindigkeit über den Asphalt. Und auf Bens Kommando »Top» sagte ich ihm: »Ich bin drauf.« – »Ich auch«, antwortete er mir.

Greene: Mit letzter Fahrt rollte ich auf dem Taxiway an die Hangars. Nachdem ich stand, zeigte mir der rauhe Kratzton eines Flügels auf Asphalt an, daß Wally immer noch bei mir war.
Ich blieb noch einen Augenblick lang sitzen – überwältigt von der Stille, die einem solchen Flug folgt. Ich vernahm das schwache und beruhigende Ticken des Barographen, der seit mehr als neun Stunden lief. Als ich ihn aus seiner Befestigung nahm, prasselten die ersten Regentropfen auf die Cockpithaube. Es war 20.15 Uhr

(Auszug aus »Aviasport«, Nr. 202, März 1971)

Dieser Rekord sollte zwei Jahre bestehen bleiben. Am 25. April 1972 gelang Hans W. Grosse auf einer ASW 12B mit dem Kennzeichen D-0074 ein Flug von Lübeck nach Biarritz. Mit 1461 km ist dieser Weltrekord für den freien Streckenflug bis heute ungeschlagen.

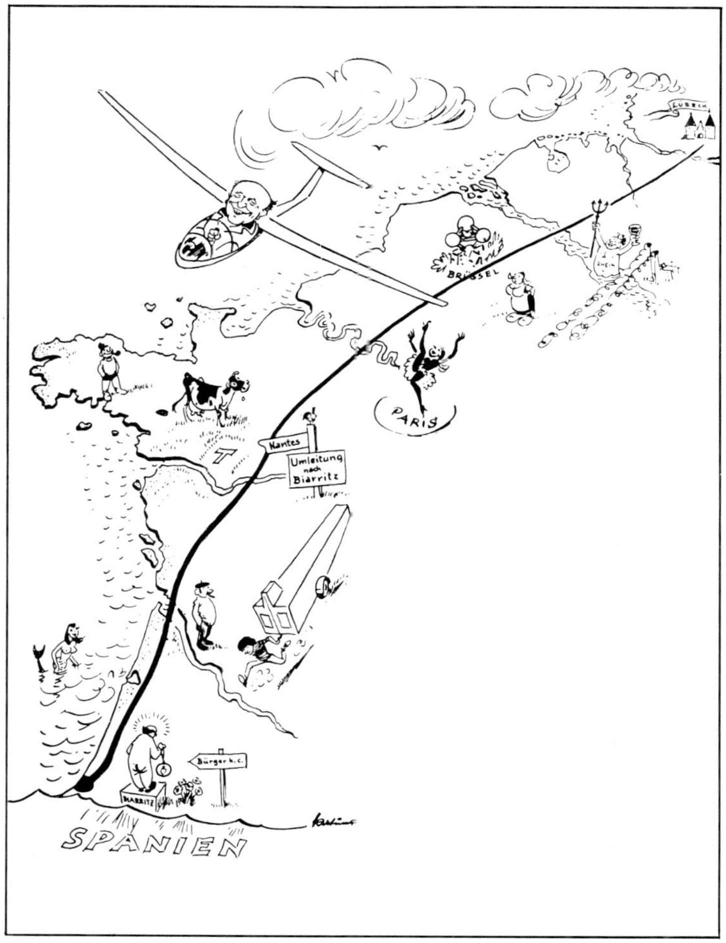

Karikatur in einer deutschen Flug-Zeitschrift anläßlich des von Grosse aufgestellten, unglaublichen Weltrekords.

Eine ASW 12 in den Alpen

Für die Weltmeisterschaften in Marfa, USA, hatte sich der französische Segelflugsportverband zwei ASW 12 besorgt. Die eine war geliehen, die andere in der Bundesrepublik gebraucht gekauft. Dieses Flugzeug tauschte ihr deutsches Kennzeichen D-7111 gegen die französische Erprobungszulassung F-WCAA mit dem Wettbewerbzeichen FL aus. Da die ASW 12 in Frankreich nicht Musterzugelassen war und der französische Verband den Kaufpreis nicht verloren sehen wollte, sollte das Flugzeug nach der Weltmeisterschaft in den USA weiterverkauft werden. So jedenfalls war die Planung. Es fand sich jedoch kein Käufer, und die ASW 12 kam nach Frankreich zurück.

Von 1970 bis 1974 nutzten viele Piloten der »Equipe de France« die F-WCAA für Wettbewerbsflüge. Unterdessen war der französische Verband weiterhin auf der Suche nach einem Käufer, aber ohne Erfolg. Es gestaltete sich auch immer schwieriger einen Kaufinteressenten zu finden, denn aufgrund schlechter Wartung war die ASW 12 inzwischen stark gealtert. Der Außenlack war gerissen, Leitwerk und Querrudersteuerungen waren defekt.

Nach langen und mühsamen Behördengängen gelang es Jean-Pierre Barrois 1975, die immer noch mit der Erprobungszulassung versehene ASW 12 käuflich zu erwerben. Nach einer Inspektion der Zelle beim Hersteller wurde die F-WCAA in Fayence stationiert. Ihr neuer Besitzer überholte die Flächen und nahm einige Änderungen vor – darunter auch der Einbau eines zweiten Bremsschirms, der bei hauptsächlich auf Gebirgsflug ausgerichtetem Betrieb von Vorteil war. An Bord seiner ASW 12 erzielte Jean-Pierre Barrois viele schöne Leistungen. Eine der bemerkenswertesten – sowohl von der zurückgelegten Strecke her als auch von den angetroffenen Windverhältnissen – erflog er sich im März 1979:

Mehrere Berichte von Flügen bei Nordwestwellenlage im Raum Pezenas–Pic St.-Loup–Montagne Noire ließen schon seit Jahren in mir die Vorstellung reifen, daß ein Flug von Fayence in die Montagne Noire und wieder zurück ohne größere Probleme möglich wäre. Nur zwei Bedingungen mußten optimal zusammenpassen: Material und Wetter.

Als Flugzeug hatte ich die ASW 12, auf der ich in drei Jahren mehr als 600 Stunden und 30 000 km gemacht hatte und die ich somit gut kannte.

Am Freitag, dem 9. März, wurde für ganz Frankreich eine Nordwestlage mit Durchzug mehr oder weniger starker Störungen vorausgesagt.

Am Samstag, den 10. März, schlug mir François Pierard einen Flug auf der deutschen Mosquito vor, damit ich mir ein Bild von diesem Flugzeug machen konnte. Ich startete hinter der Janus B »Papa Kilo«, die zum erstenmal im Himmel über Fayence flog. Während 2.30 Stunden Rotor- und 1.15 Stunden Wellenflug konnte ich den Funkverkehr anderer Segelflugzeuge im Südosten mitverfolgen und das Wetter beobachten.

Ich fragte François, ob ich am nächsten Tag einen Frühstart bekommen konnte. Nach seiner Zusage bereitete ich das Schleppflugzeug und meinen Segler vor (Sauerstoff, Bremsschirme, Fotoapparat usw.).

Sonntag, 7.30 Uhr. Start zu einem Wettererkundungsflug mit dem Motorflugzeug und meinem Freund Pierre Bourges. Schwacher Bodenwind um 10 kts. aus NW. Der Malay und der Lachens waren in Wolken. Wenig aktive Rotorwolken auf der Linie Fayence–Mons, Höhe 700 bis 800 m QNH. Wir erkundeten nur bis zu den Rotorwolken. Interessante Steiggeschwindigkeiten trafen wir nicht an, und praktisch auch keine Turbulenzen, die zumindest in dieser Höhe auf einen aktiven Rotor hätten hinweisen können. Auch keine Wellenwolke, die uns einen beständigen Höhenwind hätte vermuten lassen können. Im Osten stieß die Westlage an die Colle Noire und das Esterel-Massiv. Die Küste war zu 6 bis 7/8 mit tiefen Wolken verhangen. Fayence lag im Randbereich der NW-Lage (die Front war auf der Wetterkarte zu sehen).

8 Uhr. Der Bodenwind nahm bis auf etwa 20 kts. zu.

8.10 Uhr. Survielle startete mit dem Cirrus. Die Rotorwolken formierten sich nun und schienen an Aktivität zuzunehmen.

»Susu« gab uns starke Turbulenzen über 1000 m durch. Ausklinken in 1400 m QNH westlich Beauregard im Rotor, Steigen 3 bis 45 m/s. Übergang in die Welle: +3 bei 1700 m QNH.
Ich startete um 8.21 Uhr. Ausklinken in 1400 m im Windschatten des Malay. Ein wenig zu weit voraus. Ich kehrte vertikal zu dem von »Susu« angegebenen Einstiegspunkt zurück. Steigen 2 bis 3 m/s turbulent. Eintritt in die Welle in 1900 m im Wind der Rotorwolke auf der Linie Fayence–Mons, Steigen 3 bis 4 m/s. Die Wolkenhauben des Malay und Lachens lösten sich auf. Aufstieg in mittleren 2,5 m/s. Wind aus 330 Grad – 80 km/h bis 3500 m. Darüber waren Steiggeschwindigkeit und Wind schwächer, nicht mehr als +0,20 und 40 km/h in 6000 m QNH.
Weiterflug in Richtung auf den Teillon. Trotz des schwachen Windes kam ich schnell voran. Steigen auf +1,50 bis 2 km im SO des Destourbes-Gebirges, wo ich die verlorenen 300 m schnell wiedergewann. 6000 m über Castellane; ich flog in Richtung des Cousson. Quer zur Montagne de Beynes nahm ich Kurs auf Forcalquier. Auf dieser Route lag ein Steilhang, die Rotorwolken versperrten mit zum Teil die Sicht auf das Bléone-Tal im Norden und das Asse-Tal im Süden. Ich machte Fahrt mit 150 bis 200 km/h; Sinken mit maximal −2.
Die Wellenwolke im zweiten Steilhang der Montagne de Lure genau über Forcalquier und die im ersten genau über Mallefougasse/Cruis begannen sich zu formieren. Ich beschloß, direkt in die erste auf einer Achse Le Castellet-Les Mées am Ostrand der Lure-Wellenwolke zu gehen. Maximales Sinken −6, bei etwa 3000 m Einstieg in variable Aufwinde von 3 bis 5 m/s, Aufstieg bis auf 6200 m, wo ich mit +4 in Richtung auf den Ventoux herausging.
Es war 10.15 Uhr. Über Funk hörte ich mit, daß die Kameraden vom Pic-St.-Loup sich über dem Tal des Hérault in einer NWW-Lage unterhalb der Welle befanden.
Im Westen waren die Wellen zwar reichlich ausgeprägt, aber noch nicht zusammenlaufend.
Ich kam zum Ventoux, dessen 7/8-Bewölkung sich von Revest-du-Brion bis nach Carpentras sowie nach Norden hin erstreckte. Das Föhnloch war ziemlich genau über Bedouin, wo ich bis auf 6000 m eine Steiggeschwindigkeit von 1 bis 2 m/s antraf.
Also beschloß ich meinen Flug nach Westen in Richtung auf die Montagne Noire fortzusetzen.
Die schönsten Wellenwolken waren jedoch zu jener Zeit im Raum Montpellier, und auf Kurs. Viele kleine, aber wenig zusammenlaufende Wellenausprägungen. Es war nicht leicht, die Route zu wählen. Kurs voll West, um die Wirkung des Ventoux maximal zu nutzen. Bis über den Flugplatz von Orange konnte ich meine Höhe halten. Ich querte Alès – Anduse – Saint-Hippolyte-du-Fort. Unterwegs erkundete ich vier oder fünf Wellenwolken, die mir aber zu keiner nennenswerten Höhe verhalfen.
Im Raum Saint-Hippolyte – Ganges stieß in in etwa 2400 m auf gute Bedingungen. Vor mir zeichnete sich der Auftrieb der Montagne de la Séranne klar und gut ausgebaut ab. Nachdem wir gegenseitig unsere Position ausgetauscht hatten, traf ich nach einigen Schwierigkeiten mit einem Astir 77 und einer LS 1 vom Pic-St.-Loup über dem Raum Saint-Jean-De-Buege zusammen, wo wir auf etwa 4600 m aufsteigen.
Weiter in Richtung Clermont-l'Herault. Ich kam gut voran. Über der Stadt stieg ich auf 5000 m. Im Westen wurden die Dunstwolken stärker. Föhnlöcher waren stark lokalisiert. Im Raum Saint-Chinian –Saint-Pons stieß ich auf eine Wellenwolke, in deren Auftrieb ich bis auf etwa 4000 m stieg, wo ich in einem 3 bis 4 m/s bis auf fast 6000 m hochkam. Mir voraus, 7 bis 8/8-Bewölkung mit Spitzen von 3000 bis 4000 m.
Darüber einige Wellenausprägungen, etwa in meiner Flughöhe. Ich wählte die, die am stärksten im Wind lag, voll westlich meiner Position, ungefähr 35 km entfernt. Als ich auf 5400 m in den Wind der Wellenwolke kam, stellte ich nach dem Vorbeifliegen fest, daß die Vorderkante kein nutzbares Steigen aufwies.
Richtung Toulouse war die Wolkenschicht weniger dick: 1000 bis 1500 m Cu/Stratocu. Westlich meiner Position konnte ich durch ein Loch in 10 km Entfernung eine ziemlich große Stadt ausmachen: Mazamet wahrscheinlich.
Im SSW hob sich die Pyrenäen-Kette klar ab, die Küste war größtenteils sichtbar – auch die spanische – sowie die Haffs von Sigean und Leucate und sogar das Kap von Creus. Ein unvergeßlicher Anblick.
Es war 14 Uhr. In 5000 m entschloß ich mich zur Umkehr. Ich hatte die Wellenwolke von Saint-Pons und das Föhnloch der Séranne im Auge. Um bestmöglich das Rhônetal, das letzte Hindernis vor meinem Erfolg, queren zu können, ging ich wieder auf 6100 m.
Ich flog im Korridor zwischen Alès und Nîmes. Hintereinander nutzte ich drei Wellen, bis ich schließlich auf 3300 m in die Ventoux-Welle kam. 7 bis 8/8 Dunst. Kein Föhnloch. Auf der Wolkenschicht war die Welle gut zu erkennen. So konnte ich direkt in Richtung Lure fliegen, das ich deutlich sah. Ich überflog Sault-de-Vaucluse. Ab Revest hatte ich gute Bodensicht. In 3200 m traf ich über Mallefougasse ein.
Dort stieß ich auf den immer noch starken Hangaufwind der Lure, die ich in 6000 m mit +3 verließ. Nach einer 725-km-Strecke von Fayence – Orange – Pic de Nore – Orange setzte ich um 17.05 Uhr in Fayence auf.
Dieser Flug war ein Beweis dafür, daß man mit den augenblicklichen Segelflugzeugen in Wellen große Strecken von südfranzösischen Startplätzen aus zurücklegen kann. Rundstrecken von 1000 Kilometern und mehr sind höchstwahrscheinlich zu fliegen.
Bei Winden aus NW über Frankreich kann man bei einer derartigen Wetterlage mit Leichtigkeit vom Wellensystem der Alpen in das des Zentralmassivs fliegen.
Im Herbst und im Frühjahr können Flüge von 12 bis 14 Stunden Dauer bei erträglichen Temperaturen durchgeführt werden.
Jedoch müssen diese Flüge minutiös vorgeplant werden. Eine genaue Kenntnis in Rundstreckenwellenflügen wird selbstverständlich vorausgesetzt. Entlang der Flugroute sind feste Landeplätze vorzusehen. Von Außenlandungen wird abgeraten (wegen Turbulenzen in tiefen Schichten und starkem Wind); im Gebirge würde dies auch eine große Gefahr für Pilot und Maschine bedeuten.
Ich will damit nicht sagen, daß Zielrückkehrflüge in Wellenlagen einfach seien. Ich bin jedoch überzeugt, daß die Entscheidung meistens zugunsten des Thermikfluges fällt. Man überlegt viel zu oft, ob man einen normalen Flug nicht einem Wellenflug vorziehen soll.
Man sollte jedoch auch nicht vergessen, daß trotz der anscheinend günstigen Höhen bei einer schlechten Route oder einem sonstigen Umstand schon einmal ein kurzzeitiger Aufenthalt in einer Zone unterhalb der Welle vonnöten sein kann, in der man dann auf die wahren Probleme eines solchen Fluges stößt.
Start in Fayence, die Berge Korsikas und die italienische Küste sehen, dann auf dem gleichen Flug über den Golf von Lion zur spanischen Küste, über die Pyrenäen und abends wieder am Ausgangspunkt sein – glauben Sie mir, das ist schon etwas wert.

Jean-Pierre Barrois

(in »Aviasport«, Nr. 301, Juni 1979)

ASK 13

Im Jahre 1966 wurde die Serienproduktion der Ka 7 zugunsten des neuen Musters ASK 13 eingestellt. Getreu Schleichers Politik ist die ASK 13 eine Weiterentwicklung der Ka 7, von der viele Bauelemente übernommen wurden. Wesentlich verändert wurden jedoch der Rumpf und vor allem die Flügelanordnung als Mitteldecker.

Der Rumpf mit einer der Ka 7 sehr ähnlichen Silhouette wurde mit dem Ziel einer besseren Aerodynamik und größerer Bequemlichkeit für den Piloten vollkommen überarbeitet. Das Gerüst ist eine Stahlrohrkonstruktion. Die Breite am Hauptspant wurde um 8 cm angehoben. Die im Vergleich zum Rhönadler wesentlich bessere Gerüstummantelung umfaßt:

– eine GFK-Verkleidung des Rumpfvorderteils,
– einen abgerundeten, mit Sperrholz beplankten Rumpfrükken,
– entlang des Rumpfes verlaufende Kiefernholzleisten, die dem Querschnitt durch Facettierung eine ovale Form geben.

Rumpf und Flügelwurzel haben einen aerodynamischen Übergang. Die Holme der beiden Flügelhälften werden mit zwei Bolzen (in Flugrichtung) miteinander verbunden. Vor den Holmen greift je ein, an der Wurzelrippe befestigter, Bolzen in das rumpffeste Auge ein. Hinten, nahe der Flügelhinterkante ist je ein Bolzen in Flugrichtung durch die Beschläge an Flügel und Rumpf zu stecken, um die Querkraft zu übertragen. Das Steuergestänge von Querruder und Bremsklappe ist von Hand anzuschließen.

Der gesamte Rumpf ist stoffbespannt. Die GFK-Sitzschalen für die beiden Piloten sind hintereinander angeordnet. Die einteilige, große Plexiglashaube wird nach rechts geöffnet. Das Landegestell besteht aus einer langen, gefederten und in den Rumpf integrierten Holzkufe. Das hinter dem Schwerpunkt angeordnete, halbfreie 380-mm-Rad ist gummigedämpft und kann nach Ausfahren der Störklappen gebremst werden. Am Rumpfende befindet sich ein Stahlsporn mit Gummidämpfer. Die ASK 13 hat eine F-Schleppkupplung in der Lüftungsöffnung in der Nase und eine Windenkupplung in Höhe des Vordersitzes unten an der linken Kufenseite.

Die Spannweite des zweiteiligen Tragflügels beträgt 16 m.

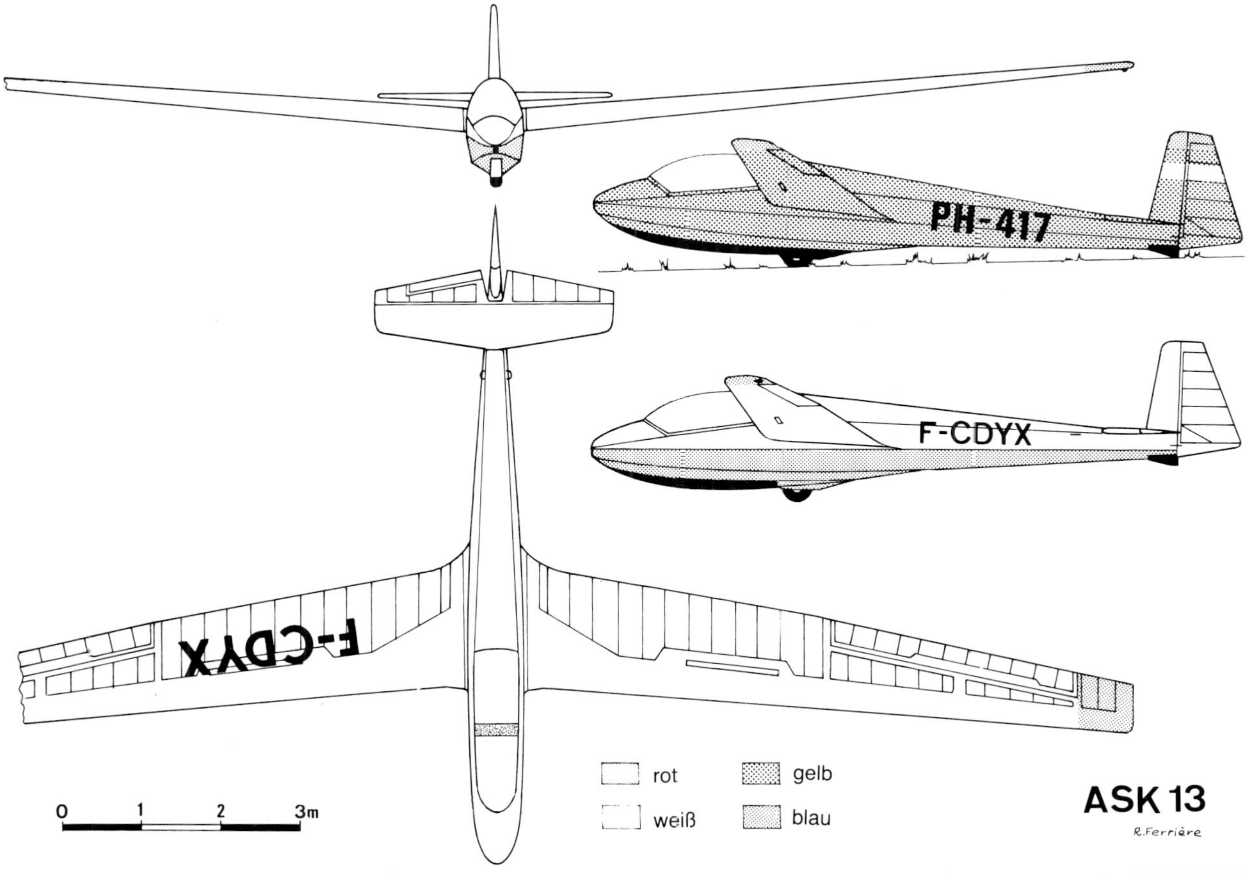

Die ASK 13 wird von vielen europäischen Vereinen als Schul- und Übungsdoppelsitzer sehr geschätzt. Zahlreiche Flugschüler, auch in Übersee, verdanken ihr den ersten Alleinflug und die Segelflugpilotenlizenz. (Foto R. Ferrière)

Eine niederländische ASK 13 mit einem Sicherheitskäfig, der bei Notlandungen den Kopf des Piloten vor Weidezäunen schützt. Die niederländischen Bestimmungen schreiben diesen Käfig vor, das Anlegen eines Fallschirmes ist dagegen nicht Pflicht. (Foto R. Ferrière)

Nicht nur in ihrer Form, sondern auch in ihrer Bauweise ähneln die Flügel der ASK 13 denen der Ka 2b und der Ka 7. Unterschiedlich ist lediglich die aus aerodynamischen Gründen nach hinten ausgerundete Flügelendleiste an der Wurzel. Der Prototyp der ASK 13 mit dem Kennzeichen D-5701 flog im Juli 1966 zum erstenmal über der Wasserkuppe. Von 1966 bis 1977 wurden 585 Exemplare gebaut.

Während die zuvor bei Schleicher gefertigten Muster in Frankreich wenig verbreitet waren, konnte die ASK 13 aufgrund der mit der Bijave angetroffenen Schwierigkeiten dort einen erheblichen Marktanteil gewinnen.

Die Bijave war aus einem Konstruktionswettbewerb für den Nachfolger für die alten C 800 und C 25 S noch vor der Bréguet 906 und der Fauvel AV 22 als Siegerin hervorgegangen. Ihre Produktion wurde 1960 aufgenommen, und 1970 stellte sie den Großteil des Doppelsitzerbestandes französischer Segelflugschulen. Eine Reihe von Unfällen – erst 1968 in Aubenasson und Salon-de-Provence, dann 1970 in Besançon und Beynes – veranlaßte das französische Zivilluftfahrtamt am 21. August 1970, über dieses Muster ein Betriebsverbot zu verhängen.

Laut verschiedener Gutachten war der Grund für die während des Fluges auftretenden Brüche ein fehlerhaft konzipiertes Befestigungssystem des Tragflügels am Rumpf sowie die Verwendung minderer Holzqualität beim Bau der Holmgurte. Es folgte eine zwei Jahre andauernde Kontroverse zwischen dem Konstrukteur und den flugtechnischen Behörden; zu einer befriedigenden Lösung kam es jedoch nicht. Die Segelflugschulen waren also gezwungen, sich nach einem Ersatz für die Bijave umzusehen. Bis dahin hatte eine protektionistische Politik mit Subventionen als Kaufanreiz und Auferlegung bestimmter Konstruktionsnormen eine Verbreitung ausländischer Segelflugzeuge auf dem französischen Markt verhindert. Das immer noch bestehende Problem mit dem Muster Bijave zwang die offiziellen Stellen nun jedoch, ihre starre Haltung gegenüber ausländischen Flugzeugen zu lockern. Nach Vorführung bei der nationalen Flugerprobungsstelle konnten diese in Frankreich zugelassen werden und sogar in den Genuß der Subvention gelangen, falls sie aus einem EG-Land stammten. So übernahm 1970 die Centrair-Gesellschaft den französischen Verkauf von Schleichers Flugzeugen, besorgte eine Betriebserlaubnis für die ASK 13 und importierte etwa 60 Exemplare. Die »Bijave-Affäre« hatte in den kommenden Jahren eine massive Verbreitung deutscher Muster und einen Zusammenbruch in den Reihen der französischen Hersteller zur Folge. Letztere hatten sich zu sehr hinter den protektionistischen Schranken verschanzt und sich der technischen und wissenschaftlichen Revolution im Segelflugzeugbau nicht anzupassen gewußt.

Die vor allem für die Anfängerschulung gedachte ASK 13 wurde häufig auch bei Leistungsflügen eingesetzt, wo sie wegen ihrer Flugeigenschaften, ihrer leichten Handhabung und ihres Komforts geschätzt wurde. Auf einer ASK 13 stellten Siegfried Baumgartl und Walter Schewe ab 25. April 1972 mit einem 714-km-Flug von Dinslaken, Flugplatz Schwarze Heide nach Angers einen neuen Weltrekord für Doppelsitzer im Zielflug auf. Eine andere schöne Leistung erflogen sich Bernard Balay und Guy Albouy, die am 3. April 1973 den französischen Zielflugrekord für Doppelsitzer schlugen. Ihr 625 km langer Flug von Beynes nach Romanin-les-Alpilles mit einem Durchschnitt von 103 km/h verbesserte den seit dem 29. Juni 1957 von René Fonteilles und Roger Baffet gehaltenen Rekord um 30 km:

Am Morgen des 3. April stellte sich die allgemeine Wetterlage wie folgt dar: Ein Hoch mit einem Keil nach Irland hatte sich vor der bretonischen Küste angesiedelt und verlagerte sich rasch nach Osten. Ein Tief, das in der vergangenen Nacht den Durchzug eines Sturmgebietes über dem Norden Frankreichs verursacht hatte, entfernte sich nach Nordosten in Richtung Ostsee. Ein zweites Tief hatte sich über Italien ausgebildet und zog nach Osten. Seine Kaltfront war bereits über den Südosten Frankreichs gezogen.
Zwischen beiden Hoch- und Tiefdruckzonen hatte sich in allen Höhen eine NW-Strömung durchgesetzt, deren Geschwindigkeit – mit 35 kts. um 0 Uhr in 1500 m – im Laufe des Tages auf 20 kts. herabsinken sollte (mit Ausnahme des Rhônetales, wo der Mistral 40 kts. haben würde). Gleichzeitig sollte die Strömung weiter auf Nord an das Hoch herandrehen.
Das Zusammentreffen von schnell heranziehender, sehr kalter Luft über ziemlich trockenem Boden und ein Druckanstieg im Westen mußte sich in einer mittelstabilen Lage mit für die Jahreszeit sehr hohen Wolkenuntergrenzen äußern.
Eine in Südengland um 0 Uhr durchgeführte Wettererkundung gab eine etwa 3000 m dicke Schicht indifferenten Gleichgewichts. Vom Boden bis auf 1700 m war der Temperaturgradient sehr regelmäßig und adiabatisch ziemlich trocken, was beständige Aufwinde bedeutete. Von 1700 bis 3000 m war die Instabilität weniger stark ausgeprägt, was die Entwicklung von Cu cong verhindern würde (zumindest in der Ebene, nicht jedoch über Hügel- und Bergland, wo durch Wind erzeugte Wirbel diese Wolkenentwicklung sehr begünstigen und Regen- oder Schneeschauer verursachen würden). Über 3000 m war die Bildung von Cu nimb wegen der starken Inversion ausgeschlossen.
In der Ebene durfte der Dunst nicht mehr als 4 bis 5/8 mit Auflösung nach Westen im Laufe des Tages ausmachen. Die maximale Wolkenuntergrenze im Raum Paris sollte bei 1900 m liegen (nach Süden würde sie noch höher zu liegen kommen – wie wir sehen werden). Vorhergesagt waren Aufwinde von maximal 3 bis 4 m/s.

Anhand dieses Wetters entschied sich Bernard Balay an diesem 3. April zum Versuch, den bestehenden nationalen Doppelsitzerrekord für den freien Streckenflug und für den Zielflug zu brechen. Als Ziel nannte er den Flugplatz von Vinon. Sein Gerät: eine ASK 13 vom Flugsportzentrum in Beynes. Da es ihm nicht gelungen war, einen gleichrangigen Piloten aufzutreiben, nahm er als 2. Führer den lediglich in der untersten Stufe geprüften Guy Albouy mit, der dann auch nur sehr bescheidenen Anteil an der Flugdurchführung haben sollte.
Zur gleichen Zeit bereiteten drei andere Piloten des Zentrums ihre 500-km-Strecke vor. Ihnen war jedoch geraten worden, eher in Richtung Bordeaux zu fliegen, da es auf dieser Route keine größeren Erhebungen gab. Außerdem sollte der Dunst wegen des herannahenden Hochs geringer sein. Ihr Flug sollte denn auch zu einem reinen Thermikflug werden: Guignard

Am 25. April 1972 schlagen Siegfried Baumgartl und Walter Schewe den Streckenweltrekord für Doppelsitzer mit einem 714 km langen Flug von Dinslaken nach Angers.

Der vordere Führersitz. (Foto R. Ferrière)

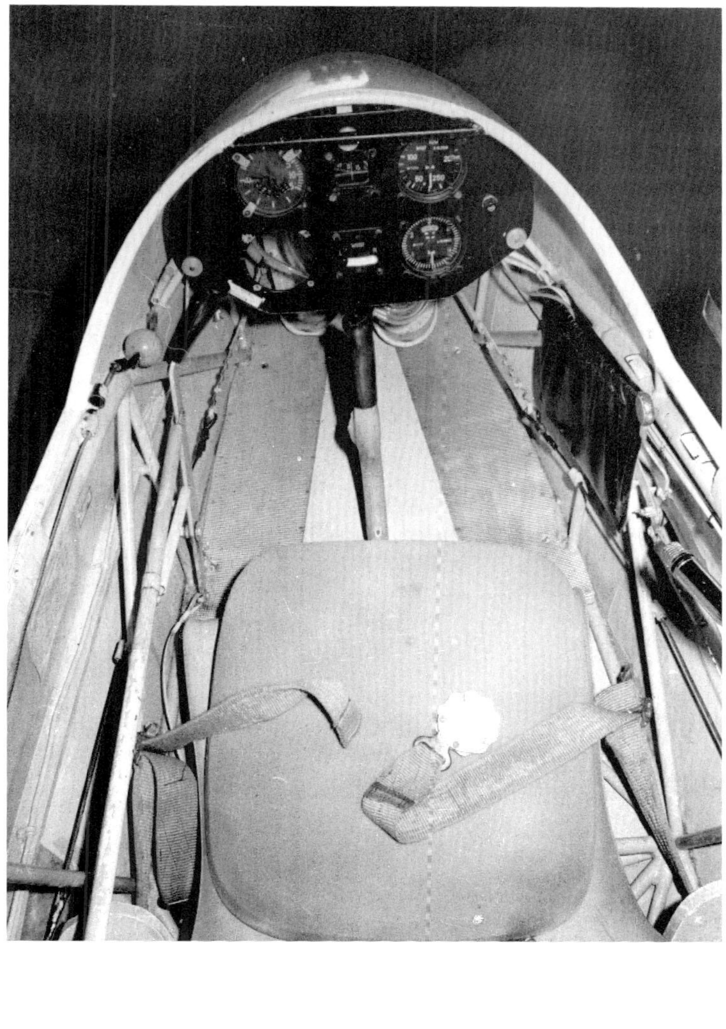

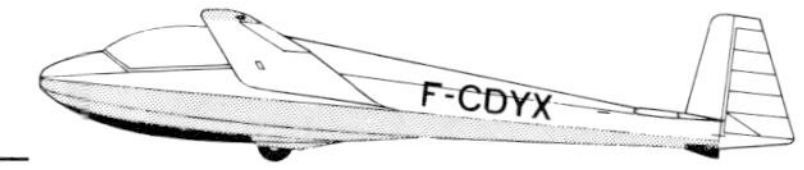

Technische Daten: **ASK 13**			
Tragflügel:			
Spannweite		16,0	m
Fläche		17,5	m^2
Streckung		14,63	
V-Stellung		5	Grad
Pfeilung		−6	Grad
Schränkung		5	Grad
Profil innen Mischprofil aus Gö 535 und Gö 549			
Dicke		16	%
Profil Mitte Mischprofil aus Gö 535 und Gö 549			
Dicke		13,4	%
Profil außen		Gö 541	
Dicke		11,3	%
Höhenleitwerk:			
Spannweite		3,0	m
Fläche		2,25	m^2
Profil		Kaiser symmetrisch	
Dicke		12	%
Seitenleitwerk:			
Höhe		1,45	m
Fläche		1,262	m^2
Streckung (geom.)		1,66	
Profil		Kaiser symmetrisch	
Dicke		12	%
Rumpf:			
Länge		8,18	m
Cockpit-Breite		0,70	m
Höhe		1,1	m
Fahrgestell/Rad-Abmessung		5:00-5	
Massen:			
leer (ausgerüstet)		ca. 296	kg
Cockpit-Zuladung (2×100 kg)		200	kg
höchste nichttragende Masse		320	kg
Wasserballast		–	kg
höchste zulässige Flugmasse		480	kg
Flächenbelastung:	21,7	27,4	kg/m^2
Mindestgeschwindigkeit:	57	61	km/h
Geringstes Sinken	0,7	0,8	m/s
bei Flächenbelastung	21,7	27,4	kg/m^2
und Fluggeschwindigkeit	60	70	km/h
Beste Gleitzahl	27	27	
bei Flächenbelastung	21,7	27,4	kg/m^2
und Fluggeschwindigkeit	75	85	km/h
Höchste zulässige Fluggeschwindigkeit		200	km/h

flog mit seiner C 30 S 530 km bis Bazas im Département Gironde, Ballais auf Squale 570 km bis Castelsarrazin und Berger 450 km bis Bergerac.

Ebenso starteten zwei Schüler des Jugendzentrums für ihre 300-km-Strecke in Richtung Südost. Auf ihren Wa-21 erreichten sie Montluçon bzw. Saint-Etienne.

Aber kehren wir zum Bericht von Bernard Balay zurück:

Ausklingen um 10.22 Uhr in 800 m QNH. Wir gingen sofort auf Kurs. Die Cumuli hatten sich bereits sehr schön herausgebildet. Ihre Basis liegt bei 1100 m. Wind aus 340 mit 15 bis 20 kts.

Nach einer Stunde waren 110 km zurückgelegt – dank guter Straßen und regelmäßiger und häufiger Aufwinde. Alle Cumuli trugen. Die Wolkendecke hob sich rasch auf 1300 bis 1400 m. Mittlere Steiggeschwindigkeit 2,5 m/s.

Im Südosten des Waldes von Orléans ließen die guten Bedingungen etwas nach. Es kam zu Stufen, die bei Gien ein Absinken auf 400 m über dem Boden bewirkten. Dadurch verloren wir an Zeit. In diesem Gebiet kamen die Steiggeschwindigkeiten nicht über 1,5 m/s. Der Wind hatte auf 030 gedreht und trug uns zur Loire hinüber.

Nur 80 km legten wir in der zweiten Stunde zurück. Über dem Morvan regnete es, also durften wir nicht zu sehr nach Osten kommen. Über Nevers wurde es besser. Die Wolkenuntergrenze stieg auf 1500 bis 1600 m. Die Steiggeschwindigkeiten erreichten fast 3 m/s. Jedoch kam es sehr schnell zur Bildung von Cumuli. Vorsicht war bei denen geraten, die am schönsten schienen. Nur die sich gerade bildenden Wolken konnten genutzt werden.

Die Wolkendecke stieg ständig weiter. Über Roanne erreichten wir 2400 m mit Steiggeschwindigkeiten von 3,5 bis 4 m/s. Die Berge des Lyonnais, der Madeleine und des Forez waren im Regen. Ein Durchkommen war nur über der Forez-Ebene in der Loire-Achse möglich, wo wir dank einer guten Wolkenstraße ohne Probleme von Roanne nach Feurs kamen. Innerhalb von vier Stunden hatten wir nun 400 km zurückgelegt.

Aber dann sanken wir ständig und deutlich spürbar ab. Über Saint-Etienne hatten wir nur noch 300 m über Grund. Ein etwas unruhiger und schwer zentrierbarer Aufwind brachte uns auf 2000 m, gerade genug, um bis zum Mont Pilat zu kommen, der frei war. Über dem Col de la République und ostwärts des Pilat regnete es. Vor dem Niederschlagsgebiet stiegen wir auf 2400 m und querten den Gipfel um 15.10 Uhr. Hinter uns: Ganz klare Turbulenzen und ein Wetterumschwung.

Über Annonay bekamen wir wieder Höhe und nahmen Kurs auf Tournon und Valence, wo eine wunderbare Wolkenstraße auf uns wartete. Sie brachte uns mit zuweilen 4 bis 5 m/s in gerader Linie zu den Alpilles.

Die Alpen – wir auch der Ostrand des Zentralmassivs – waren in Regen- oder Schneewolken. Die einzig mögliche Route nach Vinon mußte also über den Luberon führen, der frei war. Aber er sah trotzdem nicht ermutigend aus: Keine Cumuli mehr und äußerst geringe Chancen, eine nutzbare Welle zu finden. Bei diesem starken Nordwind wäre eine Außenlandung ein großes Risiko gewesen. Wir beschlossen, nicht weiter zu fliegen. Zwar hatten wir das Ziel nicht erreicht, aber uns war immer noch der freie Streckenrekord sicher.

Um 16.25 Uhr Landung in Alpilles – nach einem 2000-m-Abstieg mit den Bremsklappen. In sechs Stunden und drei Minuten hatten wir 625 km zurückgelegt.

Insgesamt war dies ein wunderschöner Flug ohne größere Probleme. An dieser Stelle gilt mein Dank Le Maon, der gesamten Mannschaft von Alpilles und den deutschen Segelfliegerkameraden für ihren Empfang.

Bernard Balay

(in »Aviasport«, Nr. 228, Mai, 1973)

Heute stellt die »Jubi« in Oerlinghausen die ASK 13 in Lizenz her. Diese Jugendbildungsstelle ist der dortigen weltbekannten Segelflugschule verbunden.

Ansichten einer zu bespannenden ASK 13. Flügel und Rumpfstruktur sind im Detail zu erkennen. (Foto R. Bisset)

ASK 14

Der Gedanke, einen Segler mit einem Hilfsmotor zu versehen, geht auf die 30er Jahre zurück. Diese Motorisierung sollte die Segelflugzeuge von den Pistendiensten wie Winde oder Schleppflugzeuge unabhängig machen. Konkretisieren sollte sich dieses schon mit den Anfängen der Sportsegelfliegerei einsetzende Autonomiestreben jedoch erst 1942 mit Wolf Hirths Hi 20 MoSe, die heute als der Urahn aller Motorsegler angesehen wird. Die sehr moderne Konzeption dieses Musters (mit einziehbarem Propeller) wurde aber kurz nach dem Krieg wieder verworfen, da man nun begann, Motoren mit geringer Leistung in bereits bestehende Segelflugzeugzellen (Motorraab, Motorspatz, Mü 23, AV 36CM usw.) einzubauen. Puristische Segelflieger lehnten diese Maschinen jedoch im großen und ganzen ab, da sie sie – damals nicht ohne Grund – für eine Mischform aus einem schlechten Motorflugzeug und einem miserablen Segelflugzeug hielten.

Der erste kommerzielle Erfolg auf dem Gebiet der Motorsegler ist Egon Scheibe und seinem Doppelsitzer SF 25 A zuzuschreiben. Dieses ab 1963 gebaute Muster fand seine Kundschaft besonders bei jenen Segelfliegern, die weniger Wert auf Leistung als auf Betriebskomfort legten, sowie bei Flugzeugpiloten, die sich nach einer sparsamen Maschine umsahen.

Aufgrund des Interesses an der SF 25 ging auch Schleicher ab 1964 an die Konzeption eines Motorseglers. Der erste Versuch war die Ka 11. Hierbei wurde ein 26 PS starker Motor vom Typ Hirth F 10 in den Bug einer Ka 9 gesetzt. Die Erprobung wurde jedoch nicht fortgeführt. Rudolf Kaiser flog diesen »Lückenbüßer« genannten Vogel viele Jahre lang selbst und nutzte den Motor nur als Flautenschieber. Dabei erreichte eine Motorlaufzeit von nur etwa 5% der Gesamtflugzeit. Aber schon 1966 ging Schleicher daran, aus Teilen einer Ka 6E einen einsitzigen Motorgleiter zu konstruieren, der erst KA 12, dann schließlich ASK 14 genannt wurde, um jegliche Verwechslung mit der ASW 12 zu vermeiden.

Die Definitionsphase der ASK 14 war von folgenden Gedanken bestimmt:

- Durch die Verwendung der Tragflügel der Ka 6E die sich als ausgesprochen gut erwiesen hätten, würde einerseits die Erprobung eines neuen Tragflügels entfallen, andererseits könnten die bereits vorhandenen Vorrichtungen genutzt werden.
- Der Einfachheit halber sollte der Motor im vorderen Rumpfteil angeordnet sein. Diese Lösung hätte zwar Einfluß auf den Widerstand, würde aber auf Anhieb jene Kühlprobleme lösen, die schon zu einigen Mißerfolgen geführt hatten.

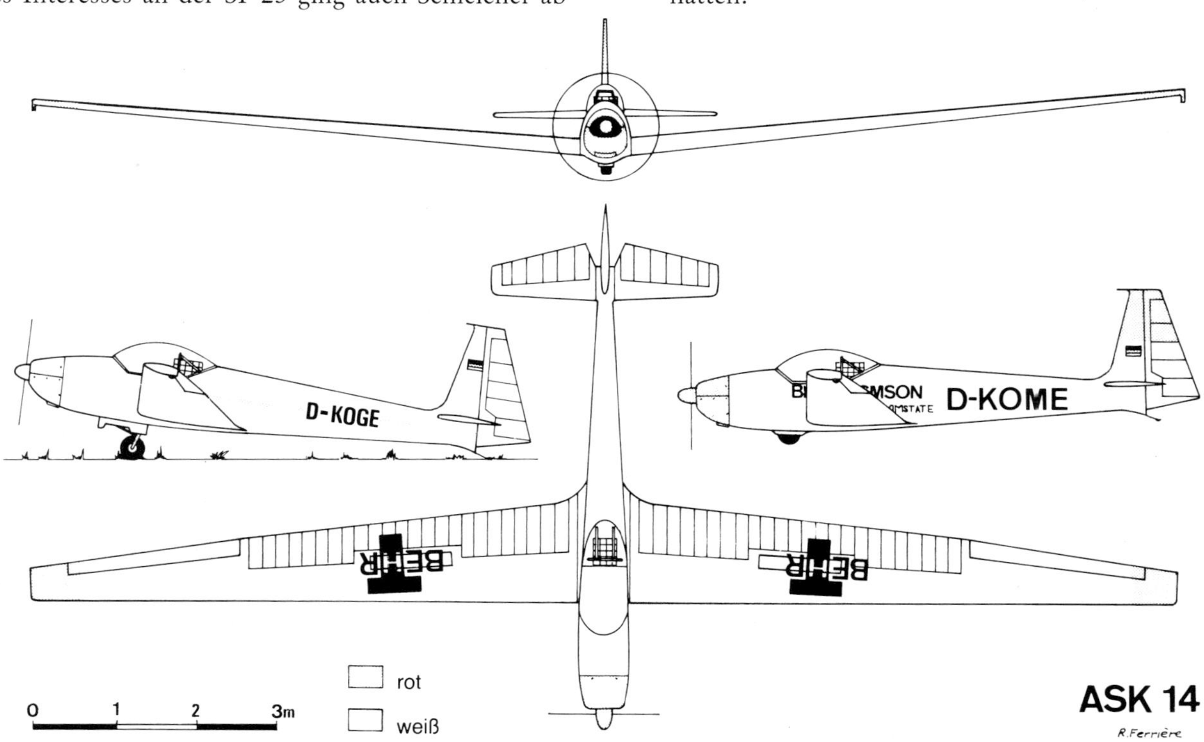

ASK 14

R. Ferrière

Oben: *Motor abgeschaltet und Propeller in Segelstellung, so wird die ASK 14 (hier der Prototyp) zu einem reinen Segelflugzeug. Zu sehen ist ebenfalls das Fahrwerk, bei dem auch im eingefahrenen Zustand das Rad noch in etwa einer Reifendicke hervorschaut.* (Foto Schleicher)

Unten: *Viele Bauteile der ASK 14 stammen von der Ka 6E, vor allem aber Flügel und Leitwerk. Durch die tiefe Anordnung des Tragflügels konnte der Führersitz nach hinten verlagert werden. Dadurch wurde auch der durch das Motorgewicht verschobene Schwerpunkt ausgeglichen.* (Foto R. Ferrière)

Das Fahrwerk wird nach vorn eingezogen. Die den Fahrwerkschacht verschließenden Klappen haben einen Ausschnitt für das noch herausschauende Rad.

Das Cockpit der ASK 14: Im Vordergrund der Überrollbügel, an dem der durchsichtige GFK-Tank angebracht ist. An der linken Innenseite sieht man die Regler für Gas und Mischungsverhältnis sowie den Drahtseilzuggriff für den Anlasser. (Foto R. Ferrière)

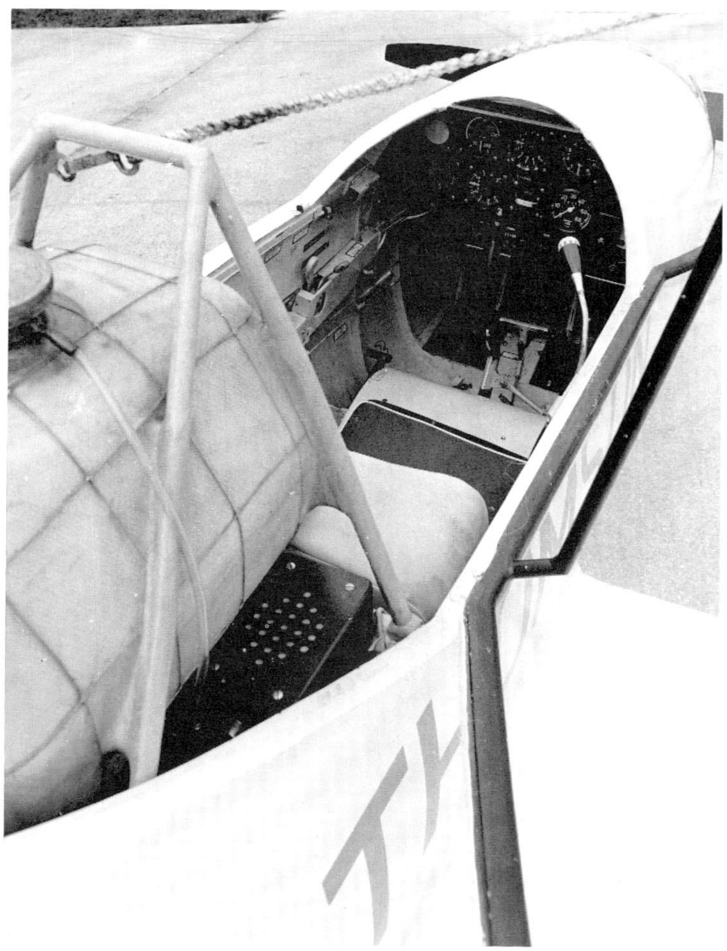

Technische Daten: **ASK 14**		
Tragflügel:		
Spannweite	14,3	m
Fläche	12,68	m²
Streckung	16,2	
Pfeilung	−2	Grad
Schränkung	4	Grad
Profil innen NACA 63_3-618 mit Wortmann-Nase FX 40		
Dicke	18	%
Profil Mitte NACA 63_3-614(15) mit Wortmann-Nase		
Dicke	ca. 14	%
Profil außen Joukowsky mit Wortmann-Nase		
Dicke	12	%
Höhenleitwerk:		
Spannweite	2,8	m
Profil	Kaiser S-Schlag	
Dicke	12	%
Seitenleitwerk:		
Höhe	1,48	m
Profil	Kaiser symmetrisch	
Dicke	10	%
Rumpf:		
Länge	6,65	m
Cockpit-Breite	0,6	m
Höhe	1,05	m
Massen:		
leer (ausgerüstet)	ca. 245	kg
Cockpit-Zuladung	110	kg
Höchste nichttragende Masse	250	kg
Wasserbalast	–	kg
höchste zulässige Flugmasse	360	kg
Flächenbelastung:	28,5	kg/m²
Mindestgeschwindigkeit:	60	km/h
Geringstes Sinken	0,75	m/s
bei Flächenbelastung	26,2	kg/m²
und Fluggeschwindigkeit	72	km/h
Beste Gleitzahl	28	
bei Flächenbelastung	26,2	kg/m²
und Fluggeschwindigkeit	82	km/h
Höchste zulässige Fluggeschwindigkeit	200	km/h
Triebwerk:		
Hersteller	Hirth	
Type	F 10 K 1a	
Startleistung (26 PS)	19,1	kW
bei	5000	U/min
bei 4500 U/min	ca. 10	l
Propeller:		
Hersteller	Hoffmann	
Type	V 42/48	
Durchmesser	1,36	m
Treibstoff:		
Vorrat	20	l
Motorflug:		
Höchstgeschwindigkeit	140	km/h
Steiggeschwindigkeit in Seehöhe	2,75	m/s
bei Fluggeschwindigkeit	95	km/h
Startrollstrecke	247	m
Flugdauer bei Reisegeschwindigkeit	2	h

Technische Daten: **K 11**		
Tragflügel:		
Spannweite	12,84	m
Fläche	12,6	m^2
Streckung	13,1	
Zuspitzung	2,45	
V-Stellung	5	Grad
Pfeilung	0	Grad
Schränkung	4,5	Grad
Profil innen Joukowsky-Tropfen mit NACA-Mittellinie		
Dicke	15	%
Höhenleitwerk:		
Spannweite	2,8	m
Fläche	1,95	m^2
Profil	symmetrisch	
Seitenleitwerk:		
Fläche	1,07	m^2
Streckung (geom.)	1,81	
Profil	symmetrisch	
Dicke	ca. 12	%
Rumpf:		
Länge	6,5	m
Fahrgestell/Rad-Abmessung	350×125	
Massen:		
leer (ausgerüstet)	200	kg
höchste nichttragende Masse	230	kg
höchste zulässige Flugmasse	320	kg
Flächenbelastung:	24,6	kg/m^2
Mindestgeschwindigkeit: bei 22,38 kg/m^2	60	km/h
Geringstes Sinken	1,0	m/s
bei Fluggeschwindigkeit	60	km/h
Beste Gleitzahl	19	
Höchste zulässige Fluggeschwindigkeit	170	km/h
Triebwerk:		
Hersteller	SOLO/Hirth	
Type	560 Alla/ F10A1a	
Startleistung	18,4 19,1	kW
bei	5000	U/min
Propeller:		
Hersteller	Kaiser	
Type	560-73-134	
Durchmesser	1,30	m
Treibstoff:		
Vorrat	20	l
Motorflug:		
Höchstgeschwindigkeit	140	km/h
Reisegeschwindigkeit	75	km/h
Steiggeschwindigkeit in Seehöhe	2,5	m/s
Startrollstrecke	100	m
Startstrecke 15 m (bei 312 kg Startmasse)	250	m
Gipfelhöhe	5000	m
Reichweite	250	km

- Zur Reduzierung des Gewichts, dem Hauptfeind kleinmotoriger Maschinen, dürfte das Fahrwerk lediglich aus einem einzigen, nicht ganz einziehbaren Rad und einem Stahlsporn zum Schutz des Leitwerks bestehen.

Die K 11 mit dem Flügel der K 9, dem Höhenleitwerk der K 8 und dem Seitenleitwerk der K 6. (Archiv Peter F. Selinger)

- Eine tief angesetzte Tragfläche könnte – bei gleichzeitiger Rückverlagerung des Führersitzes – das Motorgewicht ausgleichen und – unter Beachtung des einspurigen Fahrwerks – den Start mit hängendem Flügel erleichtern.

Trotz äußerer Unterschiede zur Ka 6E weist die ASK 14 ein identisches Konstruktionsprinzip auf. Da die Tragfläche jedoch in Tiefdeckeranordnung angesetzt ist, kommt der Führersitz auf dem Rumpf frei zu liegen. Die kuppelförmige Haube gewährt dem Piloten volle Rundumsicht. Teile des Cockpits weisen unmißverständlich auf den Motor hin; am deutlichsten wohl der unter einem Überrollbügel befindliche Treibstofftank. Diese Vorrichtung soll bei einem Überschlag nicht nur den Piloten schützen, sondern auch ein Bersten und Inbrandgeraten des Tank verhindern helfen, was besonders von Bedeutung ist, wenn der verunglückte Pilot sich nicht aus seiner Maschine befreien kann. Der Tank selbst faßt 20 Liter Treibstoff und ist aus durchsichtigem GFK. Seine Betankung und sein Inhalt kann so durch einfache Inaugenscheinnahme überprüft werden. Links im Cockpit befinden sich Benzinhahn und Gashebel sowie der Handstarter. Die Bedienelemente für Bremsklappen und Fahrwerk sind links und rechts des GFK-Schalensitzes angeordnet, der dem Piloten eine wesentlich aufrechtere Sitzposition als in der Ka 6E bietet. Das Pedal zum Betätigen der Radbremstrommel liegt zwischen den Steuerpedalen. Über einen Hebel rechts der Instrumententafel läßt sich der Propeller in Segelstellung bringen.

Das Fahrwerk besteht aus einem nach hinten ausfahrbaren Rad an einer Gabel aus Stahl. Eingezogen ragt es noch etwa in Reifendicke unter dem Rumpf hervor. Dadurch wird der Rumpf auch bei einer Landung mit eingezogenem Fahrwerk geschützt. Die Fahrwerksklappen aus Kunststoff öffnen und

schließen sich über einen Federmechanismus. Unter dem Rumpfheck ist ein Stahlsporn. Die ASK 14 verfügt somit nur über eine geringe eigene Manövrierfähigkeit am Boden. Jedoch kann sie am Sporn mit einem Hilfsrad an einem GFK-Spannband versehen werden, was das Rangieren erleichtert.
Abgesehen von den DFS-Bremsklappen auf der Flügeloberseite und den nach unten gebogenen Randbögen ist der Tragflügel der ASK 14 identisch mit dem der Ka 6E.
Aus Gründen der Vereinfachung und der Betriebssicherheit ist der Motor auf dem Vorderspant angebracht, der gleichzeitig als Brandspant dient. Die GFK-Motorhaube besteht aus zwei Schalen. Klemmfederverschlüsse stellen die Verbindung untereinander und zum Rumpf her. Als Antrieb dient ein Motor vom Typ Hirth F 10A 1a mit 570 cm^3 Hubraum. Die vier in Boxerform angeordneten Zylinder arbeiten nach dem Zweitaktprinzip. Der Benzin von 80 bis 87 Oktan verbrennende Motor entwickelt 26 PS bei 5000 U/min. Über ein untersetztes Zahnradgetriebe treibt er einen 1,36 m Durchmesser-Propeller vom Typ Hoffmann HOCO V 42/48 an, der mechanisch in Segelstellung gebracht werden kann. Die Propellernabe, in der sich auch die Blattverstellvorrichtung befindet, ist mit einer Kunststoffkappe aerodynamisch verkleidet. An der Propellerwelle ist ein von Hand zu betätigender Anlasser angebracht, mit dem der Pilot den Motor ohne Schwierigkeiten auch im Flug wieder in Gang bringen kann. Im Vergleich zu einem batteriegespeisten, elektrischen Anlasser bedeutet diese einfache, aber zuverlässige Lösung Gewichts- und Kostenersparnis.
Der Prototyp der ASK 14 mit dem Kennzeichen D-KOGE

Polare der ASK 14

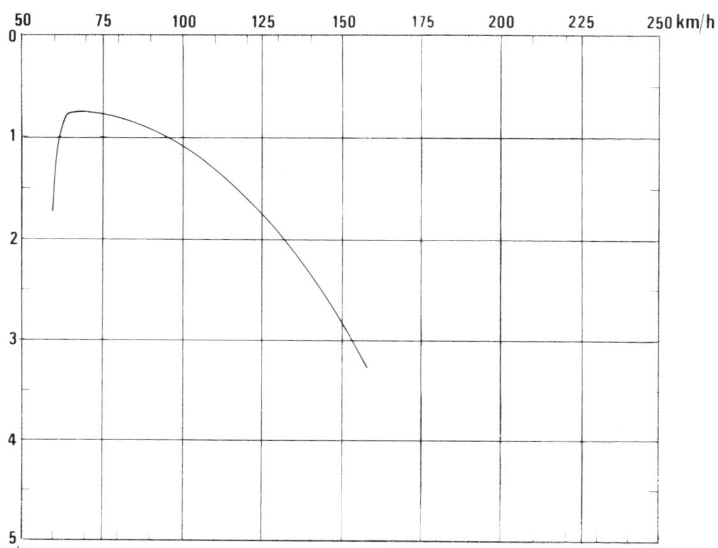

Die kuppelförmige Haube und die sitzende Position des Piloten gewährleisten eine sehr gute Rundumsicht. (Foto R. Ferrière)

führte am 25. Aril 1967 seinen Erstflug durch. Nach einigen kleineren Änderungen, die im wesentlichen die Anordnung der Bedienelemente im Cockpit betrafen, lief die Serienproduktion an. Bis November 1972 wurden insgesamt 65 Exemplare gebaut.
Die ASK 14 wurde in größeren Stückzahlen nach Großbritannien, in die Schweiz und in die USA exportiert. In Frankreich dagegen war aufgrund der infrastrukturellen Gegebenheiten und der staatlichen Subventionen auf dem Segelflugsportsektor ein selbststartender Motorsegler wesentlich unrentabler in Kauf und Betrieb als ein bezuschußtes klassisches Segelflugzeug und ein vom Staat zur Verfügung gestelltes Schleppflugzeug. Jedoch wurde auf Antrag von Marc Ranjon, dem französischen Importeur für Schleichers Segelflugzeuge, ein Zulassungsverfahren für die ASK 14 in die Wege geleitet. Die Flugerprobungsstelle von Istres erteilte denn auch der ASK 14 F-CDRZ die Allgemeine Betriebserlaubnis; allerdings nachdem einige kleinere, die Sicherheit betreffende Änderungen vorgenommen waren: Verlagerung des Haubenabwurfmechanismus; Einbau einer Plexiglastrennwand zwischen Führersitz und Treibstofftank, mit der der Pilot vor einem Einatmen der Benzindämpfe geschützt werden sollte. Trotz erteilter Betriebserlaubnis wurde nur ein Ausstellungsstück (F-CEAY) in Frankreich verkauft, das heute gemeinsam mit der F-CDRZ in Grenoble stationiert ist.
In Deutschland errang die meisten Erfolge Klaus Gschwind aus Kornwestheim mit seiner D-KOME Werknummer 14027. Die Schweinfurter Flugsportler rüsteten eine ASK 14 mit einem Wankelmotor anstelle des Hirth F 10a aus (D-KICG, Werknummer 14055).

ASW 15

Seit 1957 beschränkte sich die Verwendung von GFK und Epoxidharzen im Segelflugzeugbau vor allem auf die Muster der offenen Klasse. Ab 1964 gingen auch einige Kunststoffsegelflugzeuge der Standardklasse in die Industriefertigung – so der Phöbus, die Libelle und die LS 1, die bei Leistungsfliegern sehr ankamen. Bei Schleicher war damals die Ka 6E das Leistungsflugzeug der Standardklasse. Ihre Konzeption war jedoch von der Auslegung her überholt, daß auch jede Optimierung bereits an ihre Grenzen gestoßen war. Es bestand also die Notwendigkeit, ein modernes Segelflugzeug zu entwerfen, in dem sich die neuen Erkenntnisse der Aerodynamik und der Bauweise vereinten. Mit der Entwicklung des neuen Musters wurde Gerd Waibel beauftragt; als Taufnamen erhielt es die Bezeichnung ASW 15.

Der Prototyp der ASW 15 wurde während des Winters 1967/68 im Poppenhausener Werk gebaut. In der Bauweise griff man auf die bei der ASW 12 verwendeten Techniken zurück, also auf GFK-Epoxydharz-Balsa-Sandwich-Schalen, die in Negativformen laminiert wurden.

Der Rumpf ist im vorderen Teil keulenartig, verjüngt sich jedoch stark hinter den Tragflügeln zu einem gering durchmessenden Leitwerksträger. Die große Cockpithaube ist einteilig und abnehmbar. Der Pilot nimmt in der GFK-Sitzschale ein halbliegende Position ein. Das Fahrwerk besteht zunächst aus einem festen, sehr tief eingelassenen und windschlüpfrig verkleideten Rad sowie aus einem Schwanzsporn. Das großflächige Seitenleitwerk ist gepfeilt. Das Seitenruder ist massenausgeglichen. Der Prototyp der ASW 15 war als GFK-Balsa-Sandwichschale im Positiv gebaut worden. Er diente als Kern für die Negativform. Der Rumpf war eine homogene GFK-Röhre mit Balsaversteifungen im Cockpitbereich. Ab Werknummer 15002 einschließlich hatten dann alle Rümpfe die Tubuswaben als Kern für das Sandwich.

Der Tragflügel hat eine Doppeltrapezform. Das Profil ist an der Wurzel ein FX 61-163, das zu den Spitzen in ein FX 60-126 übergeht. Der Flügel ist in Schalenbauweise als GFK-Epoxydharz-Balsa-Sandwich hergestellt. Die Schalen

Der Prototyp der ASW 15B bei einem Erprobungsflug. Das neue Muster hatte ein sehr großflächiges Seitenleitwerk und konnte 90 l Wasserballast fassen. (Foto Schleicher)

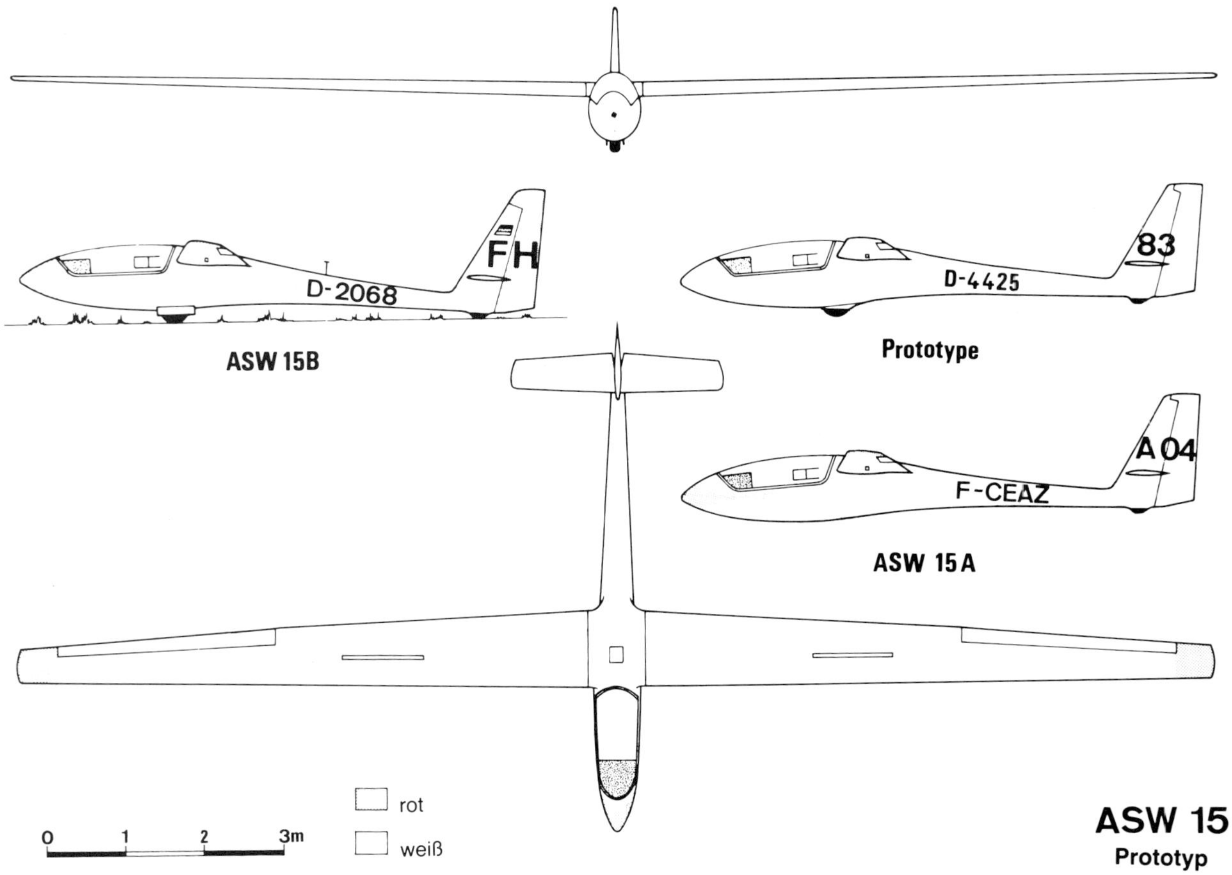

ASW 15
Prototyp

sind auf den Holm geklebt, dessen Gurte aus GFK-Rovings sind. Die Schempp-Hirth-Bremsklappen fahren an Ober- und Unterseite aus.

Der Prototyp der ASW 15 (D-4425) flog am 20. April 1968 zum erstenmal über der Wasserkuppe. Nach hastigen Flugerprobungen wurde der Prototyp an Hans W. Grosse zur Teilnahme an der Weltmeisterschaft von 1968 in Lezno übergeben. Das Pech einer Außenladung warf ihn auf den 10. Platz zurück, für die Flugleistungen der ASW 15 ein viel zu schlechtes Ergebnis.

Zwei Schleicher-Generationen der Standardklasse werden in Vinon zum Start bereit gemacht. Man sieht, daß bei der ASW 15 die Bremsklappen an Ober- und Unterseite ausfahren. (Foto R. Ferrière)

Die Serienflugzeuge erhielten ein Einziehfahrwerk, nachdem die neuen Standardklassenvorschriften dies nun erlaubten. Bis 1970 modifizierte Waibel die ASW 15 erneut: 1971 wurden 183 ASW 15 ausgeliefert.

- das Fahrwerk wurde auf ein Rad mit größerem Durchmesser umgerüstet (350×125); damit wurde das Cockpit etwas länger;
- das Seitenruder wurde um 11 cm nach oben vergrößert, was sich natürlich stark auf den Massenausgleich auswirkt; gleichzeitig dadurch die Rumpflänge um 3 cm verlängert;
- in der Flügelnase wurde ein 90-l-Tank zur Aufnahme von Wasserballast vorgesehen. An die Stelle des Balsaholzes als Verbundstoff tritt ab Werknummer 15357 Conticellschaum;
- die Stoßstangen für die Steuerung im Flügel werden nun in Kugellagern geführt.

Gerhard Waibel flog bei der Weltmeisterschaft von 1970 in Marfa noch eine ASW 15 (ohne Wasser- oder Bleiballast) auf den 6. Platz. Bei der Weltmeisterschaft von 1972 in Vrsac belegten Rudinsky (UdSSR), Teuling (Niederlande) und Kusnetzow (UdSSR) den 2., 4. und 8. Platz. Und eine von Karl Strie-

Wegen der geringen Fahrwerkhöhe hat der Rumpf nur wenig Bodenfreiheit. Wie bei vielen anderen Schleicher-Mustern (Ka 2, Ka 6, Ka 10) ist die Plexiglashaube voll abnehmbar. Dadurch wird das Cockpit zwar gut abgedichtet, aber im Gebrauch ist dies doch umständlich. (Foto R. Ferrière)

deck (USA) gesteuerte ASW 15B erfolgt sich schließlich am 15. Oktober 1972 den Weltrekord im Zielrückkehrflug mit 1098 km, die fast ausschließlich als Hangflug entlang der Alleghanys-Gebirgskette zurückgelegt wurden.
Die ASW 15B wurde von 1970 bis 1976 mit 270 Exemplaren in Serie gebaut. 1977 führten ein völlig neu entworfener Rumpf und neue Leitwerke zum Muster ASW 19.
Nicht nur als Wettbewerbssegler, sondern auch als individuelles Leistungsflugzeug ist die ASW 15 sehr geschätzt, wie das J.-M. Clément im folgenden beschreibt:

In diesem Jahr hatte ich den ganzen Februar und März intensiv auf der ASW 15 des Turiner Segelflugsportvereins trainiert, um in die Auswahl für den Regionalwettbewerb zu gelangen.
Um 8 Uhr war ich am Samstagmorgen auf dem Platz, ohne Mannschaft, aber mit einem Hänger, der noch immer an meinem Wagen angekuppelt war und dessen Beleuchtung offensichtlich nicht funktionierte, mit einem verboten dreckigen Flugzeug und einem großen Trainingsprogramm.
Die Luft roch seltsam. Sie war so klar, daß ich die Berge mit einem Blick bedachte, von dem mich auch das schönste Mädchen der Welt nicht hätte abbringen können. Und dann geschah das Wunder: Um 10 Uhr zeigten sich die ersten Cumuli. Um 11 Uhr waren sie hoch, so unglaublich hoch für unsere die Turiner Dunstglocke gewohnten Augen.
Schon seit zehn Jahren rannte ich diesen verdammten 500 km hinterher. Erst letztes Jahr konnte ich sie zum erstenmal in Angriff nehmen, aber schon nach 370 km und nur wenige Meter vor dem Comer See war mein Wunsch in sich zusammengestürzt wie ein Kartenhaus.
Außerdem waren da noch die Kameraden, die zu mir meinten: »Wenn du zu den Kühen gehst, kommst du morgen nie rechtzeitig zum ersten Wettbewerb zurück« oder »Du wirst so kaputt sein, daß du keine Chance mehr hast«.
Sch . . . egal!
Um 11.30 Uhr Ausklingen in 1000 QFE zu einem 528 km langen Zielrückkehrflug nach Ponte di Legno (Bozen), also 600 effektiv zurückzulegende Kilometer.
Wetter? Keine Zeit gehabt, anzurufen!
Und die Wettbewerbe morgen? Morgen ist morgen!
Ich war der einzige, der es wagen wollte, obwohl genug andere Willige da waren. Aber die schlossen sich der Meinung der »anderen« an. Einige »Unvorsichtige« wollten 300-km-Dreiecke mit mehr als 110 km/h im Durchschnitt fliegen. Wieder andere wollten die Gelegenheit zu einem Überflug des Monte Viso nutzen, über dem die Wolkenbasis ausnahmsweise einmal über 4000 QFE gestiegen war. So hatten sie die Sicherheit, wieder zum Flugplatz kommen zu können, der lächerliche 50 km entfernt war.
Aber zurück zu meinem Flug. Meine erste Enttäuschung erlebte ich an der ersten Bergkette, wo ich aus 900 m nicht hoch kam. So hing

Technische Daten: **ASW 15**		
Tragflügel:		
Spannweite	15,0	m
Fläche	11,0	m^2
Streckung	20,45	
Zuspitzung	2,36	
V-Stellung	2	Grad
Pfeilung	0	Grad
Schränkung	2	Grad
Profil innen	FX 61-163	
Dicke	16,3	%
Profil Mitte	FX 61-163	
Dicke	16,3	%
Profil außen	FX 60-126	
Dicke	12,6	%
Höhenleitwerk:		
Spannweite	2,60	m
Fläche	1,15	m^2
Profil	Waibel S-Schlag	
Dicke	12	%
Seitenleitwerk:		
Höhe	1,56	m
Fläche	1,13	m^2
Streckung (geom.)	1,815	
Profil	Ka 4-Tropfen	
Dicke	12	%
Rumpf:		
Länge	6,48	m
Cockpit-Breite	0,60	m
Höhe	0,80	m
Fahrgestell/Rad-Abmessung	300×100	mm
Massen:		
leer (ausgerüstet)	ca. 205	kg
Cockpit-Zuladung	110	kg
höchste nichttragende Masse	198	kg
Wasserballast	–	kg
höchste zulässige Flugmasse	318	kg
Flächenbelastung:	28,9	kg/m^2
Mindestgeschwindigkeit:	63	km/h
Geringstes Sinken	0,58	m/s
bei Flächenbelastung	28	kg/m^2
und Fluggeschwindigkeit	70	km/h
Beste Gleitzahl	36,5	
bei Flächenbelastung	28	kg/m^2
und Fluggeschwindigkeit	90	km/h
Höchste zulässige Fluggeschwindigkeit	220	km/h

Technische Daten: **ASW 15B**			
Tragflügel:			
Spannweite		15,0	m
Fläche		11,0	m^2
Streckung		20,45	
Zuspitzung		2,36	
V-Stellung		2	Grad
Pfeilung		0	Grad
Schränkung		2	Grad
Profil innen		FX 61-163	
Dicke		16,3	%
Profil Mitte		FX 61-163	
Dicke		16,3	%
Profil außen		FX 60-126	
Dicke		12,6	%
Höhenleitwerk:			
Spannweite		2,60	m
Fläche		1,15	m^2
Profil		Waibel S-Schlag	
Dicke		12	%
Seitenleitwerk:			
Höhe		1,56	m
Fläche		1,13	m^2
Streckung (geom.)		1,94	
Profil		Waibel	
Dicke		12,5	%
Rumpf:			
Länge		6,48	m
Cockpit-Breite		0,60	m
Höhe		0,80	m
Fahrgestell/Rad-Abmessung		5.00-5	
Massen:			
leer (ausgerüstet)		ca. 230	kg
Cockpit-Zuladung		115	kg
höchste nichttragende Masse		220	kg
Wasserballast		90	kg
höchste zulässige Flugmasse		408	kg
Flächenbelastung:	28,0	37,0	kg/m^2
Mindestgeschwindigkeit:	59		km/h
Geringstes Sinken	0,63		m/s
bei Flächenbelastung	27,7		kg/m^2
und Fluggeschwindigkeit	73		km/h
Beste Gleitzahl	36,5		
bei Flächenbelastung	27,7		kg/m^2
und Fluggeschwindigkeit	89		km/h
Höchstezulässige Fluggeschwindigkeit		220	km/h

ich noch unterhalb der Baumgrenze! Lange brauchte ich jedoch nicht zu warten, denn schon kurz darauf fand ich den Bart des Tages überhaupt: 5,5 m/s im Mittel! Wie ein Geschoß zischte ich auf den folgenden 50 km ab.

Der zweite Hammer: Das Queren der klimatischen Grenze nach Norden. 20 km Schnee, und dazu die Fallwinde des Gran Paradiso und des Monte Rosa. Zum Glück kamen die großen Seen. Bei Intra, nahe der Schweizer Grenze, bekam ich Dampf unter die Flügel.

Wieder Probleme beim Queren: der Lago Maggiore, der Luganer See. Vor lauter Panorama hatte ich keine Zeit auf den Höhenmesser zu sehen. Aber schon wenig später sagte mir ein Blick auf das Instrument, daß mein Überflug im Comer See bei den Fischen zu Ende wäre. Da mir jedoch nach Unterwasserjagd nicht zumute war, mußte ich wohl zwangsläufig kehrtmachen. Und so lernte ich den Schotter des Monte Generoso aus der Nähe kennen – und dies auch noch unter den verängstigten Blicken der Passagiere in der Seilbahngondel. Wenn sie mir meine Angst angesehen hätten, wären sie wohl in Panik geraten! Aber ich war noch vor ihnen am Gipfel und beeilte mich, ihnen einen so schönen Lift vorzufliegen, daß ich sogar meine Sorge, Alpinist wider Willen zu werden, endgültig begraben konnte.

Comer See (diesmal von oben) und Einflug in das Val Tellina (Veltlin), wo man nach Auskunft der Station von Varese angeblich mit 100 im Durchschnitt fliegen konnte. Aber wieder einmal stieß ich im Raum Sondrio auf Schnee. Funkspruch mit Adele Orsi, die mir trotzdem ein »Gut« durchgab. Also, dann los! In der Tat, am Talanfang bekam ich Steigen. So stark, daß es wohl auch die Kamine des friedlichen Dorfes San Pietro mitgerissen hätte, wenn der gute Christophorus nicht nur seinem Segelflieger allein hätte helfen wollen.
Einige 100 Meter reichten mir, um den Paß zu queren. In etwa 10 km Entfernung der Monte Adamello – über ihm eine Wolke, die alle Versprechen einhielt. Zum erstenmal stieg ich bis zur Basis (3880 QNH). Nur noch 20 km bis zum Wendepunkt. Ein kurzer Hinflug mit 150 km/h zur Wolkenkante. Wenig später war ich wieder zur Basis bei Edolo zurückgekehrt. Diesmal hatte ich den festen Willen, das Val Tellina mit 100 im Durchschnitt zu machen. Es gelang mir auch, nur merkte ich zu meiner Enttäuschung nicht viel davon.
Aber am Talausgang lag ja immer noch der Comer See. Da mir jegliche Lust auf eine Wasserung vergangen war, querte ich ihn im Süden – was ich bestens und ziemlich schnell schaffte, da die Berge dort niedriger waren.
Vor Varese gingen mir in 1500 m ein paar Fragen durch den Kopf. Die Strecke nach Turin war mir durch den Schnee versperrt, der sehr weit in die Po-Ebene hineinreichte (wieder einmal jene berühmte Klimagrenze!). Um diesen Bereich queren zu können, hätte ich auch mindestens 3000 m steigen müssen.
Eine Landung auf dem Campo dei Fiori (Varese) wäre auch nicht unangenehm gewesen, hätte ich die Gelegenheit doch zu einem Treffen mit Freunden nutzen können. Vor allem aber mit Adele Orsi, die erst kurz zuvor den nationalen Rekord auf ASK 13 aufgestellt hatte, oder auch mit Monti und seinem Cirrus. Schon allein der Gedanke an den Champagner verdrehte mir den Kopf und ließ mich vergessen, daß ich ja erst etwas mehr als vier Stunden und bisher 400 km geflogen war.
Also – in Varese wäre ich beinahe gelandet. Jedoch kam Südwind auf, und vorbei war die Träumerei. Meine Lethargie verwandelte sich in Nervosität. Ich beeilte mich, zur Schweiz an die nächstgelegenen Alpenausläufer zu kommen. Im Raum Lugano zeigte mir eine Libelle einen kleinen 2 m/s, der mich auf 2000 brachte. Meine Moral stieg in stratosphärische Regionen.
Über Intra (am Lago Maggiore) erweckte ein großes Feuer etwas Hoffnung in mir. Es sollte sich lohnen. Und zwar so sehr, daß ich eine wunderbare Welle nutzen konnte, die sich mir durch eine Stratocu lent zeigte.
Fantastisch, Untergrenze in 3200 laminar. »Die 500 hast du in der Tasche«, glaubte ich meinen Rechner raunen zu hören. Also, dann los! 20 km über Schnee, aber ohne größeres Sinken.
Querab Biella hatte ich ermutigende Bodensicht, aber jegliche Hoffnung auf Aufwind war vergebens.
Dem Rechner zufolge hätte ich auch schon auf dem internationalen Flughafen von Caselle im Norden Turins landen können. Also ging ich daran, die entsprechenden Funkverfahren einzuleiten. Über die Clubfrequenz war ich auch mit dem Turiner Kontrollturm verbunden. Die normalerweise übliche Frequenz für den Landeanflug hatte ich nämlich nicht.
Welch ein Chaos! Die ganzen Boeing und Caravelle waren in Warteposition! »Wir haben eine Maschine mit Schwierigkeiten.« Der Fluglotse ahnte sicherlich nicht, daß die »Maschine« nur ein kleines Segelflugzeug war . . .
Als ich voll in der Einflugschneise war, bemerkte ich einen braven Bauern, der Stroh verbrannte. Guter Mann, wenn ich wüßte, wer du bist, ich würde dich auch jetzt noch umarmen!
Prima Durchschnitt: 7 m/s. Ich leistete mir den Luxus und stieg auf 400 m mehr als nötig, um nach Hause zu fliegen. Ich bekam die Genehmigung zum Überflug des Flughafens. Was für ein Gesicht mochte der Fluglotse wohl gemacht haben, als er den Grund allen Übels vor Augen hatte? Dann landete ich in Turin – nach acht Stunden Flug; die letzten drei allein für die restlichen 150 km. Der Empfang war typisch italienisch: Herzlich, überschäumend und so wohltuend!
Nachdem alle Gefühlsausbrüche vorüber waren, begann jedoch mein Leiden, als ich das Flugzeug verlassen wollte. Das berühmte »Steh auf und lauf los« funktionierte nicht. Ich war bis zu den Knien steifgefroren.
Heute weiß ich, daß die Außentemperatur nicht wie von mir gedacht 0°, sondern vielmehr −15° betragen hatte – und das acht Stunden lang!
Wie von den »anderen« vorhergesagt, vollbrachte ich während der Wettbewerbe am nächsten Tag keine Glanzleistungen. Aber auch ein sechster Platz in der Standardklasse konnte die Euphorie dieses außergewöhnlichen und unwahrscheinlichen Fluges nicht dämpfen.
Mein Dank gilt allen guten Geistern, die mir diesen Flug vorgezeichnet haben, all meinen Freunden in Varese, die mitgeholfen haben, meine oft »verschneite« oder »eingefrorene« Moral zu heben. Dank auch dem Fluglotsen von Caselle, der damit einverstanden war (Einmal war keinmal!), daß auch ein Segelflugzeug (beinahe) bei ihm gelandet wäre, und all meinen Kameraden in Turin, die in mir nie den Gedanken an eine Notlandung aufkommen ließen.

Jean-Marie Clément

(Auszug aus »Aviasport«, Nr. 233, Oktober 1973)

Polare der ASW 15

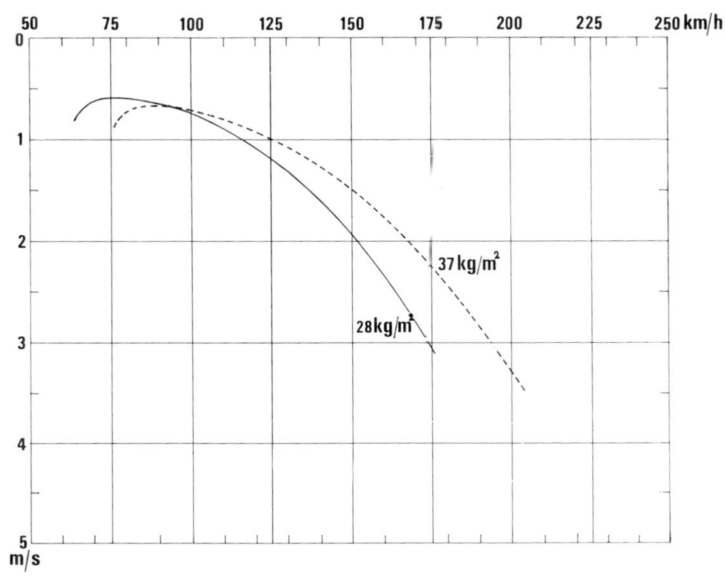

Die Vonderau-Binder ASW 15M mit einem Wankel-Kreiskolbenmotor als Kraftquelle im Klappantrieb, hier beim Motorseglerwettbewerb auf dem Flugplatz Burg Feuerstein. (Foto Peter F. Selinger)

Diese ASW 15BR von Kurt Heimann erhielt den Prototyp von Walter Binders Klapptriebwerk mit dem Rotax-2-Zylinder-2-Taktmotor. (Foto Roland Poehlmann)

Wie viele andere Segelflugzeuge reizte auch die ASW 15 zur Motorisierung. Der leichte Tubuswabenrumpf bietet dazu durchaus gute Voraussetzungen. Als erster machte sich Ing. Josef Vonderau von Fichtel & Sachs in Schweinfurt an diese Aufgabe. Er nahm den KM 27 mit 300 cm^3 Kammervolumen (22 kW = 30 PS) und entwickelte mit viel Privatinitiative daraus einen Flugmotor mit Membranvergaser und Bosch Dynastarter (ein solches Triebwerk hatte bis 1976 in der ASK 14 schon 750 Flugstunden absolviert). Die 1,37 m Luftschraube ist 1:2,5 untersetzt angetrieben. Walter Binder rüstete damit seine D-KIWB aus. Er flog damit 1976 auf Burg Feuerstein beim Motorseglerwettbewerb und erregte Aufsehen, nicht zuletzt erschien der Lärm etwas angenehmer zu sein. Durch den langen Zahnriemen beträgt die Schwerpunktwanderung beim Ausfahren des Klapptriebwerks bei nur 18 mm. Insgesamt erhöhte sich das Gewicht der ASW 15M um 54 daN. Dabei entfallen aber nur 32 kg auf den Motor mit Anlasser und Luftschraube. Die restliche Zusatzmasse ist durch den Tank, den Einfahrmechanismus und die Rumpfverstärkungen bedingt. Schließlich hatte die ASW 15M eine Rüstmasse von 288 kg, etwa gleich einer ASW 15B mit Wasserballast. An Daten werden genannt: Verbrauch 6–7 l/h, Reisegeschwindigkeit 150 km/h, Startrollstrecke 250 m (400 m NN), Steiggeschwindigkeit 2,50 m/s, max. Flugzeit 3 h. Im übrigen gelten die Daten der ASW 15, denn aerodynamisch hat sich durch das Klapptriebwerk ja nichts geändert (er muß eben immer mit »Ballast« fliegen).

Am 6. September 1980 brachte Kurt Heimann seine ASW 15 BR nach 6 Monaten Umbauzeit zum Erstflug. Er nahm Binders netto 28 kW entwickelnde Rotax 501 Antriebseinheit, Vorläufer des Standardantriebs der DG 400. Nur 51 kg ist die Zusatzmasse des Klapptriebwerks, einschließlich Luftschraube, Tank mit 10 l und Rumpfeinbauten. Mit der 20 Ah-Batterie stieg die Rüstmasse auf 304 kg an. Damit blieb mit 116 kg noch ausreichend Zuladung. Über 4 Jahre lang beschäftigte sich Binder schon mit Klapptriebwerken, bis er zu dieser kompakten Lösung kam, ohne die Nachteile des Handantriebs zum Ein- und Ausfahren, wie bei der PIK 20E. Die einfache und sichere Lösung des Klappmechanismus von Binder führte letztlich zum Siegeszug der ein- und zweisitzigen Hochleistungsmotorsegler. Die ASW 15BR D-KGHE erwies sich so als äußerst erfolgreicher Erprobungsträger. Die Steiggeschwindigkeit betrug im Mittel über 1000 Höhenmeter 3 m/s, die Startstrecke über das 15 m-Normhindernis 250 m.

ASK 16

Kaiser war es trotz aller Bemühungen nicht gelungen, die Segelflieger von den Leistungen und der einfachen Handhabung seiner einsitzigen ASK 14 entscheidend zu überzeugen. Der doppelsitzige Motorsegler – weit vorn in der Gunst der Segelflieger – blieb die Domäne von Scheibe, der sich mit den verschiedenen Versionen der SF 25 Falke und mit dem neuen Muster SF 28 Tandem Falke fast den gesamten Weltmarkt für Motorsegler erobert hatte. Der seit 1960 vor allem in Deutschland konzipierte doppelsitzige Motorsegler weist drei Vorzüge auf:
1. Er ist ein flexibles, wetterunabhängiges Instrument zur Anfängerschulung. Für die ersten Lernschritte des Schülers wird nur noch der Fluglehrer benötigt, also weder ein Schleppflugzeug mit Pilot (oder eine Winde und ihr Fahrer) noch eine Bodenmannschaft. Der Schüler kann sich die Grundlagen des Fliegens im Winter aneignen, um dann die eigentliche Segelfliegerausbildung in einer für den Segelflug günstigen Jahreszeit zu machen.

Das klassische, wenn auch schwere und teure Einziehfahrwerk verleiht der ASK 16 totale Autonomie und eine Bodenmanövrierfähigkeit, die der eines einspurigen Fahrwerks mit Flügelkullern weit überlegen ist. (Foto Schleicher)

2. Der Motorsegler kann von erfahrenen Piloten zur Selbstschulung und zur Erkundung von Wetterverhältnissen eingesetzt werden.
3. Er ist ein zwar langsames, aber doch sehr wirtschaftliches Reiseflugzeug, für das sich vor allem Wanderflieger begeistern dürften.

Umsichtig wie Kaiser nun einmal war, machte er einige, von früheren Mustern her bekannte und somit erprobte Bauelemente zur Definitionsgrundlage des doppelsitzigen Motorseglerprojektes ASK 16.
Die Leistungen aerodynamischer Fluggeräte sind im wesentlichen durch den Flügel bestimmt. Daher übernahm Kaiser vom Konzept her den über die verschiedenen Versionen der Ka 6 und ASK 14 hinweg ständig verbesserten Tragflügel und paßte ihn lediglich der schweren Maschine an. Der Rumpf verlangte hingegen eine neue, den möglichen Einsatzbedingungen entsprechende Konzeption:
- Im Hinblick auf Kosten und Robustheit – beides wichtig im Schulbetrieb – bekam der Rumpf eine Stahlrohrkonstruktion.

Die ASK 16 war Schleichers erster Versuch, in der Domäne der doppelsitzigen Motorsegler Fuß zu fassen. Trotz ihrer guten Eigenschaften konnte sich die ASK 16 jedoch nicht gegen die Scheibe-Konkurrenz durchsetzen. (Foto Schleicher)

- Schon immer stellte die Anordnung des Führersitzes den Konstrukteur eines Doppelsitzers vor einige Probleme. Tandemführersitze führten durch den verkleinerten Hauptspant zu einer beträchtlichen Reduzierung des Formwiderstandes. Der in der Rumpfachse sitzende Schüler kann von seinem Platz aus gut außenliegende Bezugspunkte ausmachen und nimmt jetzt schon die Position ein, die er später im einsitzigen Segelflugzeug haben wird. Nebeneinander angeordnete Führersitze begünstigen dagegen den pädagogisch wichtigen Schüler/Lehrerkontakt, erlauben gleiche Sicht von jedem Führersitz und ersparen dem Konstrukteur die doppelte Anordnung bestimmter Bedienelemente und Instrumente.
- Die Wahl des Fahrwerks bedeutet für den Konstrukteur ein weiteres Problem. Die Mehrzahl der Hersteller von Motorseglern hatte sich aus aerodynamischen Gründen zu einspurigen, einziehbaren oder stromlinienförmigen Fahrwerken mit zusätzlichen Stützrädern an der Flügelunterseite entschlossen. Diese an sich einleuchtende Option war jedoch beim Rollen am Boden von Nachteil, wenn der Wind sehr stark war oder von der Seite kam. Daher wählte Kaiser – trotz des zusätzlichen Gewichts und den sich daraus ergebenden Problemen – für seine ASK 16 ein klassisches Zweiradeinziehfahrwerk.

Der Rumpf der ASK 16 ist eine Stahlrohrfachwerkkonstruktion, die durch Spanten und Holzleisten profiliert ist. Der vordere Rumpfteil ist mit Kunststoffschalen verkleidet, der Rumpfrücken sperrholzbeplankt; der hintere und untere Rumpfteil sind dagegen stoffbespannt. Am Ende der beiden Flügelstummel am Rumpf befinden sich die Fahrwerkgelenke. Das Stahlrohrgerüst reicht bis zum Heckrad und damit bis zur Schnittstelle von Leitwerk und Rumpf. Die Seitenflosse hat ein Holzgerüst und ist beplankt. Das Holzseitenruder ist bespannt. Das Höhenleitwerk weist die gleiche Konstruktion auf. Erwähnt werden sollte die nur linksseitig angeordnete Trimmklappe des Höhenruders.

Die sehr große Plexiglashaube öffent nach rechts. In den Haubenrahmen ist ein Überrollbügel zum Schutz der Piloten und des Treibstofftanks integriert. Die Sitzschalen sind beiderseits des Fahrwerkbedienhebels angeordnet. Gas, Gemischverhältnis und Propellersteigung können an von beiden Seiten gut zu-

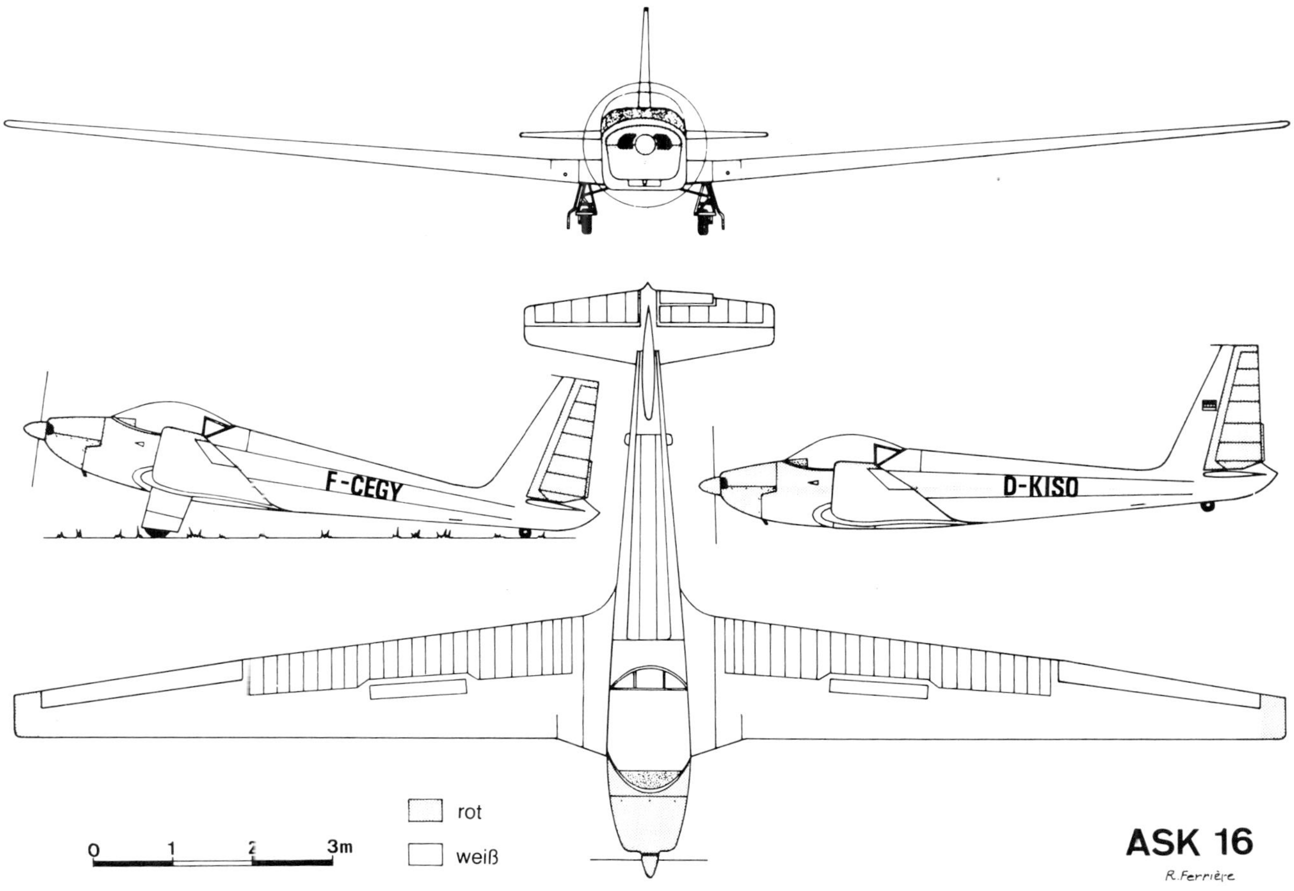

gänglichen Bedienelementen in der Mitte der Instrumententafel eingestellt werden. Die Bremsklappensteuerungen sind dagegen doppelt ausgelegt und befinden sich an beiden Rumpfinnenseiten. Der 40 l fassende Treibstofftank liegt hinter den Sitzen. Er besteht aus durchsichtigem Kunststoff, eine Befüllung kann somit bei fehlendem Meßstab auch optisch kontrolliert werden. Der asbestbeschichtete Stahlspant dient gleichermaßen als Brandspant und als Träger für die Motoraufhängung. Das Fahrwerk mit einer Spurweite von 1,5 m besteht aus zwei 350-mm-Rädern an Stahlrohrbeinen. Die Radnabengabel zieht das Rad hinter sich her und ist gummigefedert. Die Trommelbremsen werden einzeln durch Kicken der Pedale betätigt. Das Fahrwerk wird mechanisch in unter den Sitzen im Rumpf angeordnete Schächte eingezogen. Verschlossen werden die Schächte durch Kunststoffklappen, die an den Fahrwerkbeinen fest angebracht sind. Das mit dem Seitenruder verbundene Spornrad ist an einer gummigedämpften Stahlrohrgabel aufgehängt. Zwecks Verringerung des Widerstandes ist das Spornrad halb in die das Rumpfhinterteil profilierende Kunststoffverkleidung eingelassen.
In der Rumpfnase befindet sich unter einer GFK-Haube ein Vierzylinder-Viertakt-Boxermotor mit 1800 cm^3 vom Typ VW-Limbach SL 1 700 EBl. Er entwickelt eine Leistung von 72 PS bei 3600 U/min und verfügt über eine einfache Magnetzündung und einen elektrischen Anlasser. Der 1,6 m Propeller vom Typ Hoffmann HO V 62R1 kann mechanisch in drei Stellungen gebracht werden: kleine Steigung für Start, große Steigung für Reiseflug und Segelstellung für Segelflug.
Der Prototyp der ASK 16 mit dem Kennzeichen D-KISO führte im Februar 1971 den Erstflug durch. Seine großen Fähigkeiten bewies er im Motorflug. Im Segelflug war er jedoch aufgrund der für das NACA-Profil 63 618 zu hohen Flächenbelastung zu schwerfällig. Diese Merkmale, die die ASK 16 zu einem gefälligen Motorsegler für Schulungszwecke gemacht hätten, standen aber jenen der neuen Scheibe SF 28 entgegen, deren Prototyp im Mai 1971 die Dachauer Werkshallen verließ. Die SF 28 hatte ein geringeres Rüstgewicht, eine höhere Gleitzahl, ein geringeres Sinken und einen günstigeren Preis als die ASK 16. Daher betrug die verkaufte Stückzahl der ASK 16 auch nur 44 Exemplare. Eines davon ging für Centrair nach Frankreich, wo es 1973 in das Zulassungsverfahren genommen wurde. Nach Zuerkennung der Betriebserlaubnis gelangte die F-CEGY schließlich zum nationalen Flugsportzentrum der Montagne Noire, wo mit ihr unter der Leitung von

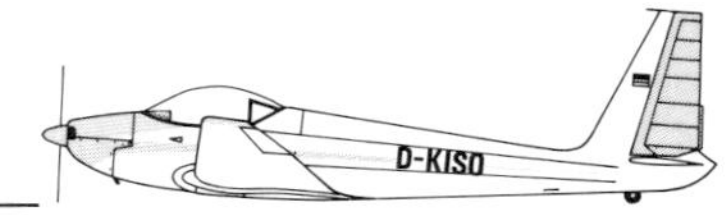

Guy de Lasageas eine Untersuchung über die Einbeziehung des Motorseglers in den pädagogischen Rahmen der Segelflugausbildung vorgenommen wurde. Dieser Versuch wurde jedoch nicht weitergeführt.

Polare der ASK 16

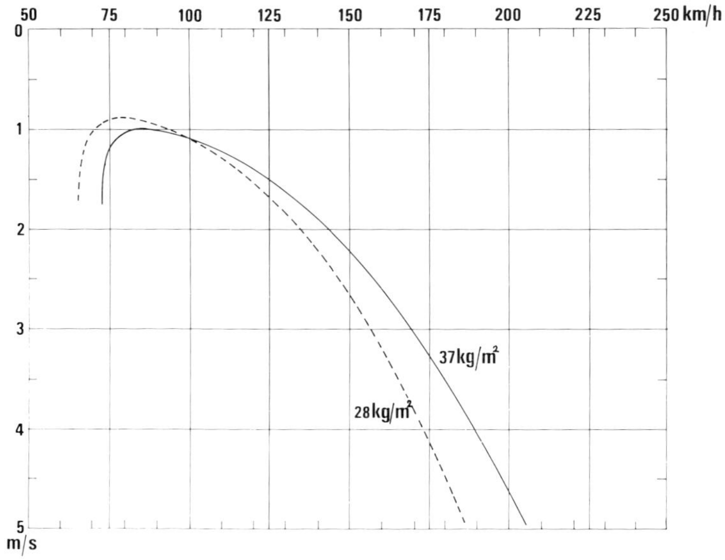

Technische Daten: **ASK 16**		
Tragflügel:		
Spannweite	16,0	m
Fläche	19,0	m²
Streckung	13,5	
Zuspitzung	2,8	
V-Stellung	5	Grad
Pfeilung	−1,5	Grad
Schränkung	3	Grad
Profil innen	NACA 63-618	
Dicke	14	%
Profil Mitte	NACA 63-615	
Profil außen	Joukowsky	
Dicke	12	%
Höhenleitwerk:		
Spannweite	3,2	m
Fläche	2,37	m²
Profil	Kaiser symmetrisch	

Seitenleitwerk:			
Höhe		1,55	m
Fläche		0,72	m²
Streckung (geom.)		1,89	
Profil		Kaiser symmetrisch	
Rumpf:			
Länge		7,32	m
Cockpit-Breite		1,18	m
Höhe		1,10	m
Fahrgestell/Rad-Abmessung 2×5.00-5 und 1×210×65			
Massen:			
leer (ausgerüstet)		ca. 460	kg
Cockpit-Zuladung		2× 110	kg
höchste nichttragende Masse		580	kg
Wasserballast		–	kg
höchste zulässige Flugmasse		750	kg
Flächenbelastung:	28 –	36,84	kg/m²
Mindestgeschwindigkeit:	64	74	km/h
Geringstes Sinken	0,88	1,0	m/s
bei Flächenbelastung	28	36,84	kg/m²
und Fluggeschwindigkeit	75	85	km/h
Beste Gleitzahl		25	
bei Flächenbelastung		36,84	kg/m²
und Fluggeschwindigkeit		100	km/h
Höchste zulässige Fluggeschwindigkeit		200	km/h
Triebwerk:			
Hersteller		Limbach	
Type		SL 1700 EBI	
Startleistung		50	kW
bei		3600	U/min
Hubraum		1800	cm³
bei 150 km/h		10–12	l
Propeller:			
Hersteller		Hoffmann	
Type		HO V62R1	
Durchmesser		1,60	m
Treibstoff:			
Vorrat		40	l
Motorflug:			
Höchstgeschwindigkeit		180	km/h
Reisegeschwindigkeit		160	km/h
Steiggeschwindigkeit in Seehöhe		2,5	m/s
bei Fluggeschwindigkeit		100	km/h
Landegeschwindigkeit		90	km/h
Startrollstrecke in MSL bei 720 kg Flugmasse		275	m
Startstrecke über 15 m in MSL bei 750 kg Flugmasse		392	m
Flugdauer bei Reisegeschwindigkeit		3,33	h

ASW 17

Während des Jahres 1968, als die Überlegenheit der Konzeption der ASW 12 noch unbestritten war, entstanden in den Planungsbüros der großen deutschen Konstrukteure neue Entwicklungen. Die erste Generation der Kunststoffsegler in der offenen Klasse (Libelle H 301, BS 1, Cirrus, Kestrel, Diamant, ASW 12) war auch durch die Erprobung der Eppler- und Wortmann-Profile gekennzeichnet. Diese Muster waren von ihrer Konzeption her klar und sauber – zum Teil mit Wölbklappen versehen, aber alle mit einer Spannweite kleiner als 18 m. Der Fortschritt führte jedoch zwangsläufig zu einer vergrößerten Spannweite, was allerdings Probleme in der kombinierten Biegung und Torsion der Verbundwerkstoffe, in der Steuerungsübertragung und in der Rollwendigkeit aufwarf. Diese Schwierigkeiten wurden dann aber bei zwei experimentellen Mustern – der SB 9 der Akaflieg Braunschweig und dem Nimbus 1 von Schempp-Hirth – aufgegriffen und teilweise gelöst.
Beide Prototypen brachten die Erkenntnis, daß aufgrund der mechanischen Eigenschaften der ausschließlich in GFK gefertigten Strukturen die Streckung weniger als 30 betragen mußte. Andererseits waren bei einer Spannweite von um die 20 m Wölbklappen mit Querruderüberlagerung vonnöten. Aus diesen Erprobungen ging dann die zweite Generation von GFK-Segelflugzeugen hervor, die durch die Muster Nimbus 2, Glasflügel 604, Jantar 2 und ASW 17 repräsentiert wird.
Im Gegensatz zu ihren Konkurrentinnen ist die ASW 17 – obwohl direkte Nachfolgerin der ASW 12 in Schleichers Modellpalette – ein vollkommen neu entworfenes Flugzeug.
Der Rumpf ist insbesondere durch seine sehr zugespitzte Nase und das mächtige, an die ASW 15 erinnernde Seitenleitwerk gekennzeichnet. Die Rumpfkonstruktion ist ein GFK-Kunststoffwaben-Epoxydharz-Sandwich (Tubusplatten wie seit der ASW 15 bei Schleicher üblich). Im Mittelteil befindet sich ein zusätzliches Stahlrohrgerüst zur Krafteinteilung und als Träger von Tragflügel, Fahrwerk und Steuerungsanschlüssen.
Das Fahrgestell besteht aus einem einziehbaren, 380 mm großen Rad an einer gefederten Gabel sowie aus einem Gummisporn am Rumpfende.
Der mit einer ganz abnehmbaren Haube versehene Führersitz weist keine Besonderheiten auf – abgesehen von den links auf

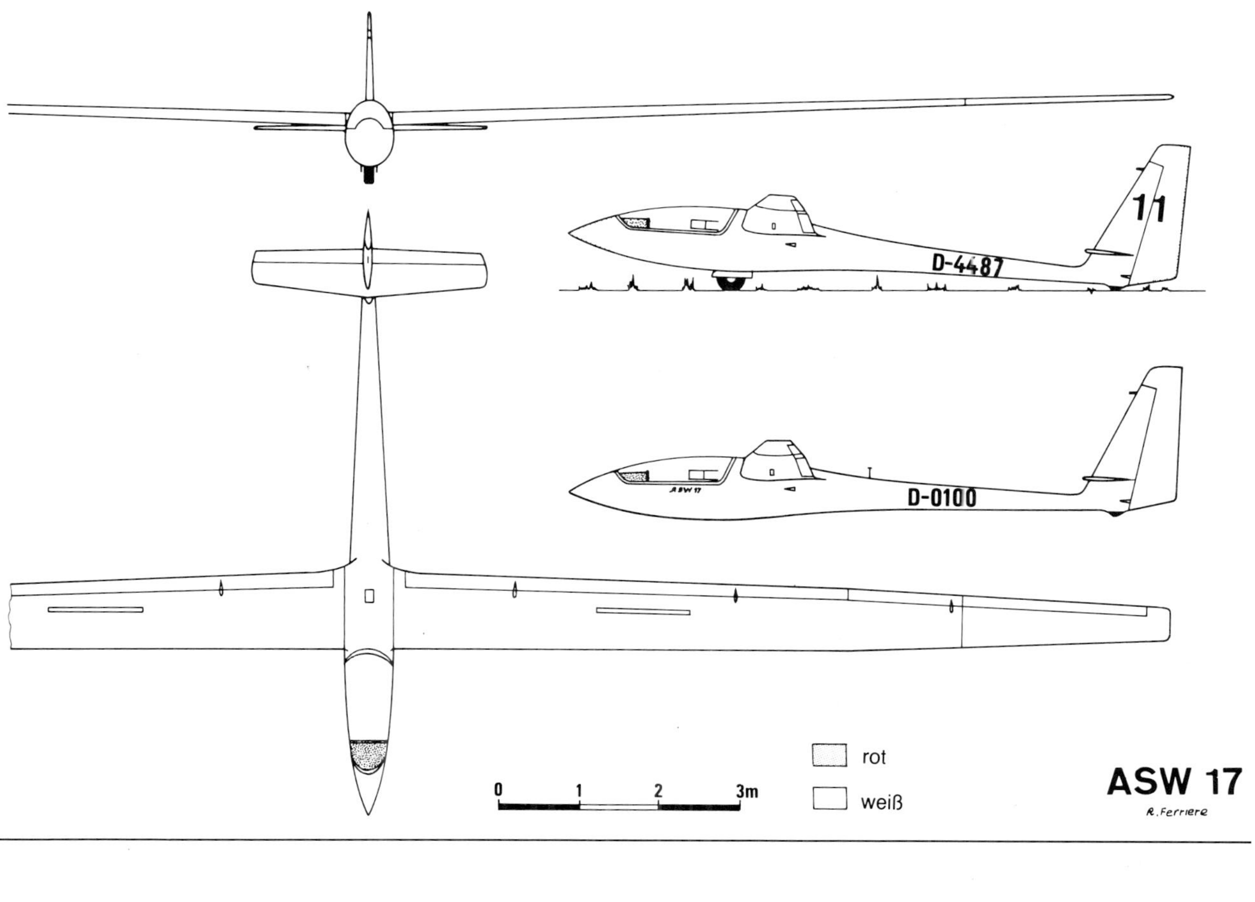

Das Cockpit der ASW 17 weist zwei für die Schleicher-Flugzeuge jener Zeit typischen Merkmale auf: die voll abnehmbare Haube und die im Cockpit linksseitig angeordneten Bedienhebel für Wölbklappen, Bremsklappen und Fahrwerk. (Foto R. Ferrière)

Der Prototyp der ASW 17 während der Erprobung auf der Wasserkuppe. (Foto Schleicher)

einer Konsole angeordneten Bedienelementen für Fahrwerk, Wölb- und Bremsklappen. Die Radbremse wird über einen Griff rechts unten am Steuerknüppel betätigt.

In den Rumpf sind zwei Schleppkupplungen eingebaut, davon eine in Höhe der Pedale. Die andere, kurz vor dem Fahrwerkschacht, ist für Windenstart gedacht. Ausgeklinkt wird über einen einzigen, links unten am Steuerknüppel fest angebrachten Seilzug.

Um jegliche Verwirbelung der Luftströmung am vorderen Rumpfteil zu vermeiden, wurde der Drucksondenanschluß an die Spitze der Seitenflosse gelegt. Die Belüftung des Cockpits erfolgt durch NACA-Einläufe auf jeder Rumpfseite unterhalb der Tragflügelhinterkante.

Die ASW 17 hat ein Kreuzleitwerk. In der Vorderkante des Seitenleitwerks ist die VHF-Antenne untergebracht. Die Seitenleitwerkflosse ist mit dem Rumpf konstruktionsgleich. Die Höhenflosse ist ein GFK-Balsa-Epoxydharz-Sandwich. Seiten- und Höhenruder sind in GFK-Conticell-Schaum-Epoxydharz-Sandwich-Bauweise hergestellt.

Der Tragflügel – mit einer Spannweite von 20 m – weist eine Doppeltrapezform auf und besteht aus vier Teilen. Die beiden Innenflügel wiegen je 115 kg. Die Verbindung untereinander sowie mit dem Rumpf wird durch zwei starke Stahlbolzen hergestellt. Die beiden Außenflügel haben je 2,60 m Spannweite und ein Gewicht von 18 kg. Als Profil wurde das zuvor auch bei der D 36 und ASW 12 verwendete modifizierte Wortmann FX 62-K-131 gewählt.

Die große Besonderheit der ASW 17 liegt in der Konstruktionsweise ihres Tragflügels, der seine Steifheit praktisch einzig und allein durch die Unter- und Oberschalen erhält. Die Schalen sind ein GFK-Balsa-Epoxydharz-Sandwich. Der relativ kurze Kastenholm (3 m pro Flügelhälfte) hat unidirektional gerichtete GFK-Gurte und GF-Schichtstoffstege. Der Holm dient lediglich als Krafteinleitung für die Flügelwurzel und als Verbindungselement für die Flügelhälften. Diese Baukonzeption verschafft eine beträchtliche Gewichtsersparnis und verleiht dem Flügel – trotz der relativ geringen Profildicke – gleichzeitig eine gute Torsionssteifigkeit. Allerdings biegt sich der Tragflügel sehr stark durch, ein typisches Kennzeichen der Konstruktion von Gerd Waibel.

Die gesamte Flügelhinterkante besteht aus Wölbklappen und Querrudern in GF-Schichtstoffbauweise. Die Wölbklappen mit vier Einstellmöglichkeiten (−9°, 0°, +6°, +13°) sind mit den Querrudern 2:1 gekoppelt, wodurch die Steuerung um die Querachse (Nicken) im Langsamflug und die Seitenstabilität verbessert werden. Aufgrund der geringen Profildicke konnten die Wölbklappen- und Querruderbeschläge – wie bei der D 36 und der ASW 12 – nicht im Flügel untergebracht werden. Sie wurden daher mit kleinen Kunststoffkappen auf dem Oberflügel abgedeckt.

Wasserballast kann in zwei Tanks in Flügelmitte im Nasenbereich aufgenommen werden. Entleert werden sie über eine einzige Leitung; die Auslaßöffnung befindet sich hinter dem Fahrwerksschacht. Großflächige Schempp-Hirth-Bremsklappen an Flügelober- und -unterseite erzeugen den nötigen Widerstand. Wie man es von Schleicher gewohnt ist, bestehen die

Als erster Vollkunststoffsegler von Rudolf Kaiser tritt die ASK 21 die Nachfolge der ASK 13 an. (Foto R. Ferrière)

Unten: *Besonderes Merkmal der ASK 21 sind die beiden gegensinnig zu öffnenden Hauben.* (Foto Richard Ferrière)

Unten: *Die ASK-21-Nase in Großaufnahme. Deutlich ist das dreiteilige Fahrwerk zu erkennen. Das Hauptrad ist so angeordnet, daß das Flugzeug auf dem Bugrad zu liegen kommt, wenn die beiden Piloten ins Cockpit steigen. Das Bugrad erleichtert auch die Spurtreue beim Start und gewährt eine sichere Lage, wenn die Tragfähigkeit der Flügel rasch einsetzen sollte. Das Schwanzrad schließlich hält den Kurs des Flugzeugs beim Ausrollen auf der Piste.* (Foto R. Ferrière)

Ganz oben: *ASW 22 beim Start, das Zwillingsfahrwerk ist deutlich zu sehen.* (Foto Jean Feret)

Links: *Das ASW-22-Cockpit weist eine ganze Reihe von hochmodernen Technologien auf: Der Instrumentenpilz klappt mit der Haube nach oben und erleichtert damit den Einstieg und gibt Sicherheit beim Notausstieg. Der kleine Kasten rechts an der Bordwand vor dem Mikrofon enthält die Fernbedienung der Ablaßventile der 4 Wasserballasttanks in den Flügeln. Seine Informationen (Flächenbelastung) werden vom Flugrechner direkt weiterverarbeitet.* (Foto Richard Ferrière)

Daneben: *ASK-23-Prototyp kurz nach dem Erstflug.* (Foto Schleicher)

Oben: *Mit dieser ASW 22B wurde Ingo Renner 1987 Weltmeister. Hier fliegt sie Edgar Kremer bei den deutschen Meisterschaften 1986 in Aalen-Elchingen.* (Foto Peter F. Selinger)

Unten: *Der ASK-23-Prototyp beim Start zu einem Idaflieg-Meßflug.* (Foto Adolf Wilsch)

73
AS
D-3522

Linke Seite: *ASW 22 und AS 22-2, beide mit 24 Metern Spannweite über der Wasserkuppe.* (Foto Peter F. Selinger – Freigabe RP Stuttgart B 31884 vom 29. 10. 1984)

Das Umrüsten der Spannweite von 22 auf 24 m mit Hilfe der Aufsteckflügel dauert nur wenige Minuten. Man sieht, daß das Querruder über die Kante des Aufsteckflügels ragt. (Foto R. Ferrière)

Oben: *Die zweite ASW 22BE vor dem Start zu ihrem Erstflug ebenfalls am 22. 3. 1987 in Ostheim/Rhön.* (Foto Peter F. Selinger)

Eine außergewöhnliche Perspektive, die die Bijave und die ASW 22 vereint und so in Kurzform das Thema dieses Buches verbildlicht. (Foto R. Ferrière)

Oben: *Während des Erstflugs der ASH 25 gesellte sich Walter Binder mit seiner ASH 25MB hinzu – 11. Mai 1986.* (Foto Peter F. Selinger)

Rechte Seite: *Die ASH 25 eröffnet eine ganz neue Dimension des Segelfliegens.* (Foto Peter F. Selinger – Freigabe RP Stgt. B 000/1542)

Unten: *Start der ASH 25MB in die Abendsonne, aus eigener Kraft.* (Foto Peter F. Selinger)

WK

Gerhard Waibel unmittelbar vor dem Start zum Erstflug mit seiner ASW 24 am 14. Dezember 1987. (Foto Martin Heide)

Bremsklappen aus doppelten, Dural-Blechen mit einem auf Federn montierten und den Klappenkasten gut abschließenden Deckel.

Der von Edgar Kremer gesteuerte Prototyp der ASW 17 mit dem Kennzeichen D-0100 führte seinen Erstflug am 17. Juli 1971 auf der Wasserkuppe durch. Die Serienproduktion wurde im Februar 1972 aufgenommen und endete im Frühjahr 1976 mit 52 gebauten Exemplaren. Die Leistungen und der hohe Preis machten die ASW 17 zu einem Flugzeug für Hochleistungswettbewerbs-Segelflieger. Daher wurde sie oftmals nach den Wünschen der Kundschaft gebaut oder umgerüstet. Das beste Beispiel dafür ist die ASW 17X (D-4522), die sich Hans W. Grosse »nach Maß schneidern« ließ. Sie wies folgende Merkmale auf: Rumpf mit Karbonfaserlängslagen, Spannweite auf 19,1 m verkürzt, Flächenbelastung durch Steigerung des maximalen Fluggewichtes um 60 kg auf 44 kg/m² erhöht. Er konnte wahlweise auch mit 21 m fliegen; diese Maschine wurde nach Australien jedoch auf 20 m/19 m umgerüstet. Der Amerikaner Karl Striedieck baute sich ebenfalls eine Sonderversion auf der Grundlage seiner eigenen ASW 17: Er entfernte die Außenflügel, ersetzte sie durch kleine Randbogen und erhielt so ein Flugzeug der Rennklasse, mit dem er 1977 die amerikanischen Nationalmeisterschaften gewann. Als 1981 die ASW 22 für die Weltmeisterschaft in Paderborn noch nicht zur Verfügung stand, modifizierte Richard Butler seine ASW 17S durch Anbringung von zwei jeweils 1,5 m langen Mittelstücken auf eine Spannweite von 23 m.

Die Erfolge der ASW 17 bei nationalen und internationalen Wettbewerben sind zu zahlreich, um alle hier erwähnt zu werden. Als Beispiel sollen jedoch ihre Bestplazierungen bei den Weltmeisterschaften ab 1972 aufgeführt werden:

- 1972, Vrsac (Jugoslawien): Mathias Wiittanen (Finnland), 2. Platz;
- 1974, Waikerie (Australien): Hans W. Grosse (Bundesrepublik Deutschland), 3. Platz;
- 1976, Räyskälä (Finnland): George Lee (Großbritannien), 1. Platz;
- 1978, Châteauroux (Frankreich): George Lee (Großbritannien), 1. Platz.

Gleichzeitig sind mit der ASW 17 eine Reihe von berühmten Segelflugweltrekorden erflogen worden:

- Zielstreckenweltrekord, aufgestellt von Karl Striedieck (USA) mit einem Flug von 1635 km und einem Durchschnitt von 114,5 km/h. Hier wurde zum erstenmal die 1000-Meilen-Strecke überflogen;

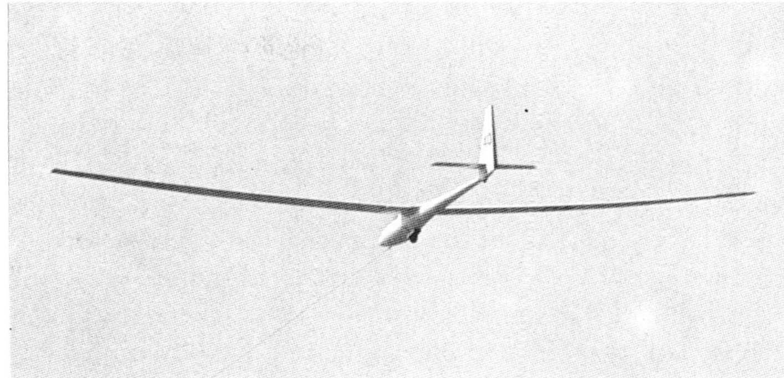

Die ASW 17 im F-Schlepp. An der Flügeloberseite sind die Abdeckklappen der Wölbklappen- und Querruderhebel zu sehen.
(Foto J.-L. Chaffanel)

Drei berühmte ASW-17-Piloten: Karl Striedeck (USA), Hans Werner Grosse (Bundesrepublik), George Lee (Großbritannien).

– Geschwindigkeitsweltrekord auf einem Dreieck von mehr als 1000 km, aufgestellt am 3. Januar 1979 in Australien durch Hans W. Grosse auf einer Strecke von 1161 km und mit einem Durchschnitt von 145 km/h.

Die Serienproduktion der ASW 17 wurde 1976 zu einer Zeit eingestellt, als sich den Segelfliegern die Frage nach der Zukunft der offenen Klasse in Anbetracht des rapide ansteigenden Interesses für die Rennklasse stellte. Durch die Entscheidung, bei der Weltmeisterschaft von 1981 in Paderborn den Wettbewerb auch in der offenen Klasse auszutragen, sollte Schleicher jedoch angeregt werden, ein ASW 22 benanntes Folgemuster der ASW 17 zu konzipieren und zu bauen.

Polare der ASW17

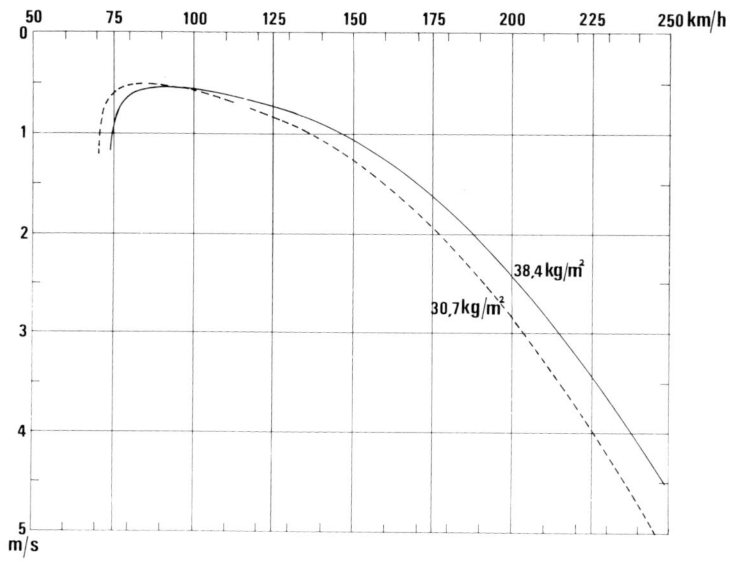

Technische Daten: **ASW 17**		
Tragflügel:		
Spannweite		20,0 m
Fläche		14,84 m²
Streckung		27,0
V-Stellung		1,7 Grad
Pfeilung		0 Grad
Schränkung		0 Grad
Profil innen		FX 62-K-131 mod.
Dicke		14,7 %
Profil Mitte		FX 62-K-131 mod.
Dicke		14,7 %
Profil außen Mischung aus FX 62-K-131 mod. und FX 60-126		
Dicke		12,5 %
Spannweite Wölbklappen		2×5,59 m
Höhenleitwerk:		
Spannweite		2,9 m
Fläche		1,43 m²
Profil		NACA 63A010
Dicke		9 %
Seitenleitwerk:		
Höhe		1,70 m
Fläche		1,436 m²
Streckung (geom.)		2,01
Profil Mischung aus NACA 56A010 und 64A010 mod.		
Dicke		10 %
Rumpf:		
Länge		7,55 m
Cockpit-Breite		0,64 m
Höhe		0,80 m
Fahrgestell/Rad-Abmessung		5.00-5
Massen:		
leer (ausgerüstet)		ca. 405 kg
Cockpit-Zuladung		115 kg
höchste nichttragende Masse		245 kg
Wasserballast		100 kg
höchste zulässige Flugmasse		610 kg
Flächenbelastung:	30,7	38,4 kg/m²
Mindestgeschwindigkeit:	68	km/h
Geringstes Sinken	0,50	m/s
bei Flächenbelastung	32,0	kg/m²
und Fluggeschwindigkeit	75	km/h
Beste Gleitzahl		48,5
bei Flächenbelastung	30,7	38,4 kg/m²
und Fluggeschwindigkeit	100	110 km/h
Höchste zulässige Fluggeschwindigkeit		250 km/h

ASK 18

Als Schleicher sich 1972 dazu entschloß, die Produktion der K 6E einzustellen, war dieses Muster aufgrund seiner Leistungen durch die neue Generation der Kunststoffsegelflugzeuge der Standardklasse bereits auf die hinteren Plätze verwiesen. Die K 6E war außerdem benachteiligt durch ihren zu hohen Herstellerpreis, der auf den Holzschalenrumpf zurückzuführen war. Es zeigte sich darüber hinaus, daß – ganz im Gegensatz zu den Gedanken, die die OSTIV zur ursprünglichen Einführung der Standardklasse veranlaßt hatten – die Kunststoffflugzeuge der neuen Generation technisch immer ausgereifter (Einziehfahrwerk, Wasserballast) und somit auch kostspieliger wurden. Segelflugsportvereine, die diese Muster unter großen finanziellen Anstrengungen erworben hatten, vertrauten sie nur einer kleinen Gruppe sehr erfahrener Piloten an und versperrten der Masse auf diese Art und Weise den Einstieg in den Wettbewerbsflug. Um diesem Mißstand beizukommen, entschloß man sich in der Bundesrepublik Deutschland zur Einführung einer neuen Segelflugklasse, deren einziges Kriterium der Verkaufspreis war, der die Summe von 22 500 DM nicht übersteigen sollte. Ziel war es, dadurch auch finanziell weniger gut gestellten Piloten und Vereinen die Teilnahme an Wettbewerben zu ermöglichen, deren Ausgang eher vom Können des Piloten als von den Leistungen seines Flugzeuges abhing.

Schleichers Modellpalette hatte jedoch kein dem neuen Reglement entsprechendes Muster aufzuweisen. Die Produktion der K 6E war eingestellt, und die Leistung der K 8B waren zu dürftig. Also ging Kaiser an den Entwurf eines Mischlings auf der Grundlage der Ka 6 und K 8, der die Bezeichnung ASK 18 erhielt.

Der Rumpf ist eine Stahlrohrkonstruktion, deren Vorderteil eine GFK-Schale erhielt. Die mit Dacron bespannten Seiten sind mit Holzleisten versehen; sie verleihen dem Rumpfquerschnitt eine gerundetere Form. Das Cockpit hat die Sitzschale der K 6E. Die große Plexiglashaube wird nach rechts geöffnet. Konzeption und Anordnung der Steuerelemente erinnern an die Ka 6; allerdings befindet sich die Trimmung des Höhenruders im Cockpit rechtsseitig. Betätigt wird sie durch Einrasten

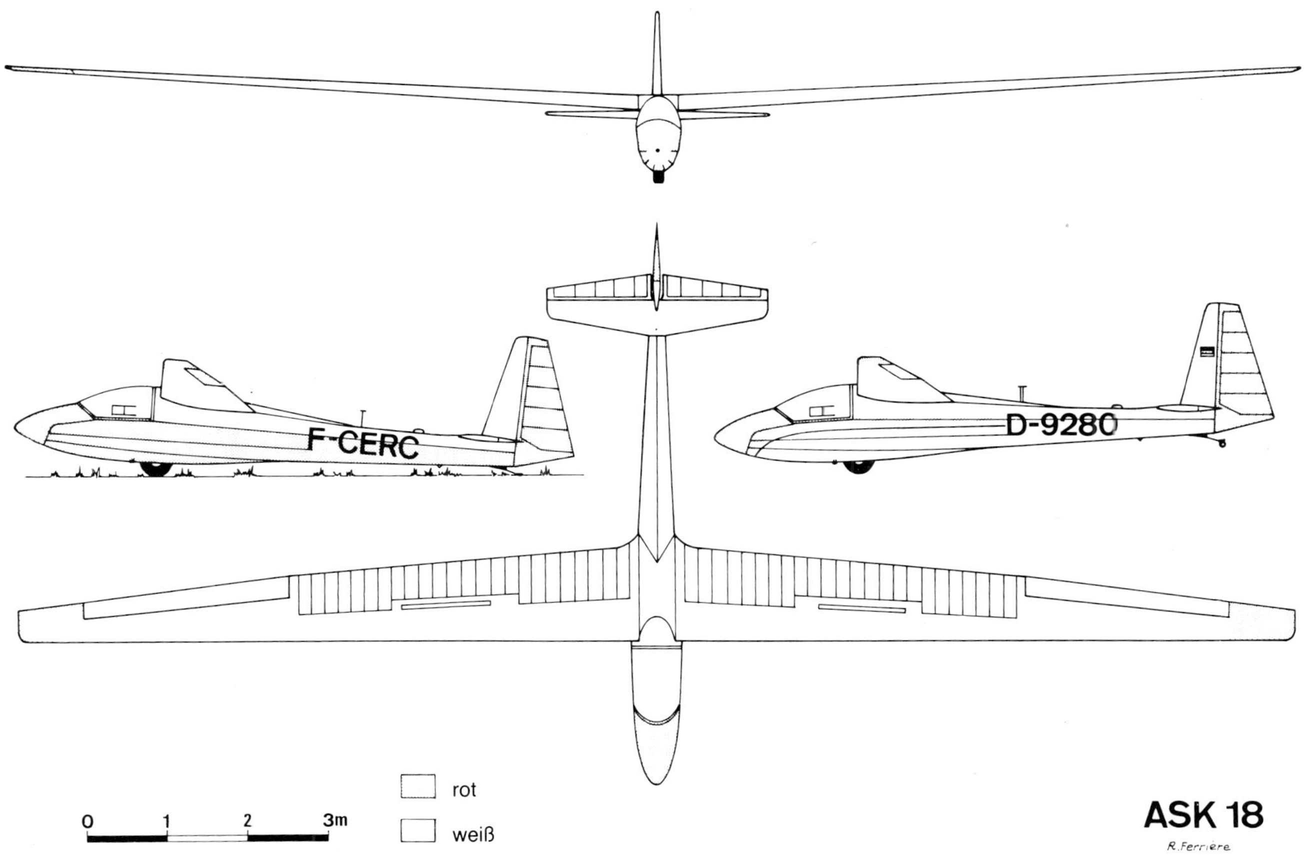

Der Prototyp der ASK 18 im F-Schlepp. Der Rumpf ist deutlich niedriger als bei der K 8. (Foto Schleicher)

Die aus der Ka 6E hervorgegangene ASK 18 soll in den Segelflugsportvereinen die K 8B ersetzen. (Foto R. Ferrière)

eines Griffes in einer Führungsleiste. Das Fahrwerk wird gebildet aus einem fast eingebauten 380 mm großen Rad, das vor dem Schwerpunkt liegt und somit eine Kufe erübrigt. Ein Blattfedersporn, der zuweilen auch mit einem kleinen, drehbaren Rad versehen ist, schützt das Rumpfende. Die für Winde und F-Schlepp gleichermaßen gedachte Schleppkupplung liegt unter dem Rumpf genau vor dem Laufrad.
Da die Klubklasse keine Beschränkungen in den Abmessungen auferlegt, konnte die wegen der facettenartigen Profilierung des Rumpfes verringerte Gleitzahl durch Erhöhung der Spannweite auf 16 m ausgeglichen werden. Bis auf diesen Unterschied stimmt der Tragflügel der ASK 18 mit dem der K 6E überein.
Die Leitwerke erinnern an die K 8B. Festzustellen ist jedoch der Wegfall des bei den Mustern K 10 und K 6E eingeführten Pendelruders zugunsten eines gedämpften Höhenleitwerks mit Flosse und beweglichem, nicht aerodynamisch getrimmten Ruder. Diese Änderung erklärt sich aus der zu großen Empfindlichkeit der nicht mit Trimmklappen versehenen Pendelruder.
Der Prototyp der ASK 18 mit dem Kennzeichen D-9280 flog zum erstenmal im Dezember 1974. Die Serienproduktion erfolgte von 1975 bis 1977 und belief sich auf 40 Exemplare, von denen einige in einer B-Version (15 m Spannweite) nach Finnland exportiert wurden. In ihren Flugeigenschaften ähnelt die ASK 18 der Ka 6CR vor allem in der homogenen und sanften Steuerung sowie den Langsamflugeigenschaften.

Das Cockpit der ASK 18. (Foto R. Ferrière)

Polare der ASK 18

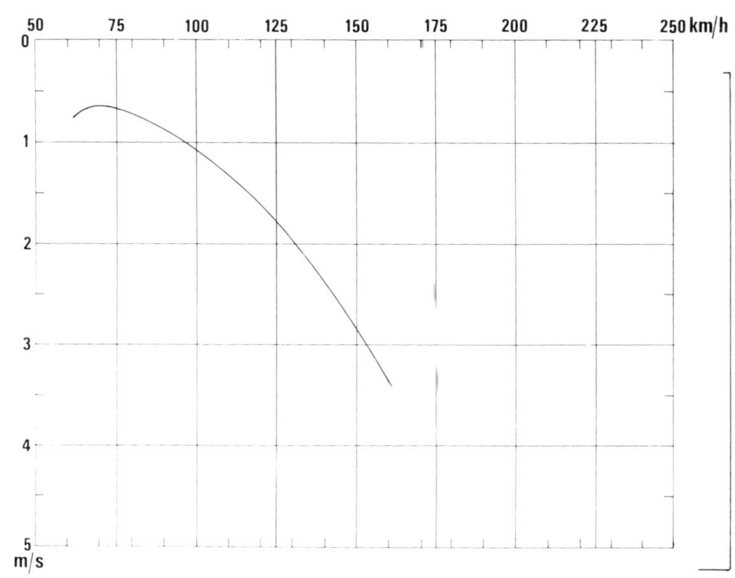

Technische Daten: **ASK 18**		
Tragflügel:		
Spannweite	16,0	m
Fläche	12,99	m^2
Streckung	19,7	
Pfeilung	0	Grad
Schränkung	2	Grad
Profil innen NACA 63_3-618 mit Wortmann-Nase FX 40		
Dicke	18	%
Profil Mitte NACA 63_3-614(15) mit Wortmann-Nase		
Dicke	ca. 14	%
Profil außen Joukowsky mit Wortmann-Nase		
Dicke	12	%
Höhenleitwerk:		
Spannweite	2,8	m
Fläche	1,68	m^2
Profil	Kaiser symmetrisch	
Dicke	13	%
Seitenleitwerk:		
Höhe	1,60	m
Fläche	1,22	m^2
Profil	Kaiser symmetrisch	
Rumpf:		
Länge	7,0	m
Cockpit-Breite	0,6	m
Höhe	0,9	m
Fahrgestell/Rad-Abmessung	5.00-5	
Massen:		
leer (ausgerüstet)	ca. 215	kg
Cockpit-Zuladung	110	kg
höchste nichttragende Masse	210	kg
Wasserballast	–	kg
höchste zulässige Flugmasse	335	kg
Flächenbelastung:	21,5–25,8	kg/m^2
Mindestgeschwindigkeit:	60	km/h
Geringstes Sinken	0,6	m/s
bei Flächenbelastung	23	kg/m^2
und Fluggeschwindigkeit	65	km/h
Beste Gleitzahl	34	
bei Flächenbelastung	23	kg/m^2
und Fluggeschwindigkeit	75	km/h
Höchste zulässige Fluggeschwindigkeit	200	km/h

ASW 19

1976 war die ASW 15B nicht mehr konkurrenzfähig – sowohl wirtschaftlich als auch sportlich. Der ständig verbesserte Standard Cirrus beherrschte weiterhin die Klasse. Es war also notwendig, daß Schleicher ein neues Flugzeug in sein Programm aufnahm, das seinen Konkurrenten die Stirn bieten konnte. Auf der Grundlage des außergewöhnlich guten Tragflügels der ASW 15 machte sich Waibel an den Entwurf eines neuen Rumpfes mit noch modernerer Aerodynamik.
Der aus einer doppelwandigen GFK-Schale bestehende Rumpf weist eine sehr harmonische Linie auf. Hauptmerkmale sind die stark zugespitzte Nase. Die Plexiglashaube öffnet sich zur Rumpfnase hin, so daß der Pilot einen sehr leichten Einstieg in das Cockpit hat. Die Anordnung der Bedienelemente ist klassisch. Allerdings findet sich auch hier Schleichers Eigenart wieder, die Bedienelemente für Fahrwerk und Bremsklappen linksseitig anzubringen. Wie bereits bei der ASW 17 wird das Cockpit durch je einen NACA-Einlauf pro Rumpfseite belüftet. Das Fahrwerk besteht aus einem 5.00-5-Rad an einer Einziehgabel. Die Trommelbremse wird mittels Seilzug über einen Handgriff am Knüppel betätigt. Die F-Schleppkupplung wird von den Fahrwerksklappen abgedeckt.
Erstmals seit der ASW 12 wird wieder das T-Leitwerk verwendet. Wie bei vielen modernen Segelflugzeugen bedeutet dies in der Bauweise die Rückkehr zu einem geteilten Höhenleitwerk (mit fester Flosse und beweglichem Ruder), das dem zu empfindlichen Pendelruder vorzuziehen ist.
Aerodynamik und Geometrie des Tragflügels sind exakt von der ASW 15B übernommen. Unterschiedlich sind lediglich die Anordnung als Mitteldecker, die weniger tiefen Querruder sowie die nur nach oben ausfahrenden, großflächigen Bremsklappen. Die in der Flügelnase eingebauten Tanks fassen insgesamt 100 l. Entleert werden sie über eine einzige, im Fahrwerksschacht befindliche Auslaßöffnung.
Der im Herbst 1975 fertiggestellte Prototyp mit dem Kennzeichen D-1909 flog zum erstenmal am 23. November 1975 in Langenlonsheim. Bereits während der Flugerprobung zeigte sich, daß die Leistungen des neuen Musters wesentlich über

In der ersten Baureihe der ASW 19 wird ein leicht modifizierter ASW-15-Tragflügel auf einen vollkommen neu entwickelten Rumpf gesetzt. (Foto A. Dupland)

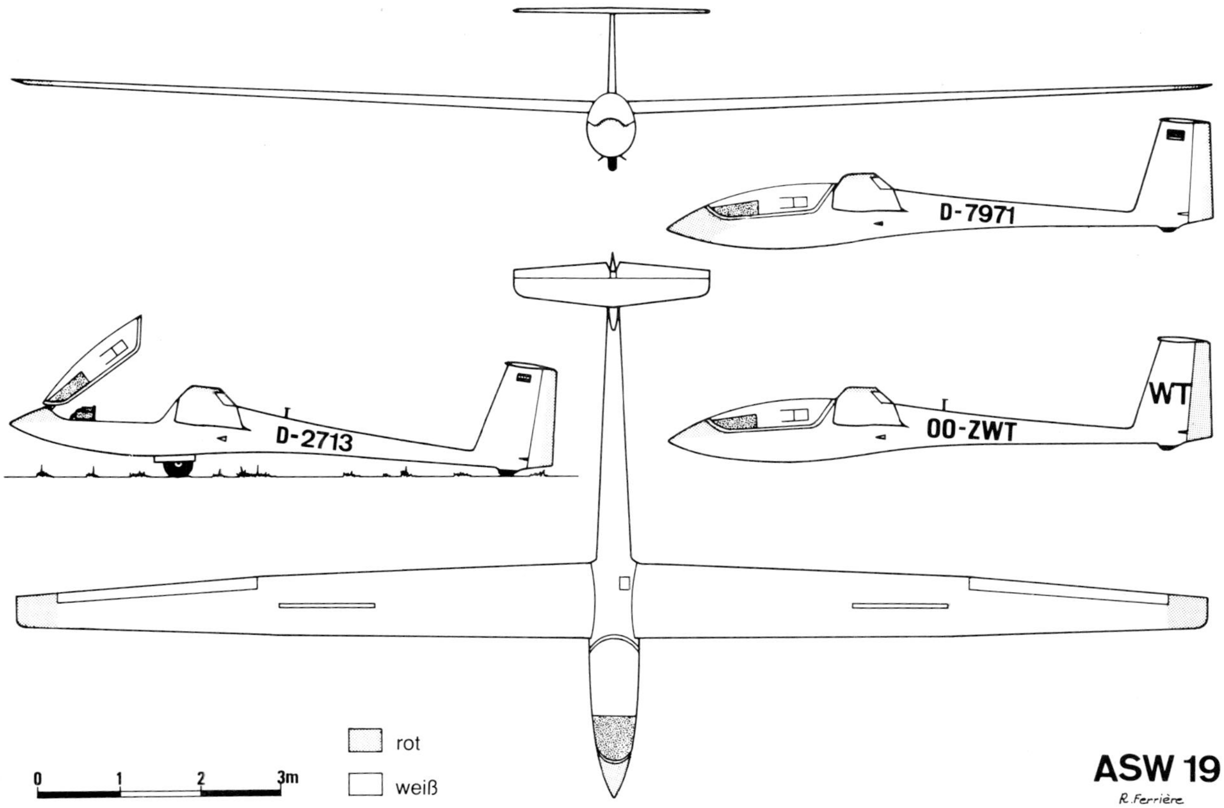

denen der ASW 15 lagen. Aber nicht nur die reine Leistung – mit einer besten Gleitzahl von 38,5 – war überragend, sondern ebenso die Steuereigenschaften und das Flugverhalten. In Anbetracht dieser mehr als guten Erprobungsresultate ließ Schleicher ab 1976 die Serienproduktion anlaufen. Der kommerzielle Erfolg war von Anfang an so groß, daß in den ersten drei Produktionsjahren 164 Exemplare gebaut wurden. Anläßlich der Weltmeisterschaft von 1978 in Châteauroux brachte Schleicher eine B-Version auf den Markt, die sich durch eine erhebliche Gewichtsreduzierung der Flugzeugzelle und eine Anhebung der zulässigen Flächenbelastung auszeichnete. In Châteauroux flogen sechs der insgesamt 23 Konkurrenten in der Standardklasse Muster der Baureihe ASW 19 und ASW 19B, unter ihnen der 23jährige Niederländer Baer Selen, der sieben von zehn Wettbewerbsflügen für sich entscheiden konnte und somit Weltmeister wurde. Die ASW 19 hatte eine glänzende Wettbewerbskarriere; allerdings muß auch gesagt werden, daß sie gegen Muster älterer Konzeption antrat. Ihre vorherrschende Rolle wurde erst durch das Erscheinen der neuen LS 4 bei der Weltmeisterschaft von 1981 in Paderborn in Frage gestellt. Dort kamen sieben ASW 19 zum Einsatz, aber widrige meteorologische Bedingungen benachteiligten die eher für Schönwetter geeigneten Flugzeuge. Baer Selen nahm mit einer unter seiner Mithilfe eigens für ihn von der Technischen Hochschule Delft/Niederlande präparierten Maschine teil. Dieses ASW 19X bezeichnete Muster zeichnete sich durch eine Grenzschichtausblasevorrichtung aus, deren wiederentdecktes Prinzip durch Arbeiten an der Delfter Hochschule und bei der DFVLR in Braunschweig (Horstmann-Quast) vervollkommnet wurde.

Dieses Verfahren war im April 1980 an der SB 12 erprobt worden, der Verbindung einer Hornet mit einem neuen Tragflügelprofil, bei der ein über NACA-Einläufe an den Rumpfseiten angesorgener Luftstrom zu Auslaßbohrungen in der Flügelober- und -unterseite geführt wird. Da dadurch die Luftströmung genau definiert (ohne Ablöseblasen) von der laminaren in die turbulente Grenzschicht umschlägt, ergibt sich eine beträchtliche Verringerung des Widerstands. Diese Technik der Strömungsbeeinflussung wurde auch für die ASW 19X übernommen. Der Flügel erhielt ein dickeres Profil und Turbulenzgeneratoren, die nur noch in die Grenzschicht der Flügelunterseite ausblasen. Die Blasluft wird bei der ASW 19X über Pitotrohre an der Flügelunterseite gewonnen und durchströmt von 0,5 mm Bohrungen in der Flügelschale vor dem Querruderspalt.

Durch diese Modifikation erhöhte sich die Rüstmasse der

Eine ASW 19 über der Schwäbischen Alb. (Foto Schleicher)

ASW 19X um 20 kg, was sicherlich auch Selens Abschneiden erklärt, der bei insgesamt 27 Teilnehmern der von sehr schwachen Wetterlagen geprägten Paderborner Weltmeisterschaft lediglich auf dem 25. Platz landete.
Auch an anderer Stelle wurde die ASW 19 modifiziert. Gerd Stich nutzte die Nähe zu seinen DFVLR-Kollegen Karl-Heinz Horstmann und Armin Quast in Braunschweig zu einer Tragflügelprofiländerung an der Nase. Durch Herunterziehen des Staupunkts erhöhte er die Wölbung und damit den Auftriebsbeiwert. Er konnte somit langsamer kreisen, ohne im Schnellflug allzuviel zu verlieren. Die Laminardelle ging dann zwar nicht mehr so weit nach unten (jetzt zu etwas niedereren Schnellfluggeschwindigkeiten), aber für europäische Normalwetterlagen reichte es immer noch gut. Bei den deutschen Meisterschaften 1980 erreichte er mit seiner ASW 19BS (D-4141) einen ausgezeichneten zweiten Platz. Schon im Frühjahr 1978 hatte Gerd Stich mit einem Umbau der Bremsklappe Furore gemacht: Er vergrößerte sie durch eine zweite Störfläche zu einer doppelstöckigen Ausführung. Damit erhöhte sich die Sinkgeschwindigkeit um 25–30%. Diese Verbesserung der Landeeigenschaften wurde ab Ende 1979 von Schleicher in die Serie übernommen und auch als Nachrüstsatz angeboten.

Die Akaflieg Braunschweig untersuchte an einer ASW 19 (D-4525) die Wirkung von Winglets, senkrecht nach oben stehende Flügelchen (siehe auch ASW 20FP), an einem Standardklasse-Segelflugzeug. Die Vergleichsflugmessungen vom 9. August 1983 bestätigten die erwarteten Vorteile von einigen cm/s Sinken im Langsamflug. Bei 110 km/h sind beide Flugzeuge (mit und ohne) gleich; darüber hinaus wird die Maschine mit normalen Randbögen schnell besser als die »beflügelte« Version. Es wird also vom Wetter abhängen, ob sich ein Vorteil herausfliegen läßt, d. h. nur wenn es ums Obenbleiben geht, haben die Winglets einen Vorteil. Deshalb werden in Deutschland auch keine angeboten.
Die ASW 19 wurde ebenfalls bekannt durch zwei Damenweltrekorde im freien Streckenflug, bei denen in dieser Kategorie erstmals die 1000-km-Marke überwunden wurde. Am 11. März 1980 verbesserte Doris Grove, USA, mit einem 9.30-Stunden-Flug entlang der Alleghanys ihren alten Rekord von 731 km um 279 km. Dieser Rekord wurde ihr jedoch schon am 5. April 1980 von Cornelia Yoder abgerungen, die – ebenfalls auf ASW 19 – während eines Zielstreckenfluges im gleichen geographischen Raum 1025 km mit einem Durchschnitt von 113 km/h zurücklegte.
Trotz gewisser Erfolge kommt die ASW 19 jedoch im sportlichen Bereich gegen die leistungsfähigere und einer neuen Generation entstammende LS 4 nicht mehr an.

Polare der ASW 19 B

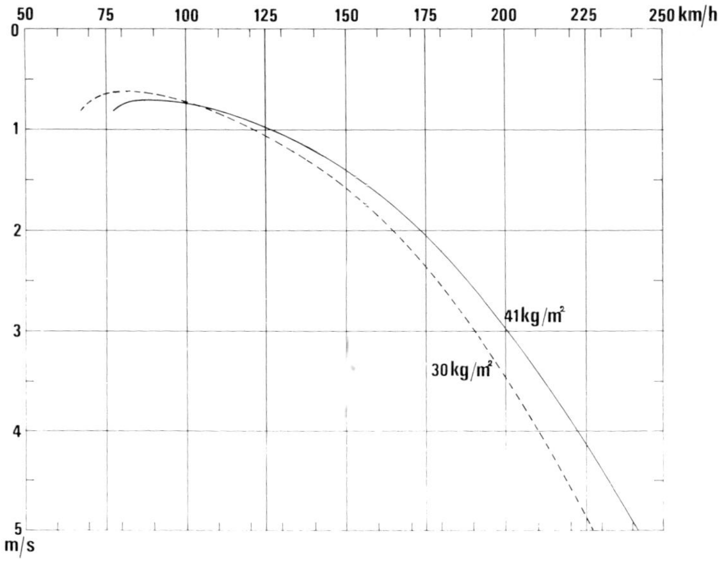

Flächenbelastung:	30,0	37,3	kg/m²
Mindestgeschwindigkeit:	70		km/h
Geringstes Sinken	0,65		m/s
bei Flächenbelastung	30		kg/m²
und Fluggeschwindigkeit	73		km/h
Beste Gleitzahl		38,0	
bei Flächenbelastung		37,3	kg/m²
und Fluggeschwindigkeit		105	km/h
Höchste zulässige Fluggeschwindigkeit		250	km/h

Technische Daten: **ASW 19**

Tragflügel:		
Spannweite	15,0	m
Fläche	11,0	m²
Streckung	20,45	
Zuspitzung	2,36	
V-Stellung	2	Grad
Pfeilung	0	Grad
Schränkung	2	Grad
Profil innen	FX 61-163	
Dicke	16,3	%
Profil Mitte	FX 61-163	
Dicke	16,3	%
Profil außen	FX 60-126	
Dicke	12,6	%
Höhenleitwerk:		
Spannweite	2,50	m
Fläche	1,10	m²
Profil	FX 71-L-150/30	
Dicke	12	%
Seitenleitwerk:		
Höhe	1,25	m
Fläche	1,00	m²
Streckung (geom.)	1,21	
Profil	FX 71-L-150/30	
Dicke	13,5	%
Rumpf:		
Länge	6,82	m
Cockpit-Breite	0,64	m
Höhe	0,83	m
Fahrgestell/Rad-Abmessung	5.00-5	
Massen:		
leer (ausgerüstet)	240	kg
Cockpit-Zuladung	115	kg
höchste nichttragende Masse	225	kg
Wasserballast	80	kg
höchste zulässige Flugmasse	408	kg

Technische Daten: **ASW 19B**

Tragflügel:			
Spannweite		15,0	m
Fläche		11,0	m²
Streckung		20,45	
Zuspitzung		2,36	
V-Stellung (Holmoberkante)		2,33	Grad
Pfeilung		0	Grad
Schränkung		2	Grad
Profil innen		FX 61-163	
Dicke		16,3	%
Profil Mitte		FX 61-163	
Dicke		16,3	%
Profil außen		FX 60-126	
Dicke		12,6	%
Höhenleitwerk:			
Spannweite		2,50	m
Fläche		1,10	m²
Profil		FX 71-L-150/30	
Dicke		12,0	%
Seitenleitwerk:			
Höhe		1,10	m
Fläche		1,00	m²
Streckung (geom.)		1,21	
Profil		FX 71-L-150/30	
Dicke		13,50	%
Rumpf:			
Länge		6,82	m
Cockpit-Breite		0,64	m
Höhe		0,82	m
Fahrgestell/Rad-Abmessung		5.00-5	
Massen:			
leer (ausgerüstet)		ca. 245	kg
Cockpit-Zuladung		115	kg
höchste nichttragende Masse		230	kg
Wasserballast		100	kg
höchste zulässige Flugmasse		454	kg
Flächenbelastung:	30,0	41,3	kg/m²
Mindestgeschwindigkeit:	67		km/h
Geringstes Sinken	0,62	0,73	m/s
bei Flächenbelastung	31,3	41,3	kg/m²
und Fluggeschwindigkeit	72	90	km/h
Beste Gleitzahl	38,5	38,5	
bei Flächenbelastung	31,3	41,3	kg/m²
und Fluggeschwindigkeit	95	112	km/h
Höchste zulässige Fluggeschwindigkeit		255	km/h

ASW 20

Als die FAI sich zur Einführung einer neuen Klasse von Segelflugzeugen mit 15 m Spannweite und Wölbklappen entschloß, beeilten sich die großen Konstrukteure, neue Tragflügel zu entwerfen, die – auf bereits existierende Zellen montiert – die erste Flugzeuggeneration der Rennklasse bildeten (LS 3, Mosquito, Speed Astir I, DG 200 . . .). Da Waibel die besonders gute Aerodynamik des ASW 19-Rumpfes bei dem neu zu konzipierenden Muster zugrundelegte, konnte er sich voll auf den Entwurf des Tragflügels konzentrieren, indem er die bei den Wölbklappenflügeln der ASW 12 und ASW 17 gemachten Erfahrungen voll berücksichtigte.
Der Rumpf der ASW 20 ist in Form und Anordnung genau von der ASW 19 übernommen. Unterschiedlich ist jedoch, daß im Rumpf ein Steuermechanismus für die überlagerten Wölbklappen und Querruder eingebaut ist. Dieser Mechanismus (Mischer genannt) ist auf dem hinteren Z-Spant befestigt, der auch das hintere Querkraftrohr umschließt. Durch den Steuermechanismus sollen die jeweiligen Anstellwinkel von Wölbklappen und Querruder miteinander gekoppelt werden.
Der Tragflügel der ASW 20 ist im Grundriß ähnlich dem der ASW 19. Die Flügelfläche wurde jedoch um 0,5 m^2 verringert, die Streckung dabei um 1 vergrößert. Der größte Unterschied liegt aber in der Verwendung der modifizierten Wortmann-Profile FX 63-K-131 an der Wurzel und FX 60-126 an der Spitze. Diese Profilgeneration ist nicht neu, denn sie wurde bereits bei der D 36, der ASW 12 und der ASW 17 eingesetzt. Der Flügel besteht aus zwei GFK-Sandwichschalen von 10 mm Dicke. Sie sind mit einem Holm verklebt, dessen GFK-Roving-Gurte durch epoxydharzgetränkte GFK-Stege verbunden sind. Der Holm ist bis knapp hinter die Wurzelrippen als Kastenholm ausgelegt und geht dann in einen I-Holm über. Diese Bauweise verleiht dem Tragflügel ein großes Durchbiegevermögen.
Die querrudergekoppelten Wölbklappen mit fünf Einstellwinkeln (−11°, −6°, 0°, +9°, +55°) nehmen 3/5 der Flügelhinterkante ein. Wegen der relativ geringen Profildicke treten die Wölbklappen- und Querruderbeschläge an der Flügeloberseite

ASW 20F mit 250 km/h in 3 m über Grund: Die Geschwindigkeit verharrt in sich. (Foto R. Ferrière)

Diese Aufnahme einer ASW 20 zeigt sehr deutlich die von Gerhard Waibel entwickelte Klappendifferenzierung zu steilen und trotzdem langsamen Landungen. (Foto Peter F. Selinger)

hervor. Die Gelenke der beweglichen Flügelteile sind an der Unterschale angesetzt und bestehen aus acht Scharnieren für die Wölbklappen und sechs für die Querruder. Die Schempp-Hirth-Bremsklappen fahren nur nach oben aus. Sie bestehen aus Duralblechen mit auf Federn montierten Abdeckklappen. Im Landeanflug läßt sich die ASW 20 am leichtesten von allen anderen Typen der FAI-15 m-Klasse unterscheiden. So steile und langsame Anflüge läßt nur die ASW 20 zu: Die Wölbklappe auf L = +45 Grad und die Bremsklappen oben voll ausgefahren »sticht« die ASW 20 mit etwa 30 Grad Längsneigung langsam auf den Boden zu. Der extreme Schränkungssprung am Übergang von Wölbklappenteil auf Querruderteil erhöht den induzierten Widerstand sehr stark, was zusätzlich zum steilen Gleitwinkel beiträgt. Von vorne ist das »Nach-unten-gehen« der Außenflügel durch den Auftriebseinbruch im Querruderbereich auch bei 15 m Spannweite deutlich zu sehen.

Den Prototyp der ASW 20 mit dem Kennzeichen D-8020 steuerte Edgar Kremer am 27. Januar 1977 in Schweinfurt beim Erstflug. Die sehr außergewöhnlichen Leistungen dieses Musters riefen bei der Kundschaft ein so großes Interesse hervor, daß Ende 1977 schon 42 Exemplare verkauft waren. Um die ständig wachsende Nachfrage befriedigen zu können, suchte Schleicher nach einem Partner, der die ASW 20 in Lizenz bauen sollte. So erhielt Centrair, seit 1966 Frankreich-Importeur der Schleicher-Flugzeug, die Erlaubnis zum Bau von 100 Maschinen ASW 20F (F für Frankreich).

Diese Version war für den französischen Markt, aber auch für den Export vorgesehen – allerdings mit Ausnahme des bundesdeutschen, des US-amerikanischen und des kanadischen Marktes, die Schleicher für sich reservierte. Am 20. Juli verließ die erste ASW 20F die Produktionsstätte.

Ihr sportliches Debüt hatte die ASW 20 auf der Weltmeisterschaft in Châteauroux, wo auch die Rennklasse zum erstenmal vertreten war. Von 32 Konkurrenten flogen sechs auf einer ASW 20. Die Ergebnisse waren höchst erstaunlich für ein erst seit 18 Monaten fliegendes Muster, denn die sechs ASW 20-Piloten kamen unter die ersten elf Plätze. So belegte Striedieck (USA) den zweiten, Ax (Schweden) den dritten und Widmer (Brasilien) den vierten Platz.

Anfang 1979 entwickelte Waibel eine durch Aufsteckflügel auf 16,55 m Spannweite vergrößerte ASW 20-Version. Erprobt wurde diese neue Flügelkonfiguration an einer ASW 20 mit dem Wettbewerbskennzeichen XV und der Zulassung D-1110.

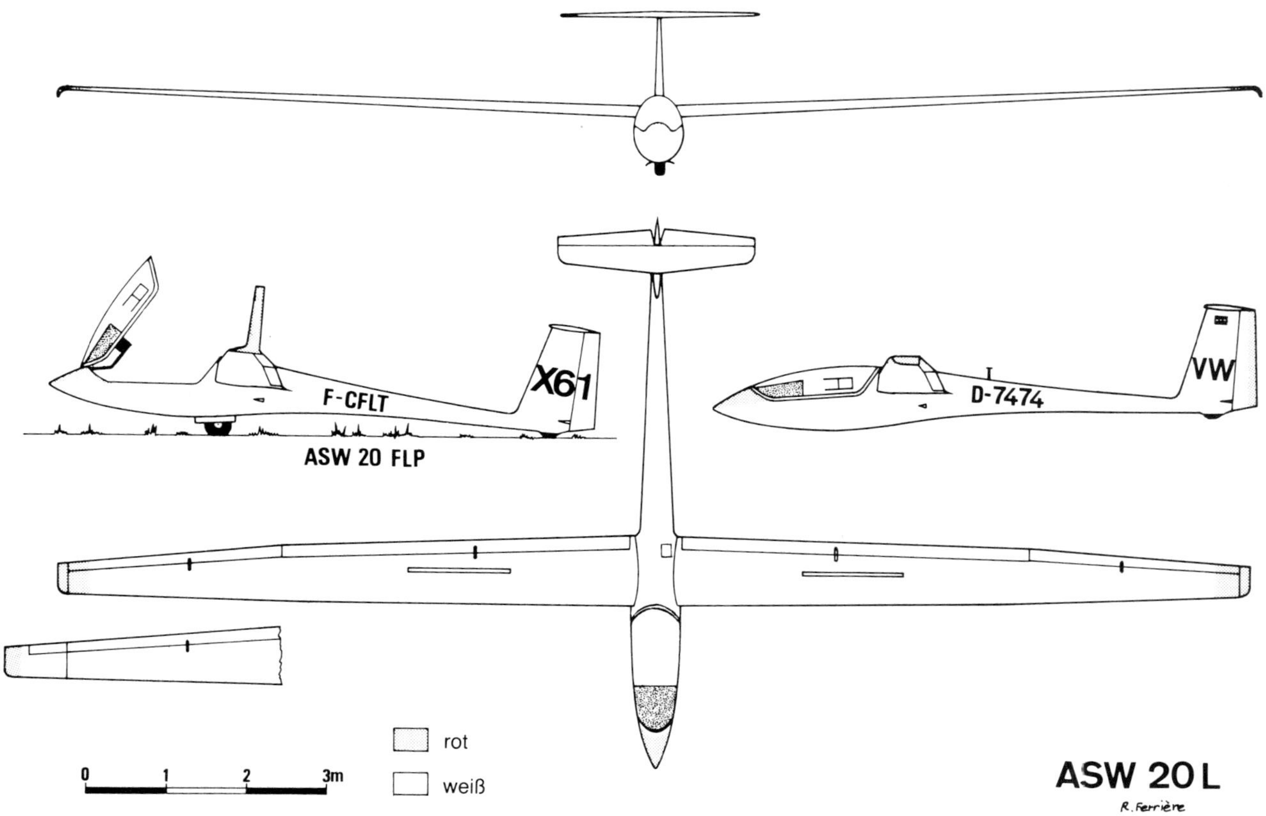

Das nur kurz ASW XV bezeichnete Flugzeug wurde schließlich in ASW 20L umgetauft. Die Version erfüllte somit nicht nur die Normen der Rennklasse, sondern konnte – dank der abnehmbaren Ansteckflügel – sofort in eine Maschine der offenen Klasse umgerüstet waren, deren Leistungen und Steuereigenschaften sich besonders für den Gebirgsflug eigneten und auch dort geschätzt werden. Aufgrund des großen Erfolges, den diese Version bei der Kundschaft fand, entschloß sich Schleicher, diese Version nicht nur als ASW 20L in Poppenhausen, sondern auch als ASW 20FL bei Centrair in Le Blanc zu bauen.

An der Version ASW 20FL griff die Forschungsabteilung der Centrair die von der Akaflieg Darmstadt an der D 37 unternommenen Versuche mit der Verwendung von »winglets« wieder auf. Die »winglets« wurden auch von Richard Withcomb bei den Arbeiten der NASA zum »Lifting Body«-Projekt, einer Vorstufe des Raumfährenprojektes, untersucht. Bei der ASW 20 sind die »winglets« 80 cm hohe, vertikale Flächen, die anstelle der Aufsteckflügel montiert werden. Die erwünschte aerodynamische Folge ist eine effektiv vergrößerte Streckung und damit eine relative Verringerung der Randwirbel. Die zusammen mit Aérospatiale durchgeführte Erprobung wurde an einer ASW 20FL mit dem Kennzeichen F-CFLT vorgenommen. Die neue Version erhielt die Bezeichnung ASW 20FLP+). Mehrere Versuche bei der französischen Flugerprobungsstelle ergaben einen Gleitzahlgewinn von 2,9 im Geschwindigkeitsbereich zwischen 105 und 160 km/h.

Erwähnenswert ist ebenfalls, daß die Akaflieg Braunschweig für den Bau der SB 11 mit variabler Flügelfläche einen modifizierten Rumpf der ASW 20 verwendete. Mit diesem neuen Flugzeug sicherte sich Helmut Reichmann bei der Weltmeisterschaft von Châteauroux den Sieg in der Rennklasse. Ein ASW 20-Rumpf findet sich ebenso bei der neuen Centrair 101 Pégase, deren Flügelprofil in Zusammenarbeit mit dem französischen Amt für Luft- und Weltraumfahrt entwickelt wurde. Auch der Holm der ASW 20 wurde von Centrair für die Pégase übernommen.

Die ASW 20 ist ein Beweis für die kreative Fortentwicklung bei Schleicher und seinen Konstrukteuren. Durch die Vereinigung von verschiedenen, bereits an anderen Mustern erprobten Bauteilen und deren Weiterentwicklung zu einem Flugzeug gelang es Waibel ein sowohl in seinen Bestandteilen als auch in seiner Gesamtheit optimales und harmonisches Segelflugzeug zu schaffen.

+) P für frz. »penne«, vom lat. »penna«: Schwungfeder der Vögel an Flügel und Schwanz.

Über viele Jahre war die ASW 20 das beliebteste und erfolgreichste Segelflugzeug der FAI-15 m-Klasse, was die Konkurrenten natürlich nicht ruhen ließ. In Erwartung von Superwetterlagen bei den Weltmeisterschaften 1983 in Hobbs, New Mexiko/USA, wurden viele Segelflugmuster mit dem Ziel der Vergrößerung der maximalen Flugmasse nachgerechnet und aufgelastet. Bei der ASW 20 führte dies gleich zu einem ganzen Bündel von Maßnahmen, sowohl aerodynamischer Ver-

Der Tragflügel der ASW 20 hat das besonders für Wölbklappen entwickelte Wortmann-Profil FX 63-K-131. Aufgrund der geringen relativen Profildicke konnten die Steuerhebel nicht im Flügel untergebracht werden. Sie treten an der Oberseite aus und sind mit Kunststoffkappen abgedeckt. Die hier in Landestellung (+55°) stehenden Wölbklappen sind mit den Querrudern gekoppelt. (Foto R. Ferrière)

Eines der ersten Exemplare der FLP-Version, bei der anstelle der Randbögen »winglets« aufgesteckt werden können. Unter Beibehaltung der im Reglement der Rennklasse vorgeschriebenen Spannweite von 15 m kann mit den »winglets« eine fiktive Erhöhung der Streckung und eine Verringerung der Randturbulenzen erzielt werden. Dieser in Zusammenarbeit zwischen Centrair und Aérospatiale vorgenommene Versuch führte zu einer Anhebung der Gleitzahl und zu einer besseren Rollwendigkeit. (Foto R. Ferrière)

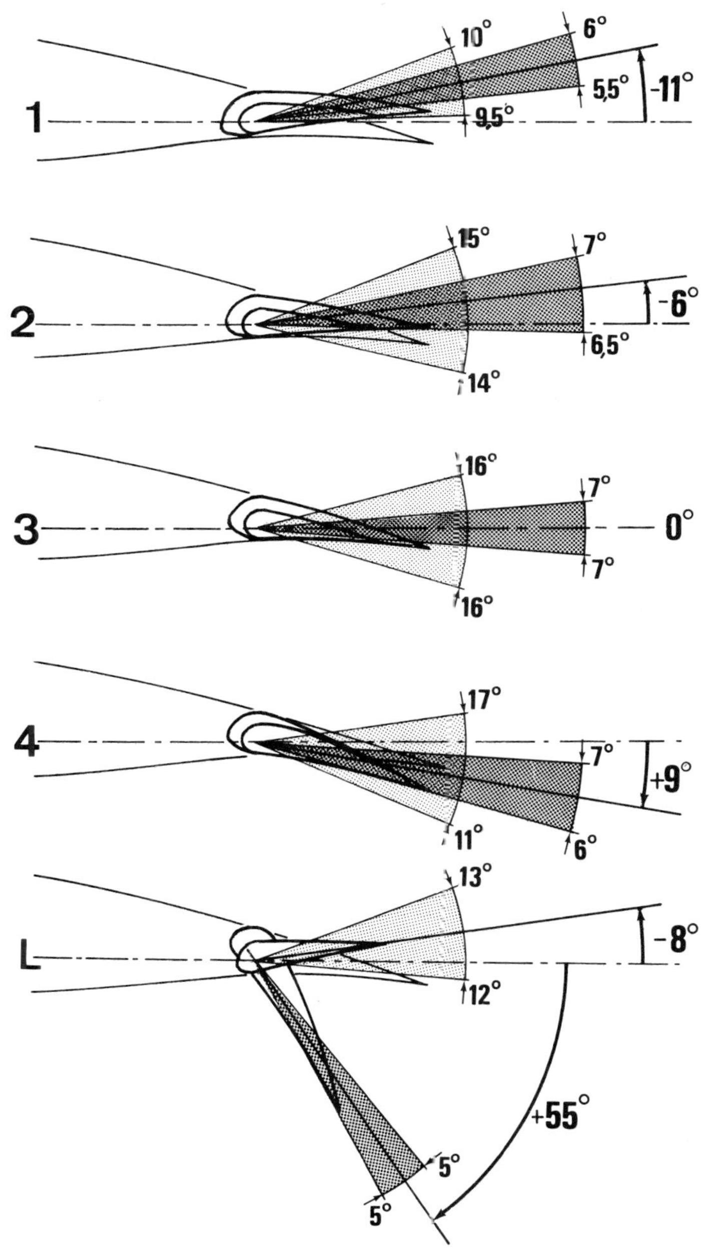

Kopplungsschema von Wölbklappen und Querrudern. Die hell- und dunkelgrauen Flächen zeigen die maximalen Ausschläge von Querrudern und Wölbklappen in den verschiedenen Anstellwinkeln.

Die L-Version wurde 1979 entwickelt. Die Randbögen können abgenommen und durch Aufsteckflügel ersetzt werden. Dadurch erhöht sich die Spannweite auf 16,55 m und die Gleitzahl auf 44. (Foto Schleicher)

Sieger in der Rennklasse bei den Weltmeisterschaften von 1978: Die SB 11 der Akaflieg Braunschweig hat einen modifizierten ASW-20-Rumpf. (Foto J.-L. Chaffanel)

Das Cockpit der Serien-ASW-20. Wie von Schleicher gewohnt, sind die Bedienhebel für Klappen, Bremsklappen, Trimmung und Fahrwerk linksseitig angeordnet. (Foto R. Ferrière)

Technische Daten: **ASW 20**

Tragflügel:			
Spannweite		15,0	m
Fläche		10,5	m^2
Streckung		21,43	
V-Stellung		2,33	Grad
Pfeilung		0	Grad
Schränkung		2,5	Grad
Profil innen		FX 63-K-131 mod.	
Dicke		13,1	%
Profil Mitte		FX 63-K-131 mod.	
Dicke		13,1	%
Profil außen		FX 60-126	
Dicke		12,6	%
Spannweite Wölbklappen		2×4,40	m
Höhenleitwerk:			
Spannweite		2,20	m
Fläche		0,997	m^2
Profil		FX 71-L-150/30	
Dicke		12	%
Seitenleitwerk:			
Höhe		1,10	m
Fläche		1,0	m^2
Streckung (geom.)		1,21	
Profil		FX 71-L-150/30	
Dicke		13,5	%
Rumpf:			
Länge		6,82	m
Cockpit-Breite		0,64	m
Höhe		0,82	m
Fahrgestell/Rad-Abmessung		5.00-5	
Massen:			
leer (ausgerüstet)		ca. 260	kg
Cockpit-Zuladung		115	kg
höchste nichttragende Masse		235	kg
Wasserballast		120	kg
höchste zulässige Flugmasse		454	kg
Flächenbelastung:	32	43	kg/m^2
Mindestgeschwindigkeit:	67,5	77	km/h
Geringstes Sinken	0,59	0,68	m/s
bei Flächenbelastung	32	43	kg/m^2
und Fluggeschwindigkeit	84	96	km/h
Beste Gleitzahl	42	42	
bei Flächenbelastung	32	43	kg/m^2
und Fluggeschwindigkeit	100	115	km/h
Höchste zulässige Fluggeschwindigkeit		265	km/h

Technische Daten: **ASW 20L**

Tragflügel:			
Spannweite		16,6	m
Fläche		11,05	m^2
Streckung		24,9	
V-Stellung		2,33	Grad
Pfeilung		0	Grad
Schränkung		2,5	Grad
Profil innen		FX 63-K-131	mod.
Dicke		13,1	%
Profil Mitte		FX 63-K-131	mod.
Dicke		13,1	%
Profil außen		FX 60-126	
Dicke		12,6	%
Spannweite Wölbklappen		2×4,40	m
Höhenleitwerk:			
Spannweite		2,20	m
Fläche		0,997	m^2
Profil		FX 71-L-150/30	
Dicke		12	%
Seitenleitwerk:			
Höhe		1,1	m
Fläche		1,0	m^2
Streckung (geom.)		1,21	
Profil		FX 71-L-150/30	
Dicke		13,5	%
Rumpf:			
Länge		6,82	m
Cockpit-Breite		0,64	m
Höhe		0,82	m
Fahrgestell/Rad-Abmessung		5.00-5	
Massen:			
leer (ausgerüstet)		267	kg
Cockpit-Zuladung		115	kg
höchste nichttragende Masse		235	kg
Wasserballast		–	kg
höchste zulässige Flugmasse		380	kg
Flächenbelastung:	30,8	34,4	kg/m^2
Mindestgeschwindigkeit:	64	68	km/h
Geringstes Sinken	0,55	0,68	m/s
bei Flächenbelastung	31	34	kg/m^2
und Fluggeschwindigkeit	80	96	km/h
Beste Gleitzahl	45	45	
bei Flächenbelastung	33	34,4	kg/m^2
und Fluggeschwindigkeit	90	115	km/h
Höchste zulässige Fluggeschwindigkeit		250	km/h

Technische Daten: **ASW 20FLP**

Tragflügel:			
Spannweite		15,0	m
Fläche		10,5	m^2
Streckung		21,43	
V-Stellung		2,33	Grad
Pfeilung		0	Grad
Schränkung		2,5	Grad
Profil innen		FX 63-K-131	mod.
Dicke		13,1	%
Profil Mitte		FX 63-K-131	mod.
Dicke		13,1	%
Profil außen		FX 60-126	
Dicke		12,6	%
Spannweite Wölbklappen		2×4,40	m
Höhenleitwerk:			
Spannweite		2,2	m
Fläche		0,997	m^2
Profil		FX 71-L-150/30	
Dicke		12	%
Seitenleitwerk:			
Höhe		1,10	m
Fläche		1,00	m^2
Streckung (geom.)		1,21	
Profil		FX 71-L-150/30	
Dicke		13,5	%
Rumpf:			
Länge		6,82	m
Cockpit-Breite		0,64	m
Höhe		0,82	m
Fahrgestell/Rad-Abmessung		5.00-5	
Massen:			
leer (ausgerüstet)		267	kg
Cockpit-Zuladung		115	kg
Wasserballast		105	kg
höchste zulässige Flugmasse		454	kg
Flächenbelastung:	32,5	43	kg/m^2
Mindestgeschwindigkeit:	65		km/h
Geringstes Sinken	0,60		m/s
bei Fluggeschwindigkeit	85		km/h
Beste Gleitzahl	44		
bei Fluggeschwindigkeit	105		km/h
Höchste zulässige Fluggeschwindigkeit		265	km/h

besserung als auch Erhöhung von Komfort und Sicherheit. Als willkommenes Testobjekt diente dabei die Maschine von Ernst-Gernot Peter aus Freiburg, dem vielmaligen deutschen Meister und WM-Teilnehmer, der schon für die Weltmeisterschaften 1978 in Châteauroux eine besonders leichte Maschine erhalten hatte (Rüstmasse komplett instrumentiert nur 236 kg, D-7661 c/n 20051). Gerhard Waibel 1983 über die Weiterentwicklung der ASW 20 zur ASW 20B und C:

»Da bei Peters Maschine offenbar zuviel Harz und Farbe auf der Flügelunterseite gespart worden war, mußte sie vor der WM 1981 in Paderborn überarbeitet werden. Angeregt durch die guten Erfahrungen mit der SB 12 entwickelten Horstmann und Quast eine geänderte Unterseitenkontur für die ASW 20, die mit viel Schaum, GFK und Spachtel aufgebracht wurde. Ursprünglich war nicht daran gedacht, Blasturbulatoren in die Fläche einzubauen, da die neue Kontur nicht darauf ausgelegt war. Nach Paderborn wurde jedoch in Freiflugversuchen eine laminare Ablöseblase entdeckt. Vor den deutschen Meisterschaften 1982 in Bayreuth wurden deshalb Blasturbulatoren eingebaut. Im Herbst 1982 wurde Peters ASW 20 vermessen. Aufgrund dieser Meßergebnisse faßten wir Ende 1982 den Entschluß, eine ASW 20B – Vorserie für Hobbs mit höherer Wasserballastzuladung zu bauen.

Bei den neuen ASW-20-B- und C-Serienflugzeugen klappt das Instrumentenbrett mit der Haube nach oben. (Foto Adolf Wilsch)

Mit geänderten Blasturbulatoren wurde Peters ASW 20 im Frühjahr 1983 erneut vermessen. Ohne Einbußen im Schnellflug war die Flugleistung zwischen 100 und 130 km/h besser geworden. Ein weiterer Meßflug mit einer federnden Abdeckung der Spalte zwischen Flügel und Klappen bzw. Rudern an der Unterseite ergab eine überraschend große Leistungsverbesserung im Schnellflug. Leider erwies sich die technische Lösung des Spaltabdeckungsproblems (damals) also so schwierig, daß nicht mehr alle in Hobbs eingesetzten ASW 20B damit ausgerüstet werden konnten. (Die Vorserienflugzeuge für Hobbs waren auch noch nicht mit dem neuen hochklappbaren Instrumentenpilz versehen.)

Bei der abgeänderten ASW 20 von Peter war die Flügelunterseite nur im Bereich der Wölbklappen modifiziert. Bei der ASW 20B und C ist die gesamte Flügelunterseite überarbeitet, so daß mit weiteren Verbesserungen der Flugleistungen gerechnet werden konnte. Bei den Idafliegtreffen 1983 und 1985 wurde die ASW 20C (ganz normale Serienflugzeuge ohne spezielles Finish) von der DFVLR vermessen, mit phantastischem Ergebnis: Mit einer besten Gleitzahl von 43 mit 15 m und 46 mit 16,6 m Spannweite wurden die erhofften Leistungen noch übertroffen.

In der Bauweise sind keine größeren Unterschiede zur ASW 20 zu notieren. Kohle- und Aramidfasern werden etwas reichlicher eingesetzt, zum Beispiel bei den Rudern.

Außergewöhnlich ist bei der ASW 20B und C, daß gleichzeitig zwei verschiedene Muster in ein und derselben Form gebaut werden. Die ASW 20C ist dabei auf eine geringe Verstärkung im Holmwurzelbereich im statischen Aufbau der ASW 20 gleich und hat deshalb auch die gleichen Zulassungsdaten. Die ASW 20B ist wegen der höheren Wasserballastmenge in wesentlichen Teilen, wie Holm, Flügelschale, Rumpf und Höhenleitwerk verstärkt. Es wird davon ausgegangen, daß die ASW 20B hauptsächlich in Ländern mit überwiegend starker Thermik eingesetzt und damit durchschnittlich schneller fliegen werden. Unter diesen Umständen ist es sinnvoll, einen Teil der zusätzlichen Flugmasse in die Struktur zu stecken, und die Flügel torsionssteifer zu machen. Der Gewichtsunterschied von etwa 15 daN zwischen ASW 20B und C ist deshalb hauptsächlich in den Flügeln zu suchen, obwohl dies wiederum kaum zu bemerken ist.

Oben: *Der ASW 20B-Erprobungsträger D-7661 von Ernst-Gernot Peter aus Freiburg im April 1983 bei der Internationalen Freiburger Segelflugwoche.* (Foto Peter F. Selinger)

Unten: *Die Metallbandabdichtungen der Klappenspalte auf der Flügelunterseite sind bei dieser Startaufnahme von E. G. Peters Vorserien-ASW 20B in Hobbs/USA im Juli 1983 sehr gut zu erkennen.* (Foto Peter F. Selinger)

Zum Rumpf:

Die Rumpfform wurde von der ASW 20 unverändert übernommen. Die Haube klappt aber wie bei der ASW 22 nach oben vorne auf und wird mit zwei seitlichen Hebeln geöffnet bzw. verriegelt. Mit zwei weiteren Hebeln, die bei Betätigung die normalen Haubenöffnungshebel selbsttätig mitnehmen, wird der Haubennotabwurf betätigt. Eine Besonderheit am Cockpit ist das mit nach oben klappende Instrumentenbrett, so daß der Ein- und Ausstieg außergewöhnlich gut ist. Nach Betätigen des Haubennotabwurfs und Abnahme der Haube sind die Instrumente leicht zugänglich. Zwischen Sitzwanne und Pedalen ist der Boden verkleidet, ebenso sind die Steuergestänge an der linken Bordwand jetzt durch eine Verkleidung abgedeckt.

Die Batterie wird im Gepäckraum untergebracht. Für die Sauerstofflasche sind eine Befestigung und die Öffnung im Fahrwerkspant vorgesehen. Bei Bedarf werden die Öffnung in der Cockpitrückwand herausgeschnitten und der Haltebeschlag eingeschraubt. Der Gepäckraum hat ein nutzbares Volumen von etwa 20 Litern und darf mit höchstens 15 kg beladen werden.

Unserer Meinung nach stellt das Sicherheitscockpit der ASW 19/20 und auch der Weiterentwicklung ASW 20B und C einen Meilenstein in der Segelflugzeugkonstruktion dar. Unfallauswertungen zeigen, daß die Rumpfnase vor den Pedalen zunächst bricht, zuvor der Haubenrahmen an mehreren Stellen gleichzeitig versagt, also nicht einfach nach außen wegklappt. Die Sitzwanne bleibt am längsten erhalten. Die Knüppelsteuerung und die Schleppkupplung brechen mit den Sperrholzspanten von der GFK-Struktur los und dringen nicht in den Führerraum ein. Die am Piloten seitlich vorbeigeführten Stoßstangen sind nach außen vorgebogen und knicken deshalb nach außen an die Bordwand. Das Instrumentenbrett wird aus seiner Verankerung gerissen bzw. klappt nach oben weg, ohne den Piloten unnötig zu gefährden. Dazu sind breite Auflageflächen und Abrundungen vorhanden. Das Cockpit ist nur an den Stellen verglast, an denen man wirklich hinaussehen kann, wo also die Sicht nicht von Instrumenten oder Körperteilen verdeckt ist. Dadurch ist die Aufheizung durch die Sonneneinstrahlung weitgehend reduziert. Dies ist besonders wichtig, weil die Oberflächen der Abdeckungen wegen der Blendgefahr so schwarz wie möglich sein müssen und dadurch besonders viel Wärme aufnehmen. Mit den beiden zylindrischen Hauptholmbolzen und den vier Querkraftbolzen, an denen der Rumpf hängt, entspricht die Flügelaufhängung der aller ASW-Typen.

Der Höhenruderanschluß erfolgt selbsttätig (ähnlich der ASW 17 und ASW 22). Die Sicherung des Höhenleitwerks besorgt ein Schraubbolzen in der Nase. Die Ruder und Klappen der Flügel werden mit Hotellierverbindungen angeschlossen, die durch den Handlochdeckel hindurch auch gut überprüft werden können. Die Seitensteuerung geschieht mit Stahlseilen. Alle übrigen Ruder und Klappen werden über Stoßstangen meist aus Aluminium angetrieben.

Das T-Leitwerk wurde bis auf den jetzt automatischen Anschluß von der ASW 19/20 wegen seiner anerkannt guten Flugeigenschaften unverändert übernommen.

Alle Klappen und Ruder sind aus GFK-Aramid-Hybrid-Sandwich hergestellt und damit leichter und steifer als die der Vorgängermuster.

Im Leitwerksbereich ist der Rumpf mit Spanten und Rippen versteift, zum Flügelanschluß hin ebenfalls durch Spanten. Die Rumpfschale ist durch eingelegte Textilgewebe aufgedickt. Dadurch brechen die Rumpfröhren, wenn überhaupt, nahezu ausschließlich in einem definierten Bereich, der einfach zu reparieren ist.

Das Einziehfahrwerk wird mit dem Handhebel bedient. Das Rad bewegt sich dabei nach oben, wodurch sehr kurze Fahrwerksklappen entstehen, die trotzdem die Schleppkupplung mit abdecken. Die hydraulische Scheibenbremse weitverbreiteter US-Bauart wird im letzten Drittel des Bremsklappenhebel-Betätigungshebels wirksam. Das gefederte Rad erlaubt keine einfachere Übertragung der Kraft auf die Bremse, ohne sich der Gefahr der Schwingungsübertragung auszusetzen.

Zum Tragflügel:

Im Aufbau entspricht er dem der Ur-ASW 20 in GFK, jedoch mit den schon erwähnten Verstärkungen des Holmes bei der ASW 20C und von Holm und Torsionsschale bei der ASW 20B.

Durch die Profiländerung ergeben sich geringere Profilwiderstände im Bereich der Laminardelle, die gleichzeitig in jeder Klappenstellung zu höheren Geschwindigkeiten hin erweitert wird. Gegenüber der ASW 20, die hinsichtlich der optimalen Wölbklappenstellung ohnehin nicht sehr kritisch war, ist jetzt trotz der Leistungssteigerung eine weitere Erleichterung eingetreten, die sich insbesondere im Kreisflug bei turbulenter Thermik durch eine bessere Steiggeschwindigkeit spürbar auswirkt. Dies wird durch eine aerodynamisch ›scharfe‹, aber offenbar sehr geglückte Auslegung der Profilunterseite erreicht, die aber den Einsatz von Grenzschichtbeeinflussung erfordert. Ob dabei die aufwendigen Blasturbulatoren unbedingt notwendig sind, oder ob ein einfacherer Turbulator genügt, muß noch sorgfältig erforscht werden. Der Nachweis dazu ist aber sehr schwierig. Mit nur wenigen Vergleichsflügen ist es dabei nicht getan. (Anmerkung: Heute 1987 wird die ASW 20B und

Technische Daten: **ASW 20B**			
Tragflügel:			
Spannweite		15,0	m
Fläche		10,50	m^2
Streckung		21,43	
V-Stellung (Holmoberkante)		2,33	Grad
Pfeilung		0	Grad
Profil innen		FX 62-K-131 mod.	
Profil Mitte		FX 62-K-131 mod.	
Profil außen		FX 60-126 mod.	
Spannweite Wölbklappen pro Flügel		4,40	m
Höhenleitwerk:			
Spannweite		2,20	m
Fläche		0,997	m^2
Profil		FX 71-L-150/30	
Dicke		12,0	%
Seitenleitwerk:			
Höhe		1,10	m
Fläche		1,00	m^2
Streckung (geom.)		1,21	
Profil		FX 71-L-150/30	
Dicke		13,5	%
Rumpf:			
Länge		6,82	m
Cockpit-Breite		0,64	m
Höhe		0,84	m
Fahrgestell/Rad-Abmessung 5.00-5, Spornrad 210×65			
Massen:			
leer (ausgerüstet)		270	kg
Cockpit-Zuladung		115	kg
Höchste nichttragende Masse		235	kg
Wasserballast		150	kg
höchste zulässige Flugmasse		525	kg
Flächenbelastung:	32,4	50,0	kg/m^2
Mindestgeschwindigkeit:	70		km/h
Geringstes Sinken	0,59		m/s
bei Flächenbelastung	33		kg/m^2
und Fluggeschwindigkeit	84		km/h
Beste Gleitzahl		43	
bei Flächenbelastung		50,0	kg/m^2
und Fluggeschwindigkeit		120	km/h
Höchste zulässige Fluggeschwindigkeit		280	km/h

Die ASW 20 C unterscheidet sich nur durch die maximale Flugmasse von 454 kg. Die Flächenbelastung kann damit nur bis 43 kg/m^2 ausgeflogen werden. Die Höchstgeschwindigkeit ist auf 265 km/h begrenzt.

Technische Daten: **ASW 20BL**			
Tragflügel:			
Spannweite		16,59	m
Fläche		11,013	m^2
Streckung		25,02	
V-Stellung (Holmoberkante)		2,33	Grad
Pfeilung		0	Grad
Profil innen		FX 62-K-131 mod.	
Profil Mitte		FX 62-K-131 mod.	
Profil außen		FX 60-126 mod.	
Spannweite Wölbklappen pro Flügel		4,40	m
Höhenleitwerk:			
Spannweite		2,20	m
Fläche		0,997	m^2
Profil		FX 71-L-150/30	
Dicke		12,0	%
Seitenleitwerk:			
Höhe		1,10	m
Fläche		1,00	m^2
Streckung (geom.)		1,21	
Profil		FX 71-L-150/30	
Dicke		13,5	%
Rumpf:			
Länge		6,82	m
Cockpit-Breite		0,64	m
Höhe		0,84	m
Fahrgestell/Rad-Abmessung		5.00-5	
Massen:			
leer (ausgerüstet)		275	kg
Cockpit-Zuladung		115	kg
höchste nichttragende Masse		235	kg
Wasserballast		100	kg
höchste zulässige Flugmasse		430	kg
Flächenbelastung:	31,3	39,0	kg/m^2
Mindestgeschwindigkeit (IAS):	64		km/h
Geringstes Sinken	0,55		m/s
bei Flächenbelastung	33		kg/m^2
und Fluggeschwindigkeit	80		km/h
Beste Gleitzahl	46		
bei Flächenbelastung	33		kg/m^2
und Fluggeschwindigkeit	95		km/h
Höchste zulässige Fluggeschwindigkeit		265	km/h

C serienmäßig mit Blasturbulatoren und der Streifeneder-Kunststoff-Spaltabdeckung auf der Unterseite geliefert. Das Metallband hatte sich nicht bewährt.)

Die Flügelklappen an der Hinterkante lassen sich eigentlich nicht herkömmlich in Querruder und Wölb/Landeklappe einteilen, da sie mehrere Funktionen gleichzeitig ausführen. Bei Betätigung des Wölbhebels im Cockpit schlagen im Bereich der Leistungsflugstellungen die Hinterkantenklappen gleichsinnig und so auf einander abgestimmt aus, daß eine leistungsmäßig optimale Auftriebsverteilung erreicht wird. In der Landestellung des Wölbhebels wird hingegen ein großer induzierter Widerstand dadurch erzeugt, daß die inneren Klappen weit nach unten, die äußeren leicht nach oben ausgeschlagen werden. Natürlich ist diese Konfiguration auch vom Profilwiderstand her eine ›Bremsstellung‹. Bei Quersteuerbetätigung am Knüppel bewegen sich alle Flügelklappen mit. Dabei schlagen die äußeren Klappen mehr aus, als die inneren und natürlich am linken und rechten Flügel gegensinnig.

Eine Delikatesse der ASW 20 Quersteuerung ist, daß die Differenzierung – das heißt, daß die Klappen der einen Flügelhälfte mehr nach oben ausschlagen, als die der anderen Seite

nach unten gehen – sich mit der Wölbklappenstellung ändert. Die geringere Differenzierung im Schnellflug bewirkt – in der Wirkung durch die höhere Geschwindigkeit verstärkt – hohe Quersteuerdrücke, die größere Differenzierung im Langsamflug hingegen ergibt angenehm niedere Quersteuerkräfte im Thermikflug.
In der Landestellung des Wölbhebels sind große Quersteuerausschläge bei guter Differenzierung erlaubt. Angesichts der niederen Aufsetzgeschwindigkeit ergibt sich noch eine hervorragende Rollwendigkeit. Andererseits können noch erhebliche Seitenwindkomponenten im Ausrollen ausgesteuert werden.
Diese außergewöhnlichen Anforderungen an die Steuerkinematik wurden durch eine Kulissenführung der Wölbklappensteuerung gelöst, die sich bei jetzt etwa 700 fliegenden

Polare der ASW 20

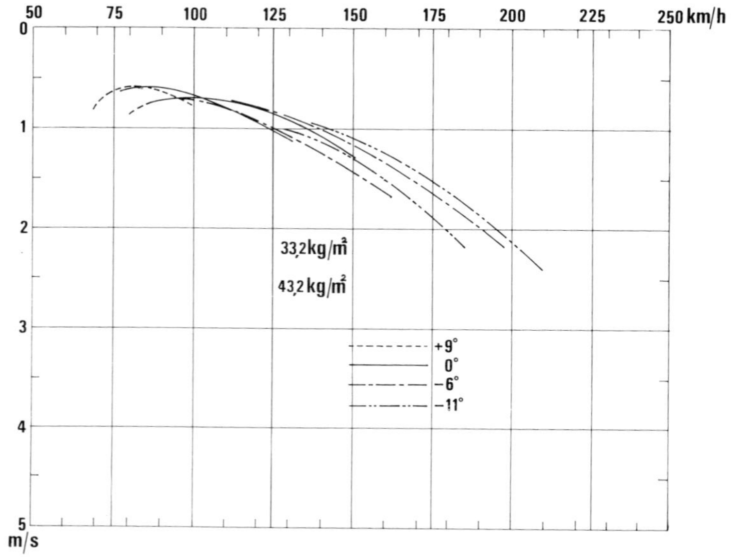

ASW 20 als außerordentlich zuverlässig und robust erwiesen hat; für die ASW 20B und C aber leicht abgewandelt wurde, so daß geringere Kräfte am Wölbhebel erforderlich werden. Zusätzlich zur Landestellung der Wölbklappensteuerung ist durch die Schempp-Hirth-Bremsklappen auf der Flügeloberseite eine Gleitwinkelsteuerung im Landeanflug möglich. Die Schempp-Hirth-Bremsklappen dürfen bis zur höchsten zulässigen Fluggeschwindigkeit ausgefahren werden.
Die Wassersäcke fassen etwa 150 Liter Wasser bei der ASW 20B und etwa 120 l bei der C. Sie liegen in der Flügelnase und reichen bei der B von der Wurzelrippe bis zum Flügelknick, bei der C beginnen sie etwa einen Meter außerhalb der Wurzelrippe. Die Anschlüsse erfolgen manuell über eine Gardena-Schnellverbindung ohne zeitraubende Schraubbewegungen. Der Wasserballast wird durch die Ablaßöffnungen, die hinter den Fahrwerkstürchen auf der Rumpfunterseite liegen, eingefüllt. Diese zusammen mit der Notwendigkeit der Montageverbindung der Wasserballastschläuche etwas unkomfortablere Lösung wurde wegen der erheblichen Pumpwirkung der Höhendifferenz zwischen Wassertank und Auslaß gewählt, da sie einen schnelleren und gleichmäßigeren Wasserablaß gewährleistet. Weiterhin ist der schädliche Widerstand der Öffnungen in diesem Bereich am ohnehin meist unvermeidbar verschmutzten Rumpf geringer, als am Flügel noch vor dem Holm.«

Soweit Gerd Waibels aktualisierte Zusammenfassung.
Die Musterzulassungen für die neuen Baureihen der ASW 20 erhielt Schleicher an den folgend aufgeführten Tagen: ASW 20B am 10. Juni 1983 (rechtzeitig vor Hobbs), BL am 11. 12. 1984, C am 7. Februar 1984 und CL am 2. Juli 1984. Auch 1987 verließen noch solche ASW 20 die Fertigungshallen in Poppenhausen.

ASK 21

Als 1977 die Produktion der ASK 13 eingestellt wurde, stand Schleichers Unternehmen den auf den Markt kommenden Leistungsdoppelsitzern der neuen Generation (Janus, Twin Astir usw.) unvorbereitet gegenüber. Durch die starke Ausrichtung auf den Bau der Einsitzer hatte das Poppenhausener Werk verpaßt, beizeiten ein Nachfolgemodell für die ASK 13 zu konzipieren. Damit wurde nun jedoch Rudolf Kaiser beauftragt, der schon Ende 1977 den Entwurf der neuen ASK 21 vorlegt. Dabei handelte es sich um einen Doppelsitzer in Tandemanordnung mit einer Gleitzahl von 34. Der Tragflügel war aus Kunststoff, der Rumpf eine bespannte Stahlrohrkonstruktion. Diese für 1977 vielleicht nicht mehr zeitgemäße Bauweise war jedoch begründet in Gewichtsersparnis, verringerter Bauzeit und niedrigem Kaufpreis. Vor allem aber war es für Kaiser die einfachste Lösung, die ASK 21 schnell in den Verkauf zu bringen. Eine Marktanalyse sollte jedoch zeigen, daß der potentielle Kundenkreis nun ohne Einschränkung der Vollkunststoffbauweise den Vorzug gab. Also wurde die ursprüngliche Stahlrohr/Kunststoffkonstruktion zugunsten einer reinen GFK-Sandwich-Konstruktion aufgegeben. Dieser Konzeptionswandel – aber auch die Priorität, die Schleicher dem Bau der ASW 20 gab – verzögerten die Fertigstellung eines Prototypen, der erst Ende 1978 das Poppenhausener Werk verließ. Der Rumpf besteht aus zwei am Spantenriß (vertikale Teilung) zusammengefügten Schalen aus Glasgewebe-Epoxydharz-

Oben: *Profilansicht des Erstentwurfes der ASK 21: Der Rumpf ist eine Stahlrohrkonstruktion, die vorn eine GFK-Haube hat und hinten bespannt ist. Flügel und Leitwerk sind aus GFK.*

Unten: *Das Modell zeigt die schließlich für die ASK 21 übernommene Konfiguration.* (Foto Schleicher)

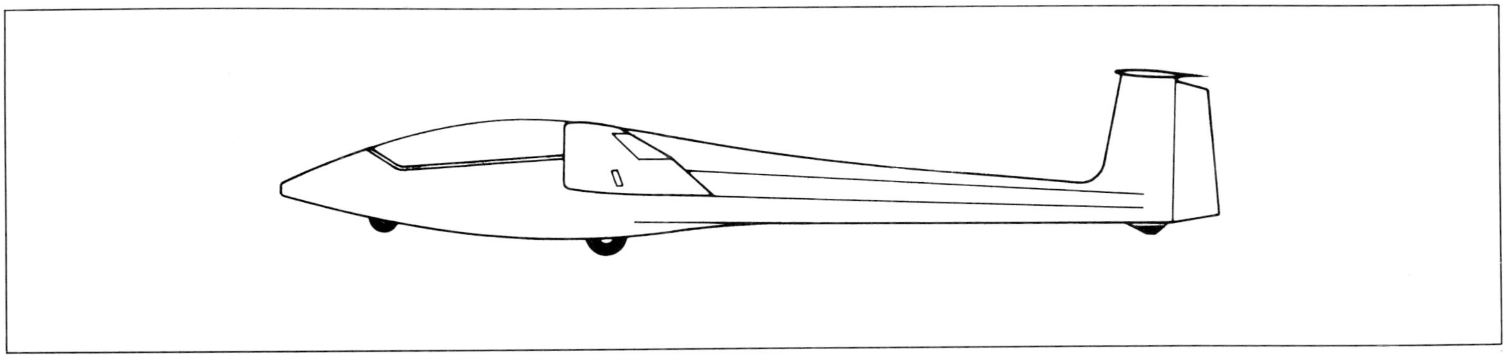

Der vordere Führersitz der ASK 21. Die Anordnung und Art der Ausrüstung waren Gegenstand einer Untersuchung mit dem Ziel des größtmöglichen Komforts für die Piloten. Rechts ist die große verstellbare Lüftungsdüse zu sehen. (Foto R. Ferrière)

Links: *Rudolf Kaiser (hinten Mitte) und Gerd Stolle (vorne links) an einer ASK 21, im August 1980 auf der Wasserkuppe.*
(Foto Peter F. Selinger)

◁ *Bremsklappen fahren nur an der Oberseite aus. Ihre große Fläche bewirkt ein sehr schnelles Sinken, was der Landepräzision und der Sicherheit zugute kommt.* (Foto R. Ferrière)

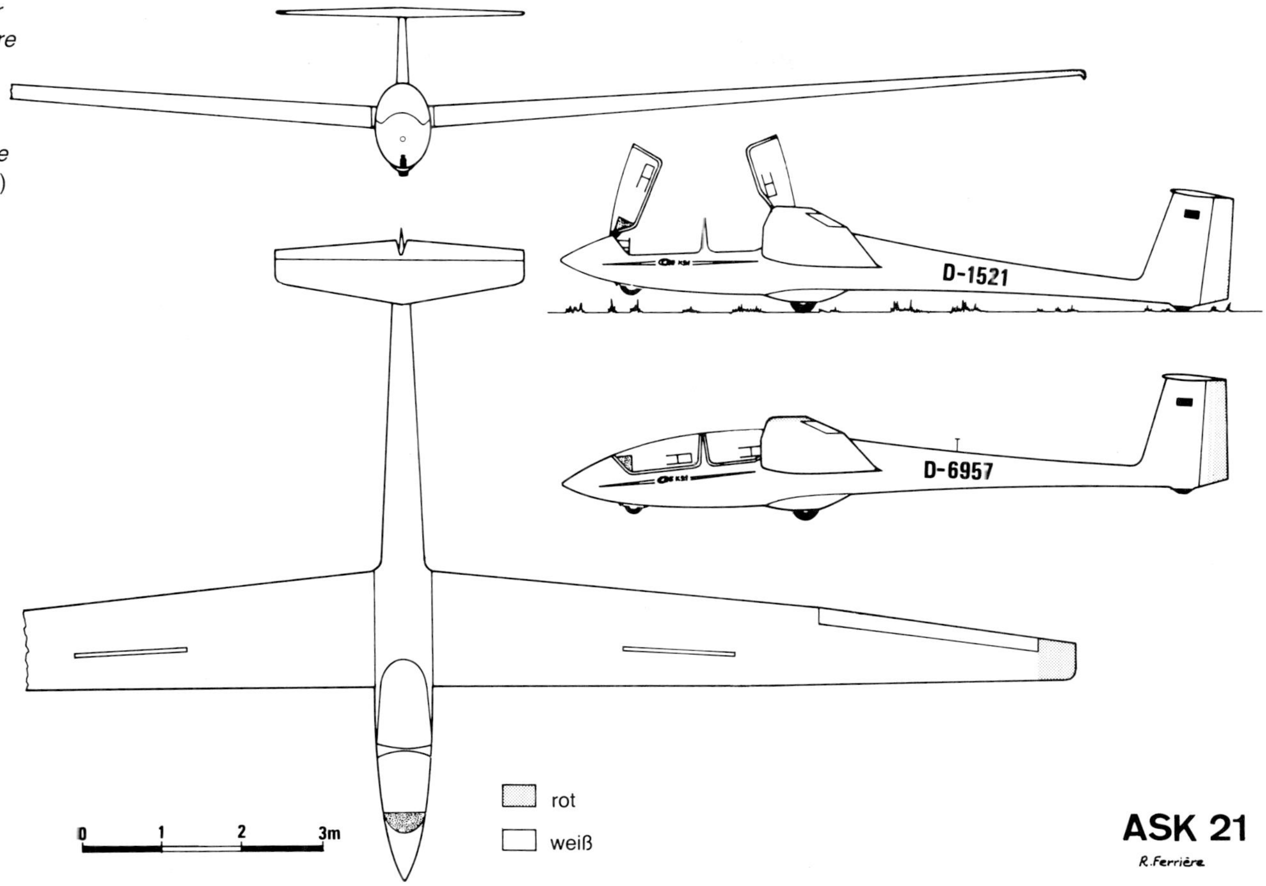

Kunststoffwaben-Sandwich. Das Fahrgestell hat ein 250-mm-Bugrad und ein 5.00-5 Hauptrad, das im Schwerpunkt angeordnet ist. Das Hauptrad ist gefedert und hydraulisch scheibengebremst. Das Rumpfende schützt ein Kunststoffsporn (wahlweise Spornrad). Die Führersitze liegen so, daß beide Piloten größtmöglichen Komfort haben:

- Die GFK-Sitzschalen sind wie üblich fest installiert. Wie die GFK-Rückenlehnen können die vorderen und hinteren Seitenruderpedalträger im Flug verstellt werden.
- Die Trimmung des Höhenruders erfolgt nach Art der Ka 6, also mittels eines an jedem Steuerknüppel angebrachten Hebels, der über eine Feder auf das Höhensteuergestänge wirkt.
- Der Bedienhebel für die Bremsklappen ist links vom Führersitz angeordnet. Auf dem letzten Teil des Hebelwegs wird die Radbremse betätigt.

Die Plexiglashaube ist zweiteilig mit einem starren Bügel in der Mitte. Die Haube über dem Schüler öffnet nach vorn, die über dem Lehrer nach hinten. An der Rumpfunterseite sind zwei Schleppkupplungen angeordnet: eine vor dem Bugrad für F-Schlepp, die andere vor dem Hauptrad für Windenstart.

Der zweiteilige Flügel ist am Rumpf in Mitteldeckerlage angesetzt. Im Grundriß haben die Hälften eine Doppeltrapezform mit gerade Vorderkante, rechtwinklig zur Rumpflängsachse. Das Flügelprofil ist innen ein Wortmann FX S 02-196 und nach außen hin ein FX 60-126. Jede Hälfte besteht aus zwei auf den Holm geklebten Schalen aus einem GFK-Conticell-Sandwich. Die Gurte bestehen aus Glasfaser-Rovings, die Stege aus GFK-Hartschaum-Sandwich. Schempp-Hirth-Bremsklappen fahren nur nach oben aus. Ihre Länge von 1,4 m und ihre Position (40% der Flügeltiefe) sind ungewöhnlich bei einem Flügel mit Wortmann-Profil. Der ASK 21 verleihen sie jedoch eine sehr hohe Sinkgeschwindigkeit, was der Sicherheit und der Landegenauigkeit zugute kommt.

Der Prototyp der ASK 21 mit dem Kennzeichen D-1521 flog am 6. Februar 1979 zum erstenmal über der Wasserkuppe. Gestartet war sie auf dem Poppenhausener Werksflugplatz. Anhand ihrer Merkmale muß die ASK 21 als ein Doppelsitzer angesehen werden, der einen Piloten von der Anfängerschulung bis hin zu Dreieckstreckenleistungsflügen begleiten kann. Damit steht die ASK 21 in direkter Konkurrenz mit den Mustern Scheibe SFH 34, Grob Twin Astir II, SZD 50 Puchacz und Siren CE 78. Nicht alle Konkurrenzmuster sind aber so weit

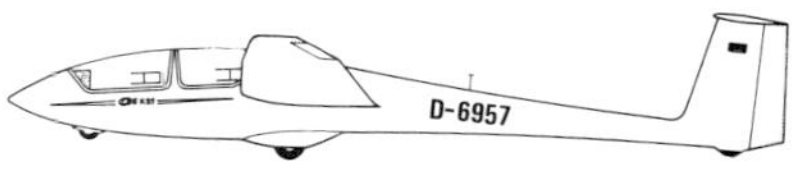

kunstflugtauglich wie die ASK 21. Auch aus diesem Grund zog sich die Flugerprobung zur Musterzulassung relativ lange hin.

Polare der ASK 21

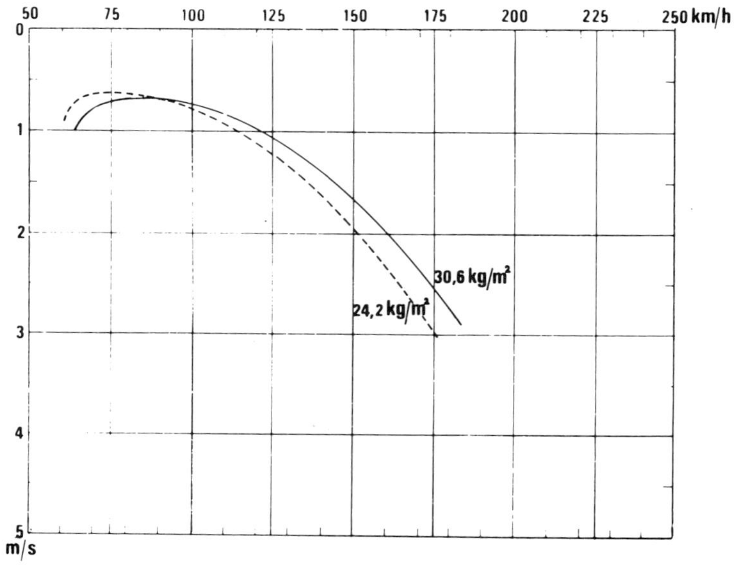

Technische Daten: **ASK 21**			
Tragflügel:			
Spannweite		17,00	m
Fläche		17,95	m²
Streckung		16,1	
V-Stellung		4	Grad
Pfeilung		0	Grad
Profil innen		FX S02-196	
Dicke		19,6	%
Profil Mitte		FX S02-196	
Dicke		19,6	%
Profil außen		FX 60-126	
Dicke		12,6	%
Höhenleitwerk:			
Spannweite		3,1	m
Fläche		1,92	m²
Profil		FX 71-L-150/30	
Dicke		13	%
Seitenleitwerk:			
Höhe		1,37	m
Fläche		1,357	m²
Streckung (geom.)		1,383	
Profil		FX 71-L-150/30	
Dicke		15	%
Rumpf:			
Länge		8,35	m
Cockpit-Breite		0,70	m
Höhe		1,04	m
Fahrgestell/Rad-Abmessung	5.00-5		
Bugrad	4.00-4		
Spornrad (wahlweise)	210×65		
Massen:			
leer (ausgerüstet)		ca. 360	kg
Cockpit-Zuladung (je max. 110)		220	kg
höchste nichttragende Masse		410	kg
Wasserballast		–	kg
höchste zulässige Flugmasse		600	kg
Flächenbelastung:	24	33,4	kg/m²
Mindestgeschwindigkeit:	65	74	km/h
Geringstes Sinken	0,657	0,724	m/s
bei Flächenbelastung	26,2	31,75	kg/m²
und Fluggeschwindigkeit	69	76	km/h
Beste Gleitzahl	34		
bei Flächenbelastung	26,2		kg/m²
und Fluggeschwindigkeit	90		km/h
Höchste zulässige Fluggeschwindigkeit		280	km/h

ASW 22

Der Zeitraum von 1970 bis 1975 war gekennzeichnet durch die zweite Generation der Kunststoffsegler der offenen Klasse. Die darauffolgenden fünf Jahre wurden fast gänzlich für Planung und Entwicklung von neuen Mustern der Rennklasse genutzt. Diese erweckten das Interesse der Segelflieger nicht nur aufgrund ihrer Neuheit und ihres relativ geringen Preises, sondern auch durch ihre hohen Leistungen, die durch die Übernahme der für die offene Klasse entwickelten Bautechniken erzielt wurden. Dazu kamen noch Steuereigenschaften, wie sie in ähnlicher Weise nur bei Mustern der Standardklasse zu finden waren. Die geringere Leistungsdifferenz zwischen Segelflugzeugen der offenen und der Rennklasse ließ die Kundschaft das Interesse an den »großen Vögeln« verlieren, zumal deren mittlerweile zehn Jahre alte Technik wenig Fortschritte gemacht hatte.
Nicht mehr so stark mit Problemlösungen bei Entwicklung und Fabrikation ihrer Rennsegler belastet, gingen die beiden großen deutschen Hersteller Schempp-Hirth und Schleicher ab 1979 an eine Erneuerung der offenen Klasse. Zielsetzung war eine Gleitzahl von 55; ins Auge gefaßt hatten sie die Weltmeisterschaft von 1981 in Paderborn.
Die Überlegungen dieser renommierten Konstrukteure, ein solches Projekt in Angriff zu nehmen, waren natürlich von verschiedenen unternehmerischen Absichten geleitet:

- Bau eines »Flaggschiffes«, das durch den damit verbundenen Fortschritt in der Segelflugzeugtechnik verkaufsfördernd auf die anderen produzierten Muster wirkt, auf die der Großteil der erzielten Umsätze entfällt;
- Angebot an einen kleinen, wohlhabenden Kundenkreis, der bereit ist, einen stolzen Preis zu zahlen für das Gefühl, das leistungsfähigste Segelflugzeug der Welt zu besitzen;
- Möglichkeit für Piloten von internationaler Klasse über eine Maschine zu verfügen, mit der sie bei Wettbewerben ihre Überlegenheit sichern und die Rekordgrenzen noch weiter nach vorn verschieben können.

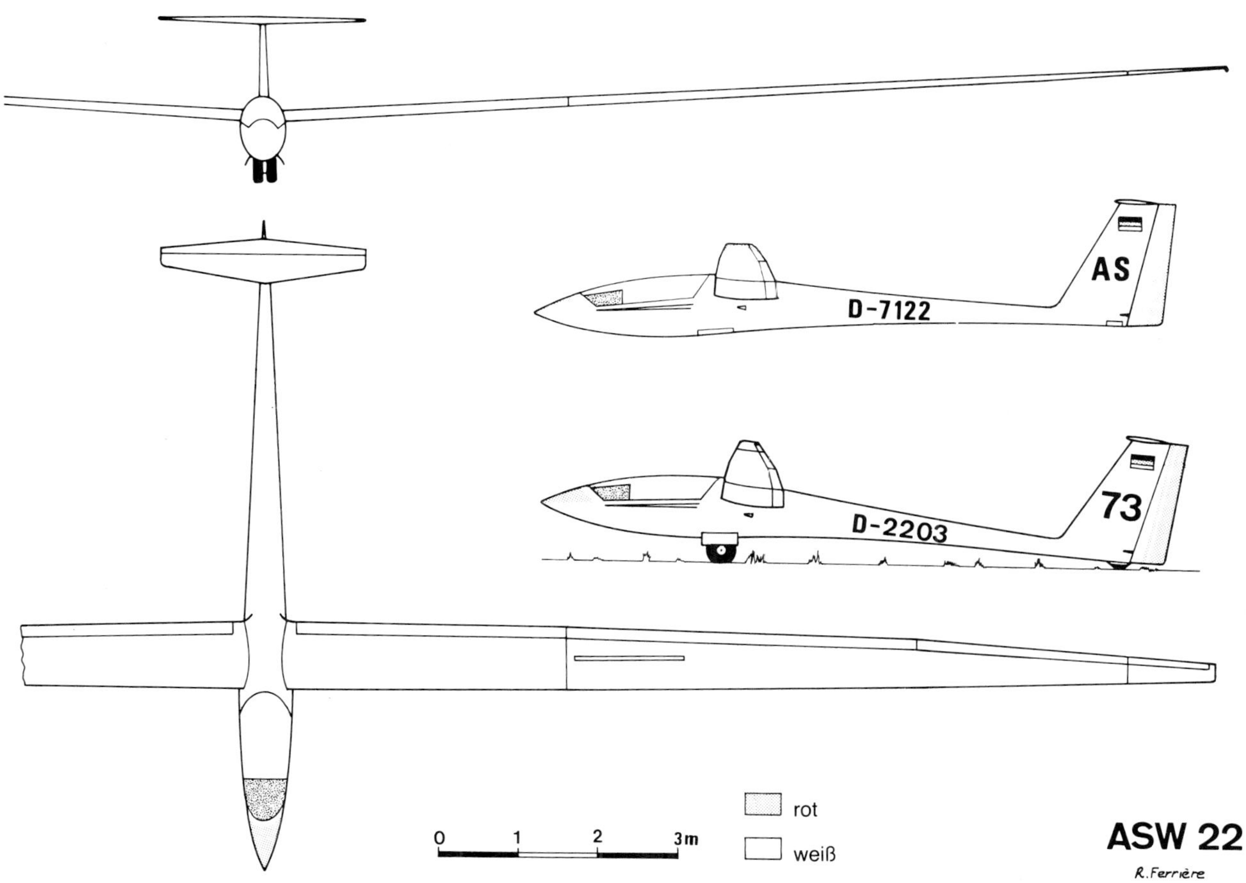

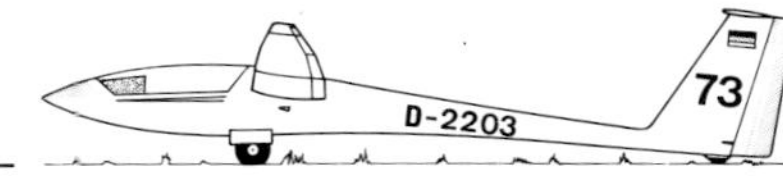

Eine der drei ersten französischen ASW 22 fliegt in Lyon-Corbas. Sie hat immer noch das französische Prototypenkennzeichen (W) und wartet auf Erteilung der Betriebserlaubnis. (Foto R. Ferrière)

Das erste von Schleicher zu lösende Problem war, die optimale Konfiguration eines Tragflügels mit hoher Gleitzahl zu finden, dessen Merkmale gute Rollwendigkeit und eine den thermischen Aufwinden angleichbare Flächenbelastung sein sollten. Waibel untersuchte zuerst die verschiedenen, zuvor erprobten Lösungen. Die klassischste, bei den Mustern BJ 3, BJ 4, Sigma und SB 11 verwendete Lösung bestand darin, einen Tragflügel von zwar mittlerer Spannweite, aber großer Streckung mit Flügelklappen vom Typ Fowler zu versehen, die in ausgefahrenem Zustand eine Vergrößerung der Flügeltiefe und damit der Flügelfläche bewirkten. Die Effizienz dieser Möglichkeit hatte sich bei der SB 11 gezeigt, allerdings konnte sie an einem Segelflugzeug nur mittels einer sehr komplizierten und kostspieligen Bewegungsmechanik verwirklicht werden. Eine andere, noch komplexere Lösung war bei der Akaflieg Stuttgart auf der Basis der alten, von Makhonin an Teleskopflügeln vorgenommenen Arbeiten zur Anwendung gekommen. In den Jahren von 1972 bis 1975 war in Stuttgart ein fs 29 bezeichneter Prototyp entstanden, dessen Spannweite sich mit Teleskopflügeln im Flug von 13,30 bis auf 19 m reversibel verändern ließ. Einen dritten Weg hatte die Akaflieg Braunschweig mit der SB 10 beschritten. Hier wurden die mechanischen Eigenschaften des neuen Werkstoffes (Kohlefaser) dazu benutzt, einen Tragflügel von sehr großer Spannweite zu schaffen, der gleichermaßen eine hohe Streckung und eine geringe Flächenbelastung aufwies. Durch die Verwendung von einfachen Hinterkantenklappen konnte bei dieser Lösung die Kompliziertheit der Steuermechanismen für Wölbklappen und Querruder begrenzt werden. Dies war dann auch der Weg, der 1979 bei der Konzeption der ASW 22 eingeschlagen wurde (Spannweite ist billiger als variable Geometrie).

Die Rumpfsilhouette der ASW 22 ähnelt im großen und ganzen der der ASW 17 und ASW 20. Die Konstruktion besteht aus zwei am Spantenriß zusammengefügten Schalen. Das Rumpfvorderteil und das Seitenleitwerk sind ein GFK-Sandwich, die Rumpfröhre ein Hybrid-Werkstoff aus GFK-Längslagen und GFK-Diagonallagen. Die große Haube öffnet nach vorn. Der Instrumentenpilz ist am Haubenrahmen befestigt. Das damit wesentlich erleichterte Ein- und Aussteigen dient nicht zuletzt der Sicherheit! Die Bedienhebel für Brems- und Wölbklappen liegen im Cockpit linksseitig. Pedalträger und Kopfstütze können im Flug verstellt werden. Die Belüftung der Pilotenkanzel erfolgt über einen regelbaren NACA-Einlauf an der rechten Rumpfseite. Entlüftet wird über eine regulierbare Düse im Flossenteil des Höhenleitwerks. Dadurch wird jede Störung der aerodynamischen Strömung entlang des Rumpfes vermieden.

Aufgrund der mit der Spannweite (22 oder 24 m) zusammenhängenden Richtungsstabilität wurde das Seitenleitwerk sehr großflächig ausgelegt (1,7 m^2). Das mächtige Seitenruder ist aus Kevlar. Das Fahrwerk besteht aus zwei 5.00-5-Rädern. Wegen des zu geringen Raumangebotes im Rumpf konnte kein einziehbares Einradfahrwerk vorgesehen werden, das groß genug gewesen wäre, das hohe Startgewicht zu tragen. Die Fahrwerkgabel ist gummigedämpft. Die hydraulische, auf nur ein Rad wirkende Scheibenbremse kann entweder über die Pedale (Kick-down) oder (als Option) über einen Knopf im Bedienhebel der Bremsklappen betätigt werden. Das Rumpfende wird durch einen Sporn geschützt. Nur der Prototyp hatte ein einziehbares Sporn. Die Schleppkupplung ist unten in der Rumpfschale vor der Fahrwerksöffnung eingebaut.

Der Tragflügel besteht in der Basisversion mit 22 m Spannweite aus vier Teilen, kann jedoch durch Ansteckflügel auf 24 m gestreckt werden. Im Grundriß weist der Flügel eine fast elliptische Dreifachtrapezform auf. Das Profil ist ein 14,3% dickes HQ 17, das außen in ein FX 60-126 übergeht. Aus Gewichtsgründen sowie im Hinblick auf Torsionsfestigkeit und Durchbiegeverhalten werden die Flügelober- und -unterschalen vollständig aus einem CFK-Sandwich hergestellt. Die beweglichen Teile der Hinterkante bestehen allerdings ausschließlich aus Kevlar und sind über einen Steuermechanismus im Rumpf gekoppelt. Diese Koppelung erfolgt nach dem Prinzip der gegenseitigen Überlagerung, d. h. die Querruder unterstützen die Wölbung, und die Wölbklappen wirken mit an der Quersteuerung. Die Wölbklappen selbst haben sechs mögliche Einstellwinkel (−10°, −7°, 0°, +7°, +10°, +40°). Im Landeanflug werden die inneren Wölbklappen auf +40° ge-

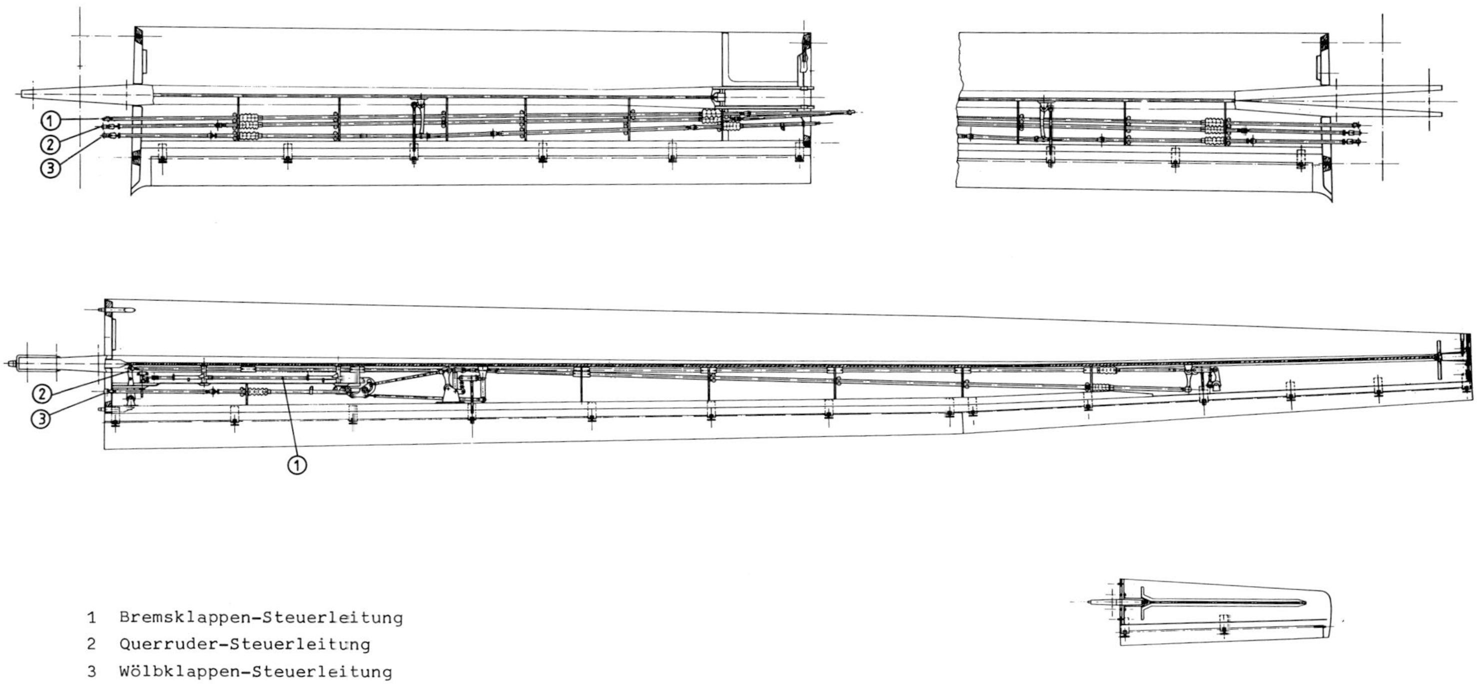

Steuerungsmechanik in einem ASW-22-Flügel.

stellt, die mittleren Klappen auf +10° und die Querruder auf −6°. Den nötigen Widerstand erzeugen doppelstöckige Schempp-Hirth-Bremsklappen auf der Flügeloberseite. Wasserballast kann ebenfalls aufgenommen werden. Die Tanks im Innenflügel fassen 60 l, die im Außenflügel 50 l. Aufgrund der zulässigen Abflugmasse von 650 kg ist der Wasserballast bei der 24-m-Version jedoch auf etwa 100 l begrenzt.

Die ASW 22 ist mit der schon an der SB 12 und ASW 19 erprobten Ausblasevorrichtung zur Grenzschichtbeeinflussung ausgerüstet. Das Ausblasen der Luft erfolgt auf 17 m Spannweite über 850 Bohrungen von 0,5 mm Durchmesser, die im 2-cm-Abstand auf 75% der Flügeltiefe angeordnet sind. Über vier Einlaßöffnungen (zwei pro Flügelhälfte) werden die Bohrungen von der Luft durchströmt. Der dadurch erzielte aerodynamische Gewinn wird bei der ASW 22 auf 2% bei niedrigen Geschwindigkeiten und auf 8% bei hohen Geschwindigkeiten geschätzt.

Der Prototyp der ASW 22 mit dem Kennzeichen D-7122 führte den Erstflug erst am 8. Juli 1981 und somit zu spät durch, um noch an den im Mai und Juni 1981 abgehaltenen Weltmeisterschaften in Paderborn an den Start gehen zu können. Dort ging der Hauptkonkurrent der ASW 22, der Nimbus 3 als Sieger hervor. Als erste große Wettbewerbseinsätze kamen daher für die ASW 22 frühestens die deutschen und britischen Meisterschaften von 1982 in Frage. Zuvor flog sie jedoch Walter Neubert bei den baden-württembergischen Landesmeisterschaften 1981 in Mengen zu einem überzeugenden Sieg gegen mehrere Nimbus 3.

Die Flugerprobung der ASW 22 durchzuführen war die erste Aufgabe, die Martin Heide, der von der Akaflieg Stuttgart kommend am 4. April 1981 angefangen hatte, bei Schleicher übertragen wurde. Außerdem waren die meisten Festigkeitsnachweise neu zu erbringen. Schleicher konnte sich auf keine Vorversuche beziehen, wie es Schempp-Hirth mit dem Nimbus 2C – Flügel möglich war. Außerdem fiel in diese Zeit die Umstellung von der deutschen LFSM in die internationale JAR 22 Zulassungsvorschrift. So zog sich die Musterzulassung doch lange hin. Im Verlauf der Zulassungsflüge, und bestätigt aus der inzwischen vor allem von Hans-Werner Grosse gesammelten Flugerfahrung, stellte sich heraus, daß den Klappenstellungen zueinander noch viel mehr Aufmerksamkeit beizumessen war, als es bei Schleicher bisher ohnehin schon Brauch war.

Angeregt durch eine Diplomarbeit von Burkhard Müller an der Technischen Universität Braunschweig wurden die Überlagerung und die Stellung der Klappen zueinander optimiert. In der besten Gleitzahl spiegelte sich diese Sisyphus-Arbeit kaum

wieder, wohl aber in den Flugeigenschaften und im Schnellflug. Bei diesen geringen Gleitwinkeln zwischen 1 und 2 Grad wirkt sich die Optimierung der Auftriebsverteilung, denn nichts anderes geschieht mit der Variation der Klappenwinkel über der Spannweite, doch deutlich aus. Die Musterzulassung erteilte das LBA dann am 15. Februar 1983. Bis März 1985 wurden insgesamt 36 ASW 22 ausgeliefert.
Trotz aller dieser Maßnahmen gelang den Piloten der ASW 22 kein dauerhafter Durchbruch gegen Konkurrenten. Auch in Hobbs 1983 und Rieti 1985 mißglückte ein »Break«. Göran Ax hatte sich für Hobbs auf die 22 m Spannweite festgelegt, weil er sich bei den dort erwarteten sehr guten Steigwerten größere Vorteile von der dann sehr hohen Flächenbelastung und besseren Gleitfähigkeit seiner ASW 22 versprach. Diese Rechnung ging nicht auf und er wurde enttäuscht nur Elfter. Zum Zeitpunkt der Auslegung der ASW 22 erschien die Festlegung auf 750 kg Abflugmasse mit 22 m Spannweite und 650 kg mit 24 m noch sehr sinnvoll. Ingo Renner löste den Widerspruch auf: Auch bei sehr gutem Wetter steht nicht ein 5-Meter-Bart hinter dem nächsten. Um zu gewinnen muß man auch einen Aufwind mit 2 m/s (integriert) mitnehmen, und da ist eben einfach die Spannweite wichtig, ob der Pilot das Steigen voll ausnützen kann, oder nicht. Diese Erkenntnis floß in die ASW 22B und ASH 25 ein.

Von der Akaflieg Stuttgart hatte Martin Heide auch die Erfahrungen vom Bau des Rumpfes in Hybridwerkstoff (SFK-CFK-Gemisch) mitgebracht. Was lag näher als einen solchen aerodynamisch hochwertigen und leichten Doppelsitzerrumpf mit dem 24 m messenden Flügeln der ASW 22 zu kombinieren? Erwin Müller aus Ulm bestellte sich ein solches Einzelstück bei Schleicher, AS 22-2 benannt. Dieser Auftrag an Schleicher mit den ungeahnten neuen Leistungsdimensionen im Doppelsitzerfliegen machte schnell die Runde in aller Welt. Der Ruf nach neuen größeren Doppelsitzern mit den Leistungen der Einsitzer der offenen Klasse jüngster Generation wurde laut. In die gleiche Zeit fielen neue Erkenntnisse der Aerodynamiker, den Außenflügelgrundriß solch großer Segelflugzeuge etwas fülliger zu gestalten, und so die Kreisflugeigenschaften und -leistungen wesentlich zu verbessern. Diese Flächenvergrößerung käme natürlich einem Doppelsitzer in der Verringerung der kleinsten Flächenbelastung besonders zugute. Damit bot sich an, den Flügel für die Serienausführung des großen Doppelsitzers, nach seinem Konstrukteur ASH 25 bezeichnet, auch für die ASW 22 zu benutzen. Die ASW 22B (mit dem Außenflügel der ASH 25) mit 25 m Spannweite war geboren.
Für diesen neuen Außenflügel entwickelte Loek M. M. Boermans vom Institut für Aerodynamik der TH Delft, Nieder-

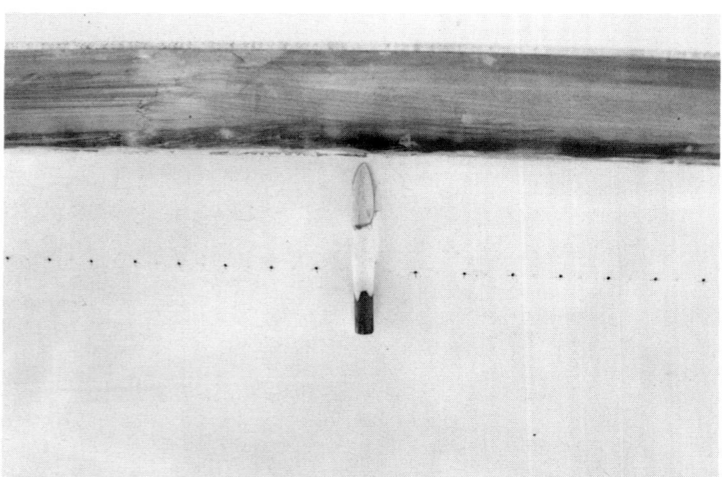

Dick Butlers ASW 22 X mit der Metallbandklappenspaltabdichtung, dem Pitotrohr zur Gewinnung der Blasluft und der Reihe dünner Blaslöcher vor Verhinderung einer laminaren Ablöseblase.
(Foto Peter F. Selinger)

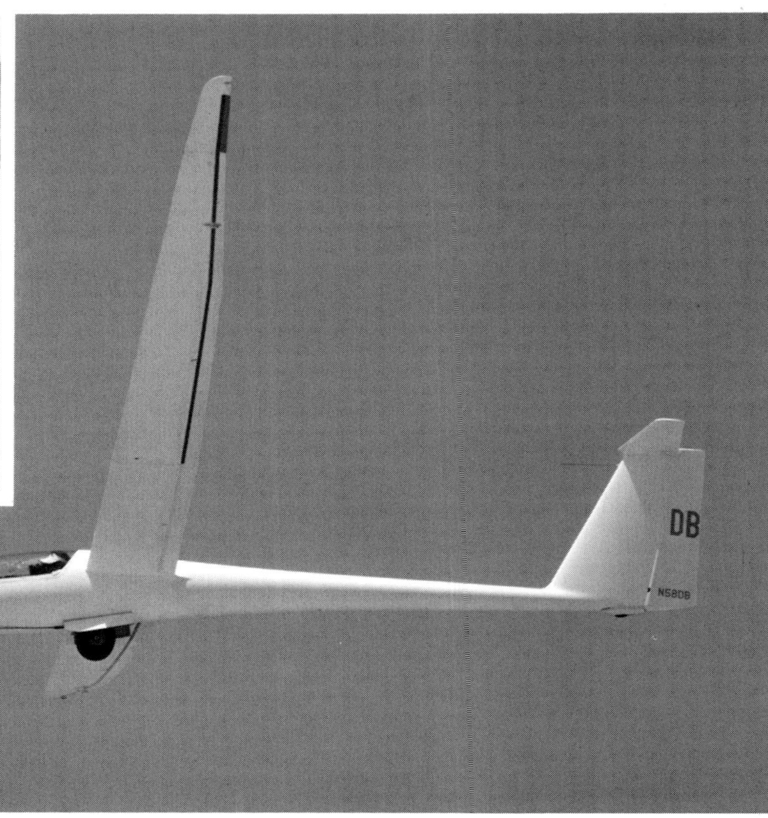

Dick Butlers ASW 22 X hatte etwas nach hinten gepfeilte Ansteckflügel und eine vergrößerte Spannweite.
(Foto Peter F. Selinger)

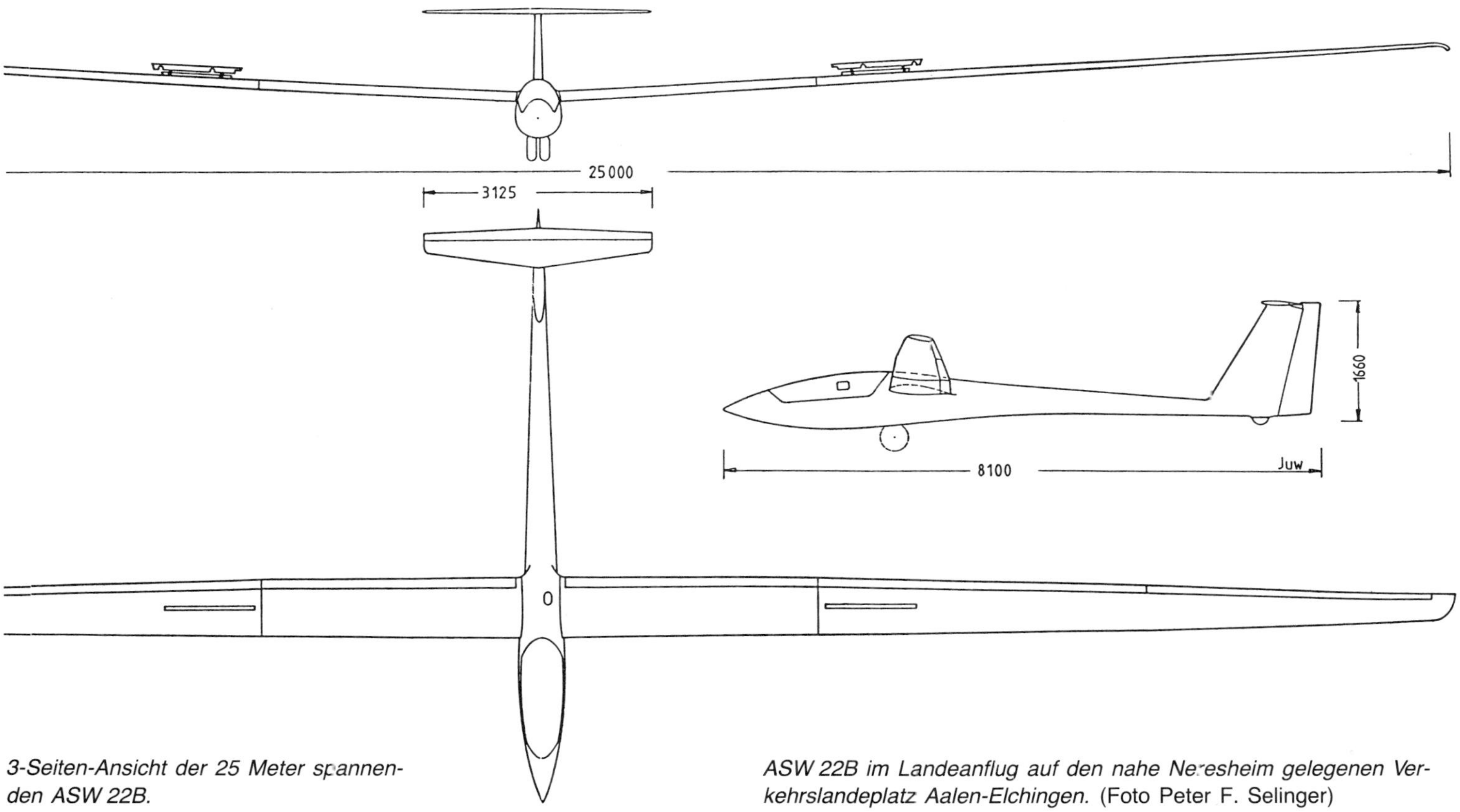

3-Seiten-Ansicht der 25 Meter spannenden ASW 22B.

ASW 22B im Landeanflug auf den nahe Neresheim gelegenen Verkehrslandeplatz Aalen-Elchingen. (Foto Peter F. Selinger)

lande, ein neues, dem HQ 17-Profil angepaßtes, etwas dünneres Tragflügelprofil, wie es im Außenflügel auch für gute Querruderwirkung erforderlich ist: DU 84-132 V3 (13,2% Dicke). Die ersten Serienflugzeuge mit dem neuen Außenflügel waren zwei Motorsegler ASW 22BE (22. März 1986) und Binders Doppelsitzereinzelstück ASH 25MB (28. März 1986). Hans Werner Grosse erhielt für seine ASW 22 schon im November ein paar Testflügel und brachte aus Austrailien begeisternde Nachrichten über die Eigenschaften und Leistungen mit. Erst jetzt konnte Martin Heide seinen Außenflügel selbst einmal ausführlich erproben. Die guten Nachrichten über die ASW 22B bewogen Ingo Renner – seit Jahren auf Schempp-Hirth-Flugzeugen eingeflogen und mit dem Nimbus 3 schon zweimal Weltmeister (83 und 85) – sich im März 1986 vertraglich eine ASW 22B für die Weltmeisterschaften 1987 in seiner Wahlheimat Australien (Benalla im Januar) zusichern zu las-

Technische Daten: **ASW 22**			
Tragflügel:			
Spannweite	22,00	24,00	m
Fläche	14,905	15,49	m²
Streckung	32,47	37,19	
V-Stellung		2,5	Grad
Pfeilung		0	Grad
Profil innen	HQ 17		
Dicke		14,38	%
Profil Mitte	HQ 17		
Dicke		14,38	%
Profil außen	FX 60-126K25		
Dicke		12,6	%
Spannweite innerste Wölbklappen		2×3,42	m
Höhenleitwerk:			
Spannweite		3,125	m
Fläche		1,27	m²
Profil	FX 71-L-150/30		
Dicke		12,0	%
Seitenleitwerk:			
Höhe		1,38	m
Fläche		1,705	m²
Streckung (geom.)		1,12	
Profil	FX 71-L-150/30		
Dicke		12,0	%
Rumpf:			
Länge		8,10	m
Cockpit-Breite		0,64	m
Höhe		0,76	m
Fahrgestell/Rad-Abmessung	2×5.00-5		
wahlweise Spornrad	210×65		
Massen:			
leer (ausgerüstet)	ca. 400	ca. 410	kg
Cockpit-Zuladung		115	kg
höchste nichttragende Masse		265	kg
Wasserballast	240	185	kg
höchste zulässige Flugmasse	750	650	kg
Flächenbelastung:	32,0–50,3	31,6–42,0	kg/m²
Mindestgeschwindigkeit:	66	64	km/h
Geringstes Sinken	0,44	0,41	m/s
bei Flächenbelastung	32	32	kg/m²
und Fluggeschwindigkeit	80	80	km/h
Beste Gleitzahl		54 größer 57	
bei Flächenbelastung	50	42	kg/m²
und Fluggeschwindigkeit	115	110	km/h
Höchste zulässige Fluggeschwindigkeit	280	280	km/h

Technische Daten: **ASW 22B**			
Tragflügel:			
Spannweite		25,00	m
Fläche		16,31	m²
Streckung		38,32	
Zuspitzung		2,44	
V-Stellung		3,5	Grad
Pfeilung		0	Grad
Profil innen	HQ 17		
Dicke		14,38	%
Profil Mitte	HQ 17		
Dicke		14,38	%
Profil außen	DU 84-132V3		
Dicke		13,2	%
Spannweite innerste Wölbklappen		2 × 3,43	m
Höhenleitwerk:			
Spannweite		3,125	m
Fläche		1,27	m²
Profil	FX 71-L-150/30		
Dicke		12,0	%
Seitenleitwerk:			
Höhe		1,54	m
Fläche		1,705	m²
Streckung (geom.)		1,39	
Profil	FX 71-L-150/30		
Dicke		12,0	%
Rumpf:			
Länge		8,10	m
Cockpit-Breite		0,64	m
Höhe		0,76	m
Fahrgestell/Rad-Abmessung	2×5.00-5		
wahlweise Spornrad	210×65		
Massen:			
leer (ausgerüstet)		450	kg
Cockpit-Zuladung		115	kg
höchste nichttragende Masse		290	kg
Wasserballast		235	kg
höchste zulässige Flugmasse		750	kg
Flächenbelastung:	32,0	45,98	kg/m²
Mindestgeschwindigkeit:	65	76	km/h
Geringstes Sinken	0,41	0,50	m/s
bei Flächenbelastung	32	45,98	kg/m²
undFluggeschwindigkeit	80	95	km/h
Beste Gleitzahl	kleiner 60		
bei Flächenbelastung	32	45,98	kg/m²
und Fluggeschwindigkeit	95	115	km/h
Höchste zulässige Fluggeschwindigkeit		250	km/h

sen. Er erhielt die Werksmaschine »AS« mit der Edgar Kremer an den deutschen Meisterschaften 1985 – in Aalen teilgenommen hatte, und wurde damit Weltmeister. Als erster Segelflieger überhaupt, schaffte es Ingo Renner viermal Weltmeisterehren zu erreichen (1976, 83, 85 und 87). Ex-Standardklassen-Weltmeister Marc Schroeder (1981 in Paderborn) belegte hinter Renner den zweiten Platz, ebenfalls mit einer ASW 22B. Platz 4 und 5 wurden mit dem Doppelsitzer ASH 25 erflogen und auf dem 9. Platz landete Ex-Weltmeister George Lee mit einem Motorsegler ASW 22BE. Besser läßt sich die Leistungsfähigkeit des neuen Tragflügels wohl kaum nachweisen.
Bei der ASW 22 (6teiliger Flügel) waren zwei Ansteckflügel erforderlich um auf 24 m Spannweite zu kommen. An der früheren Werksmaschine D-3522 wurde der Ansteckflügel erstmals in einem Stück gebaut, er erwies sich immer noch als handhabbar, so daß die Entscheidung, den Außenflügel für 25 m Spannweite vorerst auch in einem Stück zu bauen leicht fiel. An dem neuen Flügel werden zwei Turbulatorprinzipien eingesetzt: am Innenteil (WK-Bereich) wird ausgeblasen, am Außenteil (QR-Bereich) sorgt das 3-D(auch Zick-Zack)-Band für den sicheren Umschlag ohne laminare Ablöseblase. Die Randbögen sind nach hinten unten gezogen und verleihen der ASW 22B ein doch von anderen Offene-Klasse-Segelflugzeugen unterscheidbares Flugbild. Bei dem neuen Flügelkonzept gleicht offensichtlich der geringere Profilwiderstand am Außenflügel (durch die größere Flügeltiefe ist die Re-Zahl größer) den Verlust durch die etwas geringere Steigerung der Streckung aus. Allerdings ist die Auftriebsverteilung am neuen Außenflügel leicht überelliptisch, was etwas mehr induzierten Widerstand bringt. Da sich der induzierte Widerstand besonders im Langsamflug auswirkt (im Schnellflug ist sein Anteil am Gesamtwiderstand nur um 10%), wird dieser Nachteil durch den höheren Kreisflugwirkungsgrad mehr als ausgeglichen. Die auch im Kreisflug höhere Re-Zahl am Außenflügel erlaubt das Ausfliegen höherer Auftriebsbeiwerte c_A am ganzen Flügel und begründet das bessere Steigen- und Kreisflugverhalten insgesamt. Zu den besseren Eigenschaften und vor allem Leistungen bei allen Geschwindigkeiten trägt wie bei der ASW 20 die Bandabdichtung der Klappenspalte am Flügel und Höhenleitwerk bei.
Die CFK-SFK-Hybridbauweise wurde abgeändert auch für die Rumpfröhre der ASW 22B und des Motorseglers ASW 22BE übernommen. Das Cockpit bleibt schon aus Sicherheitsgründen eine GFK-Schale. Die äußere Form des Rumpfes ist unverändert. Die Radbremse ist bei der B serienmäßig mit dem Bremsklappenhebel gekoppelt.

ASW 22-Motorsegler

Dem reinen Segelflugzeug haftet als einziger Nachteil an, daß es ohne die Mitwirkung mehrerer Helfer nicht in die Luft kommt. Der selbststartende Motorsegler benötigt dagegen im allgemeinen nur die normale Flugplatzinfrastruktur und vielleicht einen Helfer zum Flügelhalten beim Start. Diese weitestgehende Unabhängigkeit von Dritten und die Möglichkeit des Wandersegelflugs, wie ihn Wolf Hirth formuliert hat, faszinieren seit mehr als 50 Jahren große Teile der Segelflieger. Den Namen Motorsegler verdienten eigentlich nur die mit Klapp-

Polare der ASW 22

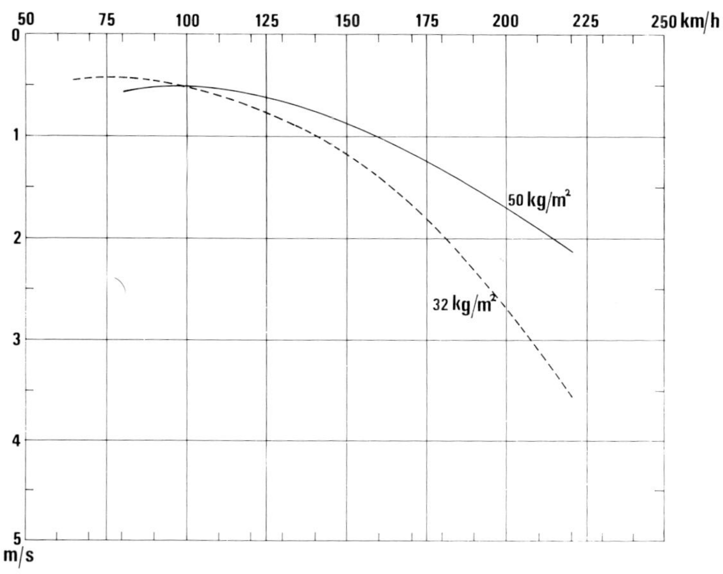

Die ASW 22BE mit dem bekannten Rotax-505-Klapptriebwerk von Walter Binder, kurz vor dem Erstflug am 22. März 1987.
(Foto Peter F. Selinger)

Oben: Otto Wegscheider startet mit seiner ASW 22M (D-KBBY). (Foto Adolf Wilsch)

Links: Die erste ASW 22M (D-KBBY) mit dem wassergekühlten Rotax-Motor. (Foto Peter F. Selinger)

triebwerk versehenen, nachträglich umgebauten Hochleistungssegelflugzeuge. Nach Alois Obermeier und Willibald Collee nahm sich vor allem Walter Binder aus Ostheim/Röhn dieses Gedankengutes an. Sein erstes Meisterstück war der Janus M, damals 1976 noch mit 18,2 m-GFK-Flügeln. Über alle Herstellerschranken hinweg entwickelte er den Klappantrieb zur Serienreife, auf der Basis der Hirth-, später Rotax-2-Zylinder-2-Takt-Triebwerke mit 30 bis knapp 50-kW-Leistung. So sind heute die Glaser-Dirks DG-400, der Schempp-Hirth Janus C und die ASW 22BE serienmäßig mit seinem Antriebssystem ausgerüstet. In Schleicher fand Binder einen Partner, der bereit war, die ASW 22 für die Motorisierung bereitzustellen. Drei ASW 22M bezeichnete Einzelstücke baute er mit dem 43 PS (32 kW)-Rotax-505-Motor der DG-400 um. Ganz befriedigten die Motorleistungen jedoch nicht, die Startstrecke ist bei den großen und schweren Segelflugzeugen der offenen Klasse doch ein bißchen lang, obwohl das Steigen, ist die Maschine einmal vom Boden weg, mit etwa 2,3 m/s ausreichend groß ist. Die ersten beiden Maschinen waren ursprünglich mit dem leistungsstärkeren wassergekühlten Rotax 535 ausgerüstet worden. Die Erhöhung der Masse der nichttragenden Teile durch den Motor im Rumpf wurde mit einer Verstärkung der Flügelholme für diese ersten drei Muster ausgeglichen. Die hohe Masse der nichttragenden Teile zwang jedoch trotzdem zu einer Beschränkung auf 22 m Spannweite. Um dies zu vermeiden, erhielten sie dann den kleineren 505-Motor.

Die vorläufige Zulassung erhielten Otto Wegscheiders ASW 22M D-KBBY, Werknummer 22023, am 18. 3. 1983, die

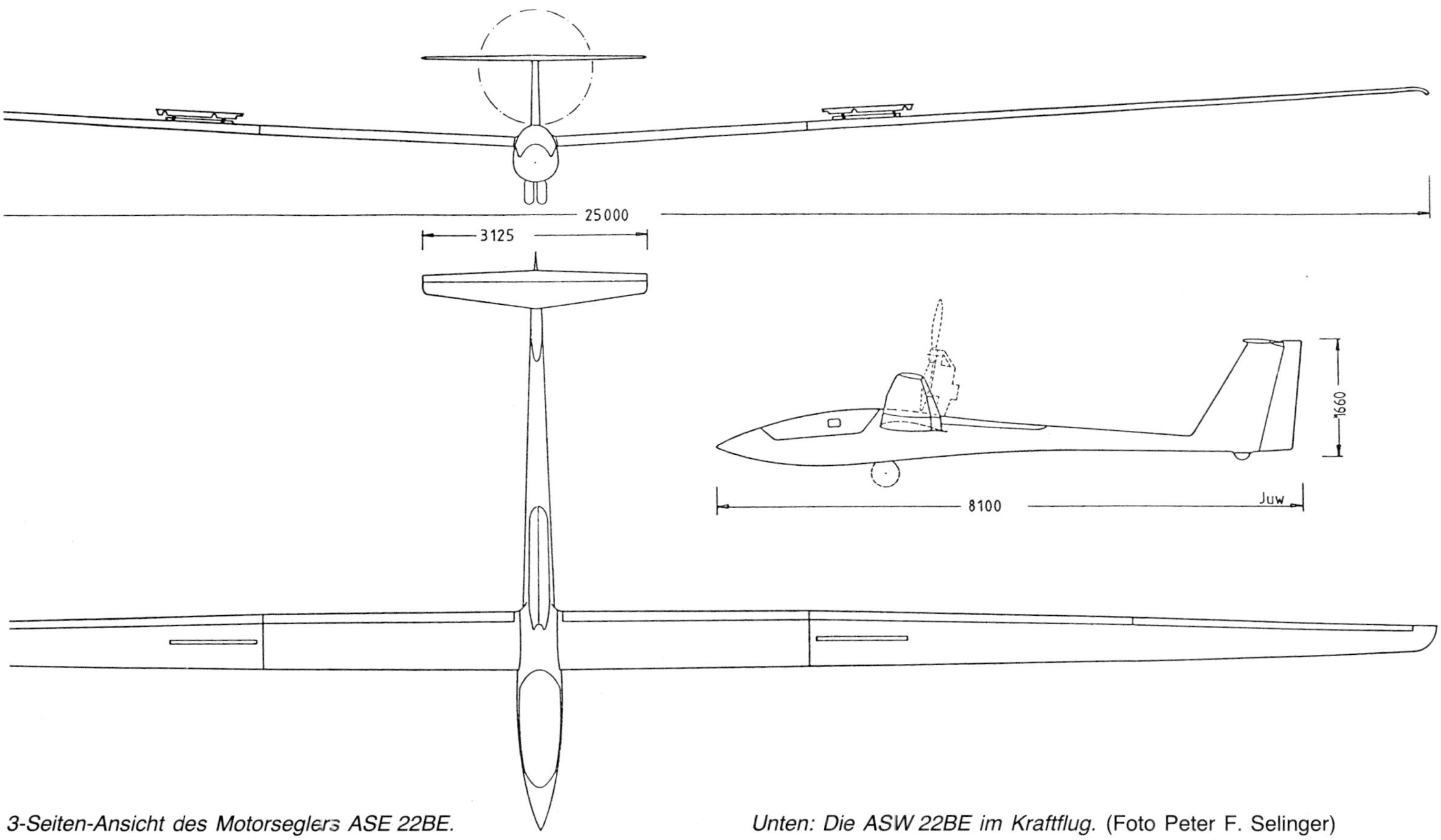

3-Seiten-Ansicht des Motorseglers ASE 22BE.

Unten: Die ASW 22BE im Kraftflug. (Foto Peter F. Selinger)

D-KBEE c/n 22028 am 4. 7. 1983 und Binders eigene Maschine D-KBBO c/n 22041 am 9. 2. 1984. Die beiden nächsten Werknummern sollten gleich die beiden ersten ASW 22BE mit dem neuen, 25 m spannenden, größeren Flügel werden. Seit der Serienfertigungsaufnahme des Motorseglers mit diesen beiden BE (D-KKJP c/n 22042 und D-KKUP c/n 22043) werden alle Flügel für die größte Masse der nichttragenden Teile (gleich für Doppelsitzer, Segler und Motorsegler) und der Rumpf in der Hybridausführung geeignet für die Motornachrüstung hergestellt. Die Serienausführung ASW 22BE erhält an Stelle des seit Jahren eingebauten 32-kW-505-Motor die neue Ausführung 505A mit 35 kW Nennleistung und flog am 22. März 1986 mit dem »JP« und »UP« zum erstenmal, natürlich vor Binders »Haustür« in Ostheim. Dieser Platz hat eine kurze Asphaltpiste, im Gegensatz zum Schleicher Werksflugplatz in Poppenhausen. Die starke positive Einstellung der Propellerachse zur Rumpflängsachse hat Walter Binder bewußt gewählt. Das Höhenleitwerk wird so weniger stark angeblasen und das Flugzeug fliegt sich im Kraftflug ruhiger. Die ASW 22BE ist mit einem Mühlbauer-Holzpropeller anstelle der bei der ASW 22M verwendeten Hoffmann-ITP-Luftschraube ausgerüstet. Damit der Pilot die Hände für die Motorbedienung frei hat, ist die Radbremse mit den Seitensteuerpedalen gekoppelt.

Diese Motorsegler der neuesten Generation, wirklich selbststartend, sind aber Segelflugzeuge geblieben. Im Flug ist der Motor durch nichts zu bemerken. Eindrucksvoll stellte Walter Binder dies mit seinem Zielstreckenweltrekord am 9. Mai 1984 von Ostheim nach Bordeaux-Saucats über 1040 km mit seiner ASW 22M D-KBBO unter Beweis.

Technische Daten: **ASW 22BE**

Tragflügel:			
Spannweite		25,0	m
Fläche		16,31	m²
Streckung		38,32	
Zuspitzung		2,44	
V-Stellung		3,5	Grad
Pfeilung		0	Grad
Profil innen	HQ 17		
Dicke		14,38	%
Profil Mitte	HQ 17		
Dicke		14,38	%
Profil außen	DU 84-132V3		
Dicke		13,2	%
Spannweite innerste Wölbklappen		2 × 3,43	m
Höhenleitwerk:			
Spannweite		3,125	m
Fläche		1,27	m²
Profil	FX 71-L-150/30		
Dicke		12,0	%
Seitenleitwerk:			
Höhe		1,54	m
Fläche		1,705	m²
Streckung (geom.)		1,39	
Profil	FX 71-L-150/30		
Dicke		12,0	%
Rumpf:			
Länge		8,10	m
Cockpit-Breite		0,62	m
Höhe		0,77	m
Fahrgestell/Rad-Abmessung	2×5.00-5		
wahlweise Spornrad	210×65		
Massen:			
leer (ausgerüstet)	ca. 525 kg		
Cockpit-Zuladung	110 kg		
höchste nichttragende Masse	365 kg		
Wasserballast	120 kg		
höchste zulässige Flugmasse	750 kg		

Technische Daten: **ASW 22BE**

Flächenbelastung:	37,4	46	kg/m²
Mindestgeschwindigkeit:	71	78	km/h
Geringstes Sinken	0,43		m/s
bei Flächenbelastung	38,5		kg/m²
und Fluggeschwindigkeit	80		km/h
Beste Gleitzahl	ca. 60		
bei Flächenbelastung	38,5		kg/m²
und Fluggeschwindigkeit	97		km/h
Höchste zulässige Fluggeschwindigkeit		250	km/h
Triebwerk:			
Hersteller	Bombardier-ROTAX		
Type	505A		
Startleistung	(49 PS)	36	kW
bei		6800	U/min
Hubraum		500	cm³
Bohrung		61	mm
Verbrauch bei Startleistung		22,4	l
bei 70%-Leistung		14	l
Propeller:			
Hersteller	Mühlbauer mt-Propeller		
Type	MT 158R 120-1A		
Durchmesser		1,58	m
Treibstoff:			
Vorrat		24+50	l
Motorflug:			
Höchstgeschwindigkeit		150	km/h
Reisegeschwindigkeit		130	km/h
Steiggeschwindigkeit in Seehöhe		1,7	m/s
bei Fluggeschwindigkeit		90	km/h
und Flugmasse		750	kg
Startrollstrecke		ca. 300	m
Startstrecke über 15 m		ca. 500	m
Gipfelhöhe		3000	m
Flugdauer bei Reisegeschwindigkeit, mit Flügeltanks		3,7	h
bei Sägezahnflugtechnik		max. 8,75	h

ASK 23

Die ASK 23 ist eine Rückkehr zum alten Prinzip, einen Einsitzer zu entwickeln, dessen Intérieur und Steuereigenschaften denen des Schuldoppelsitzers möglichst nahe kommen sollen, um dem Schüler auf seinen ersten Alleinflügen ein Gefühl der Vertrautheit zu geben. Aus dieser Motivation heraus entstanden bereits so berühmte Paare wie Bréguet 905 – Bréguet 906, Bijave – Super Javelot, Ka 7/ASK 13 – Ka 8 und Twin Astir – Astir, die einen nahtlosen Übergang von der Anfängerschulung zum Übungsfliegen gewährleisten.
Das Erscheinen von doppelsitzigen Kunststoffseglern wie der ASK 21 machte die Entwicklung eines neuen Musters erforderlich, das bei den Segelflugsportvereinen die Nachfolge der Ka 8 antreten konnte. Mit diesem Problemkreis befaßte sich Kaiser bei seinen Arbeiten am Projekt ASK 23.
Die vollständig in Kunststoffbauweise erstellte ASK 23 ist ein Einsitzer der Klubklasse. Ihre Hauptmerkmale entsprechen einem Segelflugzeug der »alten« Standardklasse, aber geringerer Flächenbelastung.
Die Bauhöhe des Rumpfes ist größer, so daß der Pilot eine mehr aufrechtsitzende Position einnehmen kann. Das starre Fahrwerk besteht aus drei Rädern: Einem 5.00-5-Hauptrad mit Trommelbremse, einem Bugrad als Kufenersatz und einem Spornrad. Das T-Leitwerk hat eine große Höhenflosse und ein federgetrimmtes Höhenruder.
Der großflächige Tragflügel (12,9 m²) mit geringer, der K 6 ähnlichen Streckung (18,1) verleiht der ASK 23 eine niedrige Flächenbelastung und somit ein gutmütiges Verhalten im Langsamflug. Aus dem Wortmann-Profil ergab sich rechnerisch eine Gleitzahl von 33,7.
Die Schempp-Hirth-Bremsklappen treten nur an der Flügeloberseite aus. Nach Kaisers Auslegung, er rechnete die Belastung für einfachen Kunstflug ein, ist die ASK 23 ein solides Segelflugzeug. Auch bei Schwachwindverhältnissen soll die ASK 23 sehr leistungsfähig sein und in der für nicht so erfahrene Piloten schwierigen Landephase ein Gefühl der Sicherheit verleihen.

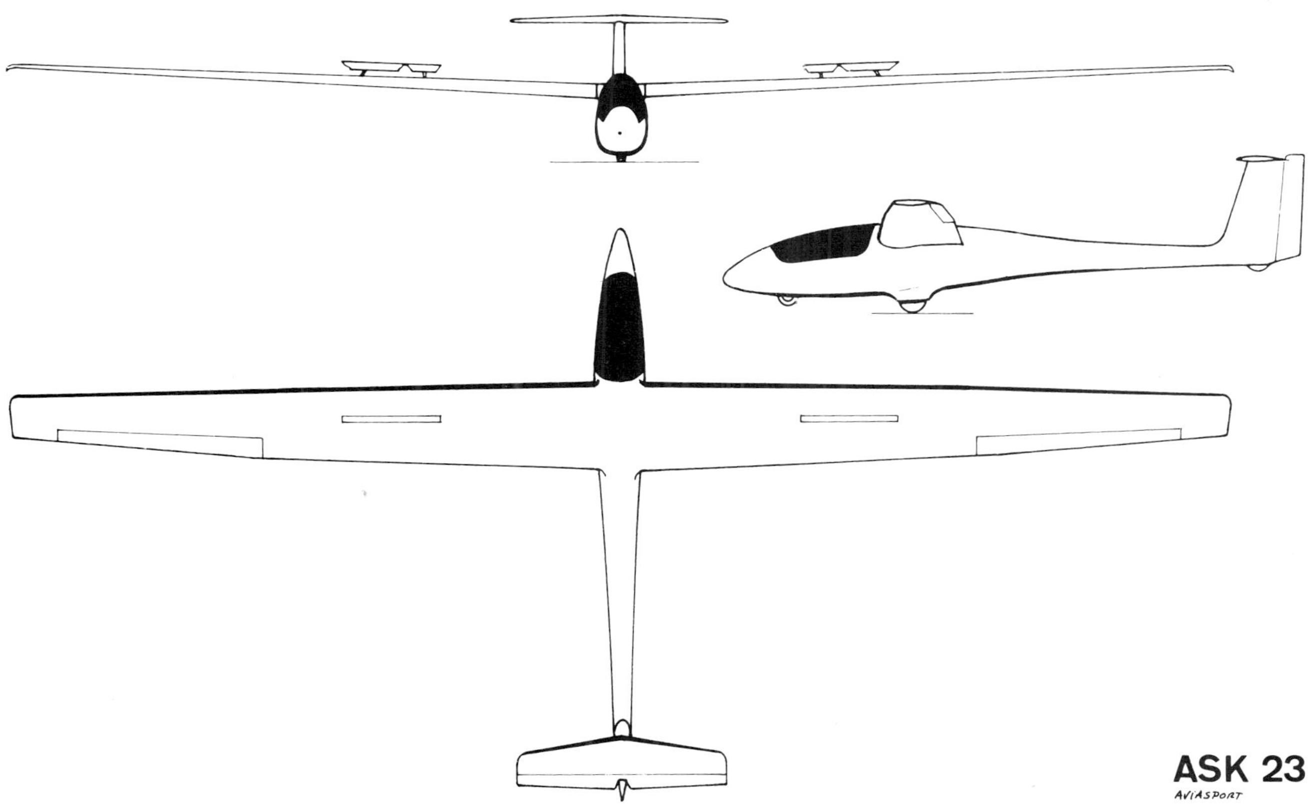

Die ASK 23 wurde beim Idafliegtreffen im Sommer 1984 vermessen. (Foto Adolf Wilsch)

Am 20. Oktober 1983 startete Edgar Kremer zum Erstflug auf dem kleinen Werksflugplatz westlich von Poppenhausen. Alle Vorgaben und Ziele für die ASK 23 wurden erreicht. Der aus der ASK 21 kommende Schüler fühlt sich im Einsitzer sofort zu Hause, das Cockpit ist bis hin zur Lüftung mit dem des vorderen Sitzes der ASK 21 identisch. Besonders die Flugeigenschaften erwiesen sich so gutmütig und angenehm, wie man es sich für ein Schulflugzeug nur wünschen kann.

Im Verlauf der Flugerprobung zeigte sich, daß mit der ursprünglich angestrebten Flugmasse von maximal 380 kg der 45-Grad-Bahnneigungsflug nicht sicher auf die höchste zulässige Geschwindigkeit von 220 km/h begrenzt werden kann. Hierbei stellte sich sowieso die Frage, warum ein Übungsflugzeug ohne Wasserballast 140 kg Zuladung haben soll, denn im Cockpit sind 120 kg allemal ausreichend. Diesem wurde dann mit der Verringerung der maximalen Flugmasse auf 360 kg Rechnung getragen, ohne die Struktur leichter zu bauen. Die dann ASK 23B benannte Ausführung hat somit noch Festigkeitsreserven. Von der »Vorserie ASK 23« wurden insgesamt 51 ausgeliefert.

Das geräumige und großflächige Flugzeug wiegt mit 240 kg erstaunlich wenig. Wie bei der ASK 21 wird der Rumpf der ASK 23 in Wabensandwichbauweise hergestellt und trägt damit wesentlich zum günstigen Leergewicht bei. Ansonsten bietet das ganz in GFK hergestellte Segelflugzeug keine bautechnischen Besonderheiten. Der Höhenruderanschluß erfolgt selbsttätig, die Steuerung im Flügel (Querruder und Bremsklappen werden mit kugelgelagerten Stoßstangen gesteuert) muß von Hand mit Hilfe der Hotellierverschlüsse verriegelt werden. Wichtig für Handhabung und Sicherheit ist der mit der Haube nach oben klappende Instrumentenpilz, den nun alle Schleicher-Einsitzer aufweisen, und der zusammen mit dem automatischen Höhenruderanschluß auch für die ASK 21 übernommen wurde.

Technische Daten: **ASK 23B**		
Tragflügel:		
Spannweite	15,0	m
Fläche	12,90	m^2
Streckung	17,4	
V-Stellung	2,67	Grad
Pfeilung	0	Grad
Schränkung	2	Grad
Profil innen	FX 61-168	
Dicke	16,8	%
Profil Mitte	FX 61-168	
Dicke	16,8	%
Profil außen	FX 60-126	
Dicke	12,6	%
Höhenleitwerk:		
Spannweite	2,6	m
Fläche	1,38	m^2
Profil	FX 71-L-150/30	
Dicke	14,0	%
Seitenleitwerk:		
Höhe	1,05	m
Fläche	0,95	m^2
Streckung (geom.)	1,16	
Profil	FX 71-L-150/30	
Dicke	15,0	%
Rumpf:		
Länge	7,05	m
Cockpit-Breite	0,65	m
Höhe	0,92	m
Fahrgestell/Rad-Abmessung 5.00-5 Bugrad 260×85, wahlweise Spornrad 210×65		
Massen:		
leer (ausgerüstet)	ca. 240	kg
Cockpit-Zuladung (ASK 23:120 kg)	110	kg
höchste nichttragende Masse (23:253 kg)	235	kg
Wasserballast	–	kg
höchste zulässige Flugmasse (23:380 kg)	360	kg
Flächenbelastung:	24–29,46	kg/m^2
Mindestgeschwindigkeit:	64	km/h
Geringstes Sinken	0,66	m/s
bei Flächenbelastung	26,82	kg/m^2
und Fluggeschwindigkeit	74	km/h
Beste Gleitzahl	34	
bei Flächenbelastung	26,82	kg/m^2
und Fluggeschwindigkeit	90	km/h
Höchste zulässige Fluggeschwindigkeit	215	km/h

Die ASK 23B wird auch nach Japan exportiert.
(Foto Peter F. Selinger)

Polare der ASK 23

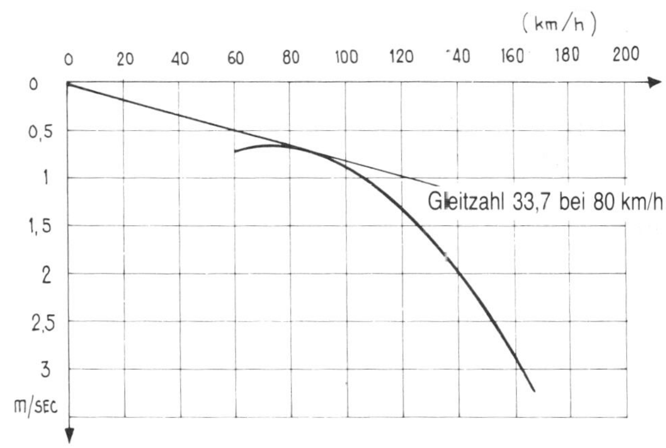

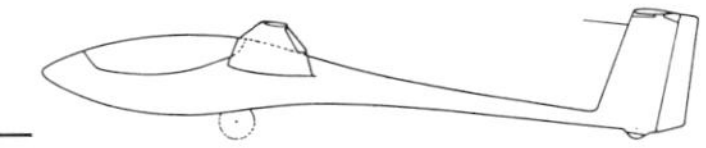

ASW 24

Nicht das letzte, aber das jüngste Kapitel dieser Schleicher-Geschichte schrieb die ASW 24, das neue Standardklassenflugzeug. Mit dem Erscheinen des LS 4 und den furiosen Wettbewerbserfolgen 1980 und 1981 ging der Verkauf aller anderen Segelflugzeuge der Standardklasse drastisch zurück. DG-300 und Discus brachten den Verkauf der ASW 19 vollends zum Erliegen. Es war klar, daß Schleicher sich um einen Nachfolger bemühen mußte. Nach der Verbesserung der ASW 20 war für Gerhard Waibel der Weg für eine Neukonstruktion frei. Zuvor jedoch machte man einen Versuch mit einer umgebauten ASW 20B. Dieses »ASW 24-Prototyp« genannte Flugzeug war extra für Karl Striediecks Teilnahme an den nationalen amerikanischen Meisterschaften 1985 gebaut worden und traf am 7. Mai 1985 in den USA ein. (Striedieck zog es dennoch vor, bei diesen Meisterschaften einen Discus zu fliegen.) Dieser ASW 20B wurde der Wölbklappenmischer ausgebaut und durch eine einfache Steuerung ersetzt. Der innerste Meter der Wölbklappe auf jeder Seite blieb fest, der restliche Teil ging als erweitertes Querruder mit diesem mit, aber mit geringeren Ausschlägen. Sie erhielt auch das größere ASW-19-Höhenleitwerk. Der Erstflug und einige wenige Erprobungsflüge waren noch über die Osterfeiertage in Poppenhausen möglich gewesen. Aber schon vorher stand fest, daß es ein Einzelstück bleiben würde, denn Gerhard Waibel hatte weiterreichende Pläne. Seit dem ASW 19 Rumpf, der ja auch Pate für die ASW 20 und 22 stand, hatte man in Braunschweig und Delft neue Erkenntnisse über Rumpfform und Tragflächenposition am Rumpf gewonnen. Die stärkere Einschnürung hinter dem Cockpit und die Zurückverlagerung des Flügelansatzes erwiesen sich in Windkanaluntersuchungen und Berechnungen als widerstandsgünstiger als bisherige Anordnungen.

Es sollte also ein ganz neues Flugzeug werden, nicht nur ein neuer Tragflügel oder gar nur ein neues Profil dafür. Der Rumpfseitenriß wurde so in die induzierte Tragflächenanströmung gelegt, daß er beim leistungskritischen Schnellflug möglichst wenig Widerstand durch Schräganströmung bewirkt, ohne dadurch im Langsam(Kreis-)flug wieder etwas zunichte zu machen. Der »Knick« in der Rumpfseitenlinie ist nach diesem Grundsatz optimiert worden. Das mehr Platz als die

Das ferngesteuerte 4-Meter-Modell von Werner Mihm aus Poppenhausen gibt einen Eindruck vom späteren Aussehen der richtigen ASW 24. (Foto Schleicher)

Gerhard Waibel erläutert den Flügelaufbau der ASW 24 mit dem erstmaligen Serieneinsatz der Aramidfaser Kevlar in einer tragenden Schale. (Foto Peter F. Selinger)

Auch Höhen- und Seitenleitwerk sind mit dem 3D-Turbolator und der flexiblen Klappenspalt-Abdeckung System Streifeneder versehen. (Foto Adolf Wilsch)

Martin Heide bereit zum 4. Start mit dem ASW 24-Prototyp am Erstflugtag, dem 14. Dezember 1987. (Foto Adolf Wilsch)

ASW 19 bietende Cockpit wirkt bei der schlanken Rumpfgestaltung etwas kleiner. Der elegant geschwungene Haubenausschnitt gibt dem Piloten mehr Sicht, obwohl die Innenschalenvertiefung des Rumpfausschnitts höher hinaufreicht. Natürlich klappt der Instrumentenpilz mit der doppelfalzabgedichteten Haube nach oben.

Besonders viel Mühe machte der Tragflügel. Aus einer Vielzahl von Profilen wurde schließlich das DU84-158 ausgewählt, das bei, im Vergleich zu den Mitbewerbern ebenbürtigen Schnellflugleistungen bessere Ergebnisse im Langsamflug verspricht. Ein noch widerstandsärmeres Profil wäre so kritisch gewesen, daß man es aus Gründen der Verschmutzungsanfälligkeit (Leistungseinbuße bei Regen und durch Mücken) nicht nehmen wollte, obwohl die Laminardelle weiter hinauf, wie herunter gereicht hat. Die Unterseite des DU84-158 ist auf den 3D-Turbulator bei 77 % Flügeltiefe ausgelegt worden. Bei der Oberseite wurde das Prinzip der Destabilisierungsstrecke zur Vermeidung von Ablöseblasen angewandt.

Die Idee der langen Querruder von Winfried M. Feifel haben die Aerodynamiker von Delft nachgerechnet, unter besonderer Berücksichtigung der dynamischen Verhältnisse bei der Änderung der Querruderstellung. Sie erwies sich ohne Einschrän-

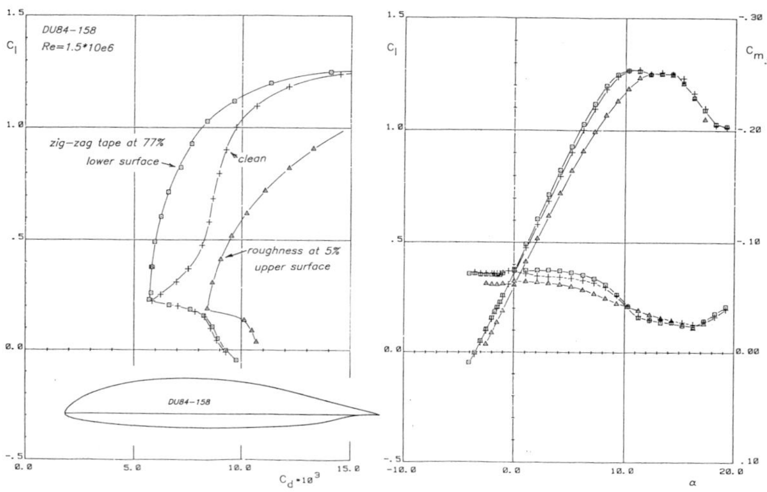

Im Laminarwinkel des Instituts für Aerodynamik in Delft wurden diese Daten des Tragflügelprofils der ASW 24 gemessen: Sie zeigen den Vergleich der Auswirkungen einer Verschmutzung auf der Flügeloberseite, einer glatten Flügelunterseite und mit 3D-Turbolator (Zickzack-Band) auf der Unterseite. (L. M. M. Boermans, Delft University)

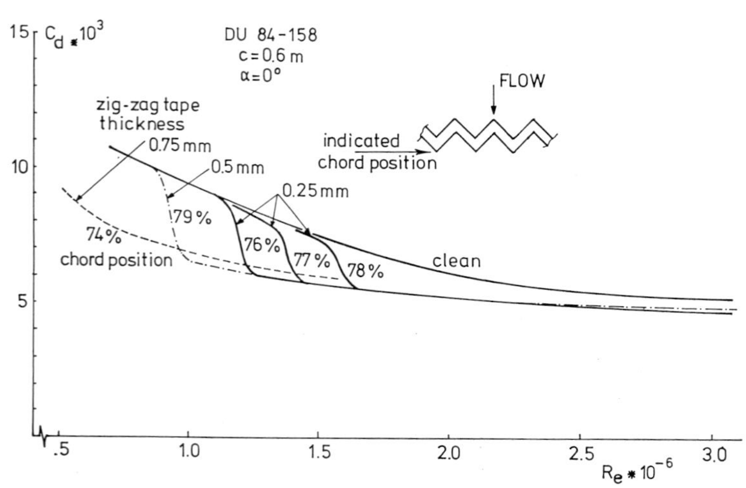

Einfluß der Position des Zickzack-Bandes auf den Strömungsumschlag. (L. M. M. Boermans, Delft University)

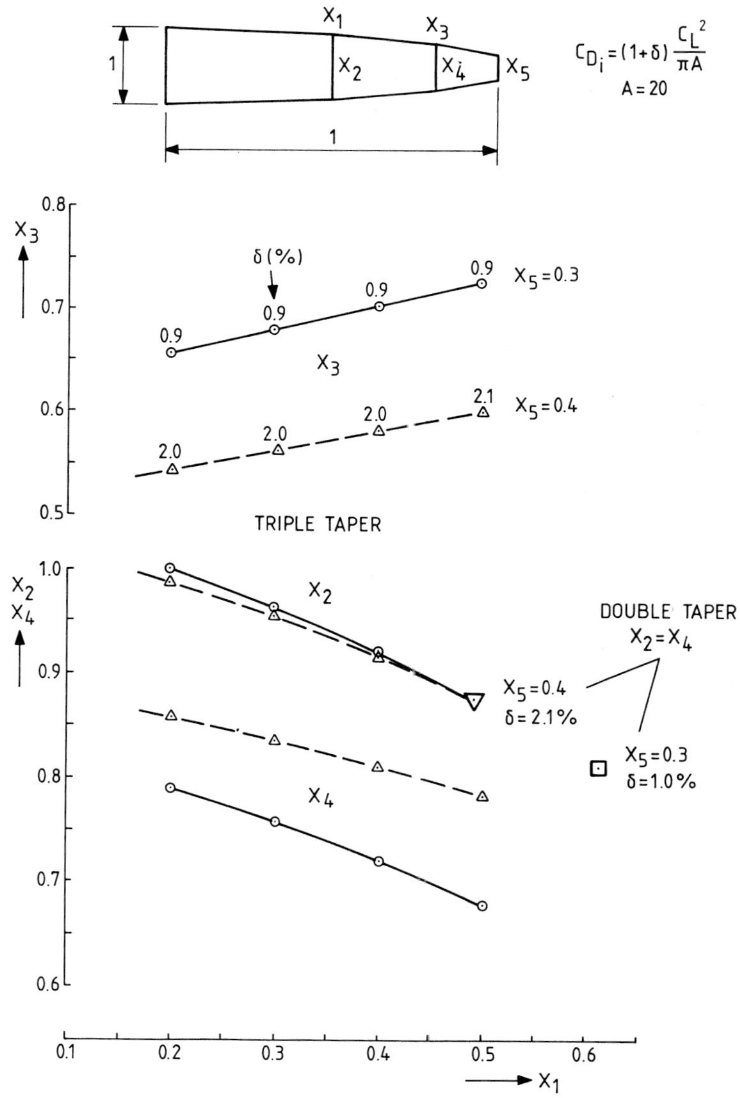

Kurvenschar zur Optimierung des Flügelgrundrisses. (L. M. M. Boermans, Delft University)

kung als richtig, die damit möglichen kleineren Querruderausschläge verursachen geringere Ablösungen.
Der Tragflügelgrundriß ist ein weiteres Leistungskriterium. Umfangreiche Simulationsrechnungen des Mathematikers Dr. Jan L. de Jong von der Universität Eindhoven brachten ein erstaunliches Ergebnis: Bei gegebener Spannweite und Flügelfläche ist der 3fach-Trapezflügel beim induzierten Widerstand nur weniger als 1 Promille besser als der 2fach-Trapezflügel (c_{wiell}). Diese nicht nachzumessende Differenz lohnt den Aufwand in Berechnung und Bau nicht. Interessant, daß es dann für den 2fach-Trapezflügel mit dem bestimmten Profil nur EIN Optimum gibt: Der Knickpunkt und die Tiefenverteilung sind eindeutig fest und lassen dem Konstrukteur keinen Spielraum mehr. Berechnungen des Langsamflugverhaltens nach Sivells und Neely (1947 veröffentlicht) führten zu einer geometrischen Schränkung des Außenflügels von −0,85 Grad. In Verbindung mit der zusätzlichen aerodynamischen Schränkungswirkung lassen diese Simulationen eine sehr gute Steuerbarkeit auch im »Stall« erwarten.
Besonderes Augenmerk in der Auslegung eines Segelflugzeugs verdient auch die Streckung des Tragflügels. Hierzu wurden umfangreiche Variationsrechnungen unter Einbeziehung der Horstmannschen Modellaufwindverteilungen und des daraus abgeleiteten Wettermodells von T. Küpper angestellt. Letztlich erwies sich die Streckung 22,5 als ein sehr guter Wert für die zu erwartenden Wetterbedingungen, unter Berücksichtigung des Wasserballastes von maximal 170 kg.
Im Herbst 1986 wurde in Delft mit Hilfe des Panelverfahrens der Flügelrumpfübergang gestaltet. Ähnlich der Zerlegung einer Schale zur Festigkeitsrechnung in Finite Elemente, wird hier die Oberfläche in Teilflächen, »panels«, zerlegt. So ist es möglich, schrittweise von der ungestörten Tragflügelströmung den Einfluß der Rumpfumströmung zu berechnen und fortzuschreiben, um so jedes Flächenelement auf besten Strömungsverlauf hin festzulegen. Diese Arbeit kann am Terminal des Großrechners der Fakultät für Luft- und Raumfahrt, den das Institut LSL (Low Speed Laboratory, wie es offiziell heißt) benutzt, durchgeführt werden. Selbstverständliches Ziel ist es, den Umschlagpunkt (laminare in turbulente Strömung) auch im Rumpfbereich soweit möglich nach hinten zu verlegen und trotzdem die Tragflügelströmung so gering wie möglich zu beeinträchtigen. Eine dazu beitragende Maßnahme ist die Änderung des Tragflügelprofils in Rumpfnähe, wie es erstmals bei der SB 12 der Akaflieg Braunschweig auf Anregung der DFVLR-Mitarbeiter Horstmann und Quast versucht wurde.

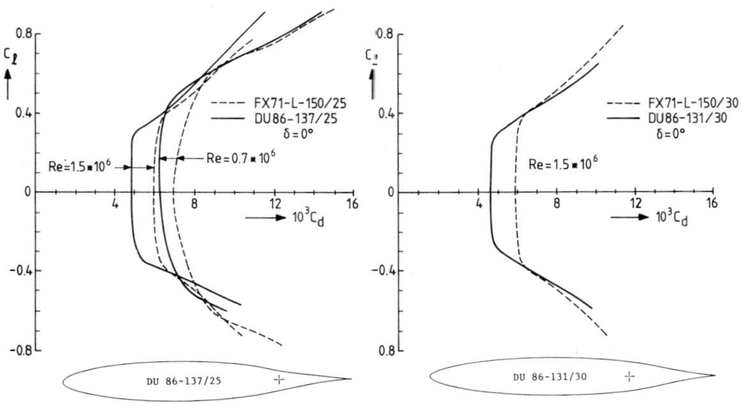

Profilpolaren der für die ASW 24 entwickelten neuen Leitwerksprofile, DU 86-137/25 für das Höhenleitwerk, DU 86-131/30 für das Seitenleitwerk.
(L. M. M. Boermans, Delft University)

Das Rumpfvorderteil und der Flügelansatz wurden in »Panels« zerlegt, um in aufwendigen Rechenverfahren einen möglichst widerstandsarmen Flügel-Rumpf-Übergang zu optimieren. ▷
(L. M. M. Boermans, Delft University)

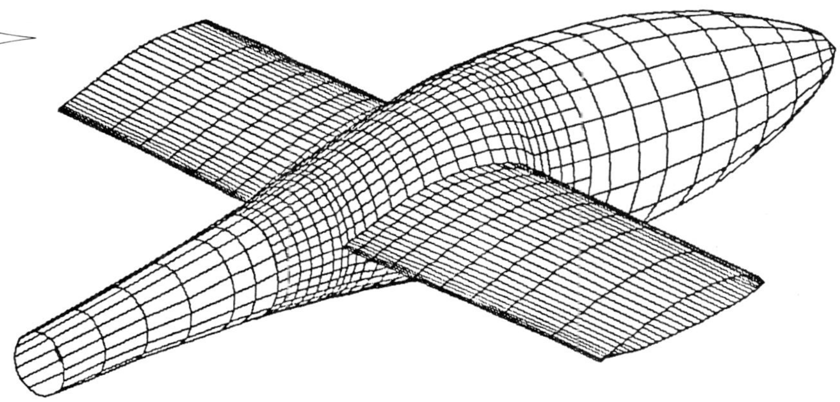

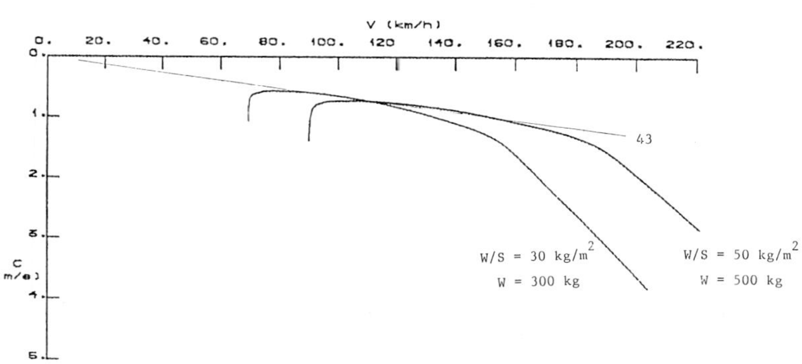

Die errechnete Geradeausflugpolare der ASW 24 läßt sehr gute Flugleistungen erwarten. (L. M. M. Boermans, Delft University)

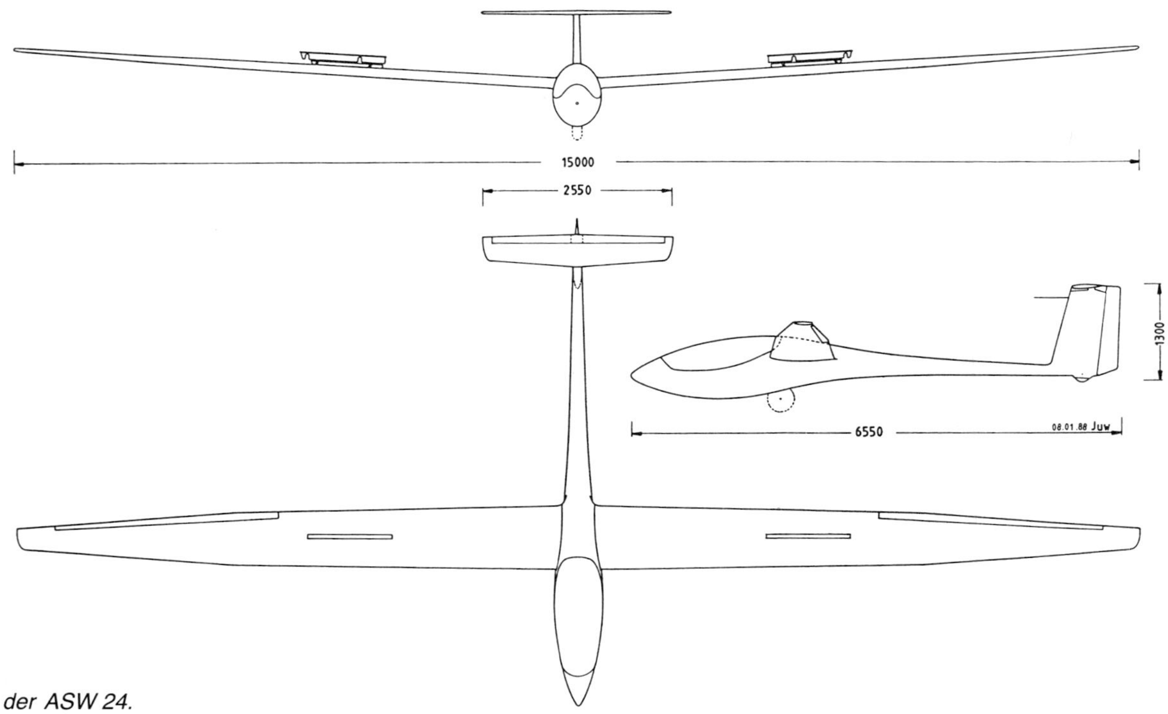

3-Seiten-Ansicht der ASW 24.

Eine ähnlich schwierige Teilaufgabe ist das Leitwerk. Hier ist am kritischsten die Stelle, an der das Höhenleitwerk auf der Seitenflosse befestigt ist. Auch um hier nur geringste Interferenzverluste in Kauf nehmen zu müssen, ist das neugerechnete und im Windkanal vermessene dünnere Höhenleitwerksprofil unsymmetrisch ausgeführt. Angepaßt an den Tragflügel und seinen geringeren Momentenbeiwert wird das Höhenleitwerk schlanker sein und ebenso den nach hinten oben gezogenen Randbogen mit gerader Hinterkante aufweisen. Dies erwies sich unter allen praktikablen Randbogenausgestaltungen noch als das beste. Der höher (zwischen Mittel- und Schulterdecker) angesetzte Tragflügel begünstigt die Langsam(Kreis-)flugeigenschaften.

Gerhard Waibel ist um die offene und vertrauensvolle Zusammenarbeit mit Braunschweig und Delft zu beneiden. Auf vielen Gebieten der Wissenschaft und Technik ist die Spitzenleistung nur in der Zusammenarbeit möglich, in der sich die kreativen Leistungen der einzelnen Mitglieder potenzieren. Offensichtlich gilt dies auch für das Entwerfen und Konstruieren von Segelflugzeugen. Ebenso ist an der Entwicklung der ASW 24 bemerkenswert, mit welcher Offenheit lange vor einem Erstflug die Entwurfsparameter, -gedanken und -entscheidungen öffentlich diskutiert werden, und dies trotz des in den letzten Jahren besonders harten Wettbewerbs zwischen den beiden traditionsreichen deutschen Herstellern.

In der Bauweise vereinigt die ASW 24 jüngste Erkenntnisse. Der Rumpf wird als GFK-CFK-SFK-Hybridschale hergestellt. Der Flügel hat CFK-Roving-Gurte und eine GFK-SFK-Hartschaumsandwichschale. Beide Leitwerke sind aus GFK-CFK-SFK-Hybridsandwichschalen gebaut. Die Gabel-Zunge-Holmverbindung für die Tragflügel ist Schleicher-Standard. Wie es heute eigentlich selbstverständlich sein sollte, hat die ASW 24 Glasflügelähnliche automatische Ruderanschlüsse.

Der Erstflug fand noch vor Weihnachten, leider bei schlechtestem Wetter, am 14. Dezember 1987 statt, mit Gerhard Waibel am Knüppel. Die maximale Schlepphöhe betrug nur 280 m (bis zur Hochnebel-Untergrenze). Der Prototyp des Segelflugzeugs ASW 24 hat das Kennzeichen D-1124. Gleichzeitig ist es offiziell bekanntgegeben: Die ASW 24 wird auch als selbststartender Motorsegler ASW 24E (E von engine) angeboten, mit zwei Triebwerken zur Auswahl. Einmal wird der im Doppelsitzer ASH 25E als Flautenschieber eingesetzte 1-Zylinder Binder-Rotax-Antrieb zu haben sein – erstmals in der dritten Maschine, die sich im Januar 1988 gerade im Bau befand. Es ist gelungen, den Einbau in den sehr schlanken Rumpf mit nur geringen Änderungen der Rumpfkontur im Bereich der Motorraum-Klappen zu verwirklichen. Thomas Fischer plant die ASW 24 auch mit seinem Aufsatz-Triebwerk TOP, aber teilversenkt und damit strömungsgünstiger als sonst, auszurüsten: ASW 24TOP. Die ersten Flüge im Eigenstart werden im Ver-

Technische Daten: **ASW 24**			
Tragflügel:			
Spannweite		15,0	m
Fläche		10,0	m^2
Streckung		22,5	
Zuspitzung		3,23	
V-Stellung		3,25	Grad
Pfeilung		1,03	Grad
Profil innen		DU 84-158	
Dicke		15,8	%
Profil Mitte		DU 84-158	
Dicke		15,8	%
Profil außen		DU 84-158	
Dicke		15,8	%
Höhenleitwerk:			
Spannweite		2,55	m
Fläche		0,9	m^2
Profil		DU 86-137/25	
Dicke		13,7	%
Seitenleitwerk:			
Höhe		1,2	m
Fläche		0,95	m^2
Streckung (geom.)		1,52	
Profil		DU 86-131	
Dicke		13,1	%
Rumpf:			
Länge		6,55	m
Cockpit-Breite		0,66	m
Höhe		0,845	m
Fahrgestell/Rad-Abmessung	5.00-5		
Spornrad	210×65		
Massen:			
leer (ausgerüstet)		ca. 220	kg
Cockpit-Zuladung		max. 115	kg
höchste nichttragende Masse		230	kg
Wasserballast		170	kg
höchste zulässige Flugmasse		500	kg
Flächenbelastung:	30,5	50	kg/m^2
Mindestgeschwindigkeit:	70		km/h
Geringstes Sinken	0,6		m/s
bei Flächenbelastung	31,5		kg/m^2
und Fluggeschwindigkeit	85		km/h
Beste Gleitzahl	42,5	43	
bei Flächenbelastung	31,5	50	kg/m^2
und Fluggeschwindigkeit	105	130	km/h
Höchste zulässige Fluggeschwindigkeit		270	km/h
(Flugleistungen errechnet)			

lauf des Frühjahrs 1988 möglich sein.

Soweit dies nach den wenigen Flügen schon gesagt werden kann, erwiesen sich alle Hoffnungen als wohl berechtigt: sehr gute Wendigkeit, geringe Mindestgeschwindigkeit auch ausfliegbar, hervorragend harmonische Steuereigenschaften und eine sehr leichtgängige Steuerung dank der kugelgelagerten Stoßstangen im Flügel. Auch beim Montieren läßt sich das Neue fühlen, fast 20 kg leichtere Flügel durch das neue Material Kevlar auch im Flügel, nicht nur im Rumpf.

Anläßlich eines Vortrags am 12. November 1987 sagte Gerhard Waibel: »Nach all den Anstrengungen in der Auslegung und Konstruktion des neuen Segelflugzeugs braucht der Konstrukteur auch Glück, das Glück der richtigen Auswahl der Piloten für die ersten Wettbewerbseinsätze und deren gutes Abschneiden.« Denn noch immer sind Wettbewerbserfolge der Motor des Verkaufserfolgs, so sehr auch Pilotenkönnen und -glück oft viel mehr ausmachen, als es die Leistungsunterschiede der verschiedenen Flugzeugtypen einer Klasse je vermögen.

Von der AS 22-2 zur ASH 25

Martin Heides erste Konstruktion

Wie schon im Kapitel über die ASW 22 berichtet, iniziierte Martin Heides Erfahrung aus dem Bau der FS 31 den Wunsch nach einem Traumdoppelsitzer für Erwin Müller. Müller hätte sein Flugzeug während der Bauzeit mehrere Male verkaufen können, so groß war das Interesse. Eine wesentliche Voraussetzung für das Gelingen der AS 22-2 war die sehr leichte Bauweise des Rumpfes, wie sie die Akaflieg Stuttgart bei der FS 31 erprobt hatte. Der verstärkte Motorseglerflügel erlaubte dann mit etwas dickeren Gurten die ernsthafte Realisierung. Die günstige Gewichtsverteilung des Rumpfes ersparte Heide die Vorpfeilung der Tragflügel. Bei der 22-2 wurde der Flügel 4teilig, aber mit 24 m Spannweite, wie bei der normalen ASW 22 ausgeführt. Aus Leistungsgründen bekam Müller das kleine Höhenleitwerk des ASW 22-Prototyps, das übrigens auch Dick Butler (USA) bei seiner für die WM 1983 in Hobbs auf 25,12 m vergrößerten ASW 22 eingesetzt hatte.

In die von der FS 31 übernommene Rumpfform (Rümpfe der Akaflieg Stuttgart erwiesen sich schon lange als strömungs-

Erwin Müller brachte mit seinem Wunsch nach einem, dann AS 22-2 genannten Hochleistungsdoppelsitzer den Stein ins Rollen: Die Flugleistungen der offenen Klasse auch beim Fliegen zu zweit.
(Foto Peter F. Selinger)

AS-22-2-Rumpf mit geschlossenen Hauben. (Foto Peter F. Selinger)

Der lange schlanke Rumpf der AS 22-2 im Abendlicht des Erstflugtages (29. 9. 1984) auf der Wasserkuppe. (Foto Peter F. Selinger)

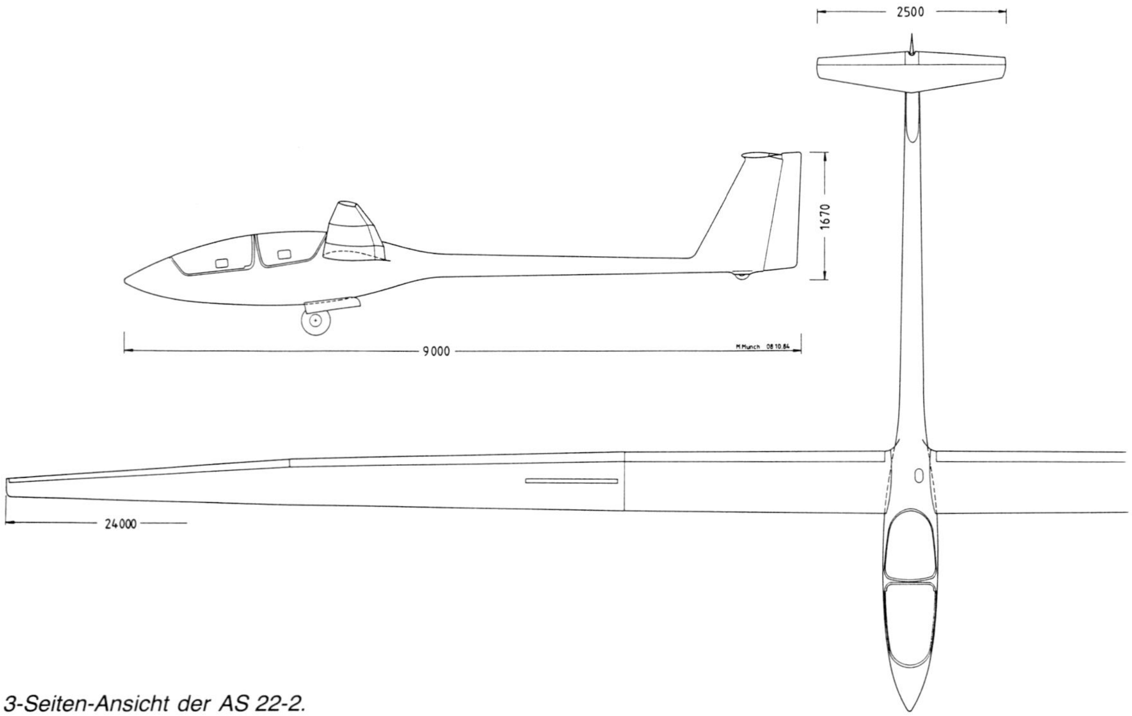

3-Seiten-Ansicht der AS 22-2.

günstig und widerstandsarm) wurden die Hauben der ASK 21 eingestrakt. Das vordere Instrumentenbrett klappt ähnlich der ASW 22 mit der Haube nach oben. Die Seitensteuerpedale sind vorne und hinten voll verstellbar, die hintere Sitzschale stammt von der FS 21 ab. Das weit ausfahrende, gefederte Rad hat Heide ebenfalls auf der Grundlage der FS 31 konstruiert. Einzig der Fahrwerkshebel ist nur am vorderen Sitz vorhanden. Alle übrigen Bedienhebel sind vorne und hinten gleichermaßen verfügbar. Schließlich hatte die rohbaufertige Maschine eine Masse von 417 kg ohne Instrumente, Batterien, Fahrwerksklappen usw. Der Vorderrumpf war natürlich länger als bei der ASW 22, zum Ausgleich erhöhte Heide den Leitwerkshebelarm um 0,56 m. An die Rumpfröhre hatte er das normale ASW 22 Seitenleitwerk angepaßt. Gerade noch rechtzeitig vor der für Ende Oktober 1984 geplanten Verschiffung konnte Edgar Kremer am 29. September um 11.25 GMT von der Wasserkuppe aus zum Erstflug von einer Stunde Dauer starten. Den zweiten Flug machten dann gemeinsam die beiden Väter Martin Heide und Gerhard Waibel, von dem ja Flügel und Leitwerk stammen. Der für Erwin Müllers Gewicht optimale Schwerpunkt wurde durch den Einbau der beiden Batterien in die Seitenflosse eingestellt. Dies ergab die Flugerprobung, die noch im Oktober weitgehend abgeschlossen wurde.
Der in Australien erflogene Weltrekordversuch war Anfang 1987 noch nicht von der FAI anerkannt worden. Mit seinem langjährigen Copilot Otto Schäffner aus Langenau bei Ulm erreichte Erwin Müller am 21. Dezember 1984 149,3 km/h über die 300 km Dreiecksstrecke. Sein eigener Weltrekord mit dem Janus stand auf 140,48 km/h.
Schon bald nach der Ablieferung der AS 22-2 mußte Schleicher seinen zahlreichen Interessenten die Serienherstellung versprechen. Dieses Muster hieß dann konsequenterweise ASH 25, H für Heide und 25 als nach der 24 nächste freie Nummer. Die 24 war ja schon Anfang 1985 als Gerücht für die Bezeichnung des ASW 19-Nachfolgers in Umlauf geraten. Offiziell wurde die Serienherstellung des großen Doppelsitzers bei der Aero '85 in Friedrichshafen bekanntgegeben. Aber, die ASH 25 hat außer der AS 22-2 noch einen zweiten Vorläufer. Zum Zeitpunkt der Ankündigung in Friedrichshafen hatte Walter Binder schon seinen Supermotorsegler ASH 25MB, M für Motor und B für Binder, begonnen. Allerdings wird dieser ein Einzelstück bleiben. Für die Serie ist die beim Rumpf notwendigerweise angewandte Bauweise nicht geeignet. Die ASH 25MB erhielt den 4teiligen, 25 m spannenden und verstärkten Flügel der 22B/25. Aber für die zusätzliche Masse des Motors reichte die verstärkte Struktur denn doch nicht aus. Also mußte der Rumpf leichter werden, um den großen Motor, wie er zum Eigenstart erforderlich ist, einbauen zu dürfen.

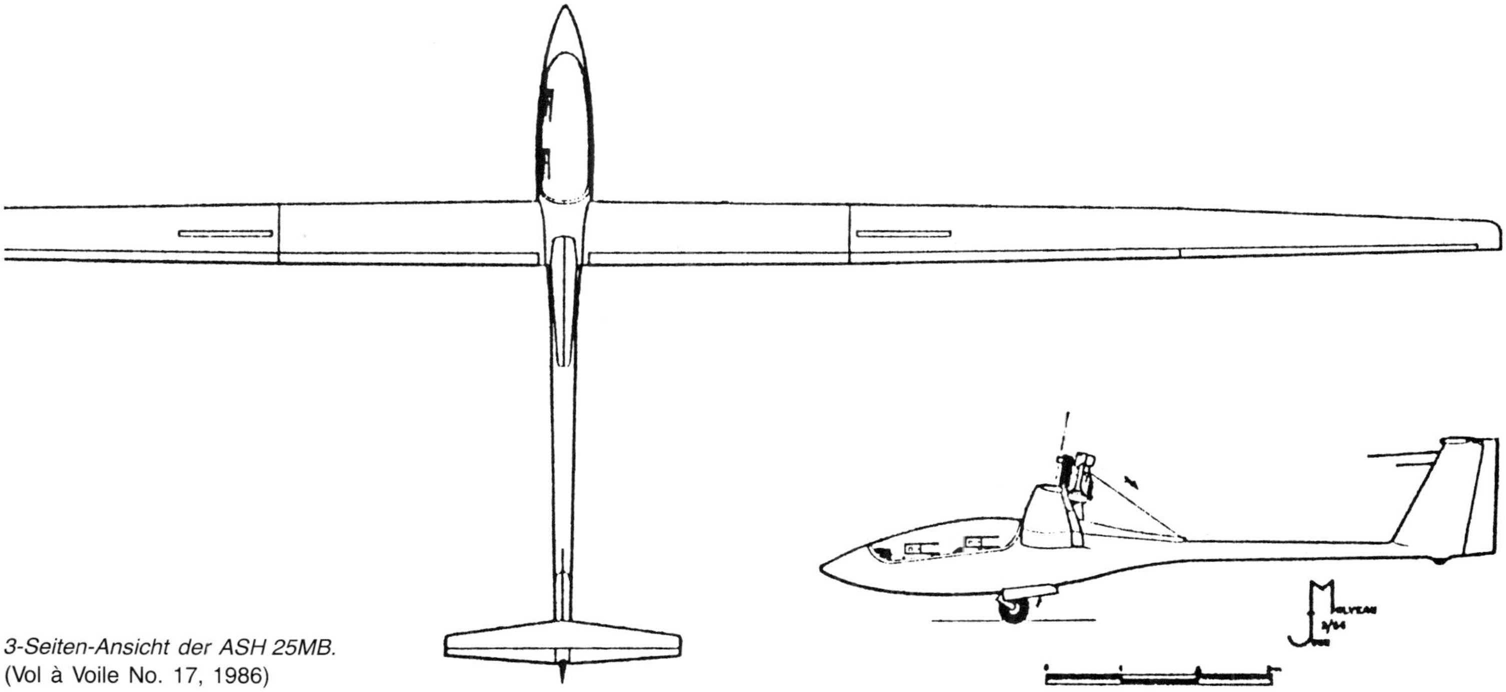

3-Seiten-Ansicht der ASH 25MB.
(Vol à Voile No. 17, 1986)

Walter Binders Supermotorsegler ASH 25MB wird zum Erstflug am 28. März 1986 vorbereitet. (Foto Peter F. Selinger)

Die Holme, ihre Abschlußrippen und die Steuerung in der Unterschale des Flügels für eine ASW 22B oder ASH 25. (Foto Peter F. Selinger)

Der makellosen Oberfläche des Rumpfes der ASH 25MB sieht man die Positivbauweise nicht an. (Foto Peter F. Selinger)

Der hintere Pilot hat keine eigenen Instrumente, die Haube der ASH 25MB stammt von der FS 31. (Foto Peter F. Selinger)

Walter Binder kurz vor dem Erstflug mit seiner ASH 25MB. (Foto Peter F. Selinger)

Mit der Unterstützung von Schleicher stellte sich Binder seinen Rumpf als CFK-Balsa-Sandwich-Schale in Positivbauweise selbst her. Er wandelte die Form hinter dem Cockpit so ab, daß der Klappmotor gerade hineinpaßt. Um das Gewicht so niedrig wie möglich zu halten, bekam der hintere Sitz keine Instrumente. Die vorderen sind aber rechts und links am Piloten vorbei von hinten gut zu sehen, den Fahrtmesser und das Variometer ordnete er deshalb auch außen an. Für die einteilige Haube (mit den Beschlägen des Janus, die er noch hatte) lieh ihm die Akaflieg Stuttgart den Kern der FS 31-Haube aus. Mit Motor und Leitwerk komplett ausgerüstet hatte der Rumpf dann schließlich nur 211 kg! Den Belastungsversuch als Voraussetzung für die Zulassung als Einzelstück (dies ist einfacher als ein rechnerischer Nachweis für die Festigkeit der Rumpfschale) überstand der superschlanke Rumpf klaglos ohne zu knistern. Am Gründonnerstag erteilte das LBA die

Edgar Kremer ist bereit zum 3. Start mit der ASH 25.
(Foto Peter F. Selinger)

Technische Daten: **ASH 25**

Tragflügel:		
Spannweite	25,0	m
Fläche	16,31	m²
Streckung	38,32	
Zuspitzung	2,44	
V-Stellung	3,5	Grad
Pfeilung	0	Grad
Profil innen	HQ 17	
Dicke	14,38	%
Profil Mitte	HQ 17	
Dicke	14,38	%
Profil außen	DU 84-132V3	
Dicke	13,2	%
Spannweite innerste Wölbklappen	2 × 3,43	m
Höhenleitwerk:		
Spannweite	3,125	m
Fläche	1,27	m²
Profil	FX 71-L-150/30	
Dicke	12,0	%
Seitenleitwerk:		
Höhe	1,54	m
Fläche	1,705	m²
Streckung (geom.)	1,39	
Profil	FX 71-L-150/30	
Dicke	12,0	%
Rumpf:		
Länge	8,97	m
Cockpit-Breite	0,705	m
Höhe	0,98	m
Fahrgestell/Rad-Abmessung	380×150	mm
Massen:		
leer (ausgerüstet)	475	kg
Cockpit-Zuladung	180	kg
höchste nichttragende Masse	390	kg
Wasserballast	120	kg
höchste zulässige Flugmasse	750	kg

Technische Daten: **ASH 25**

Flächenbelastung:	34,0	46,0	kg/m²
Mindestgeschwindigkeit:	65	76	km/h
Geringstes Sinken	0,4		m/s
bei Flächenbelastung	34,0		kg/m²
und Fluggeschwindigkeit	75		km/h
Beste Gleitzahl	ca. 58		
bei Flächenbelastung	34,0		kg/m²
und Fluggeschwindigkeit	90		km/h
Höchste zulässige Fluggeschwindigkeit		280	km/h

Für den nichtselbststartenden Motorsegler ASH 25E gelten folgende ergänzende Daten:

Massen:		
leer (ausgerüstet	520	kg
Cockpit-Zuladung	180	kg
höchste nichttragende Masse	420	kg
Wasserballast	ca. 50	kg
höchste zulässige Flugmasse	750	kg
Triebwerk:		
Hersteller	Bombardier-ROTAX	
Type	Rotax 277	
Startleistung	17,6	kW
bei	7000	U/min
Hubraum	268,7	cm³
Bohrung	72	mm
Verbrauch	10	l/h
Propeller:		
Hersteller	Mühlbauer mt-Propeller	
Type	MT 130 L 118-1B	
Durchmesser	1,30	m
Treibstoff:		
Vorrat	20	l
Motorflug:		
Steiggeschwindigkeit	0,8	m/s
bei	80	km/h
und Flugmasse	750	kg

Oben: *Den Prototyp der ASH 25 bekam Hans-Werner Grosse, daher das schon traditionelle Wettbewerbskennzeichen »HW«.*
(Foto Peter F. Selinger – Freigabe RP Stuttgart B 45043 vom 4. 6. 1986)

Unten: *Hans-Werner Grosse fliegt seine ASH 25 bei den deutschen Meisterschaften 1986.* (Foto Peter F. Selinger)

vorläufige Verkehrszulassung, so daß Walter Binder nach ungefähr 1500 eigenen Arbeitsstunden am Karfreitag, am 28. März 1986, zum Erstflug starten konnte. Auf der Ostheimer Asphaltbahn reichten etwa 220 m zum Abheben. Das Einsitzertriebwerk, der DG 400 mit der neuen Mühlbauer-Luftschraube bringt auch den Doppelsitzer innerhalb der JAR 22-Limits in die Luft. Übrigens begnügte sich auch Binder mit dem kleineren Höhenleitwerk des ASW 22-Prototyps.

Über die eigentliche ASH 25 ist jetzt das meiste schon gesagt. Schließlich, am 11. Mai 1986 um 12.10 GMT konnte Martin Heide mit Edgar Kremers Sohn Peter auf dem zweiten Sitz zum einstündigen Erstflug starten. Die Flugeigenschaften brachten nach den Flügen mit der ASW 22BE, Binders ASH 25MB und den Erfahrungen von Hans-Werner Grosse keine Überraschungen mehr: Rundherum zufriedene Gesichter. Den zweiten Flug machten der ältere Sohn Uli Kremer mit Gerhard Waibel als Copilot, und den dritten Start schließlich flog Edgar Kremer selbst mit Waibels Sohn Michael als Co. Die Mühe mit dem Cockpit hat sich gelohnt: Vorne und hinten ist Platz für große Piloten, vorne sogar mehr Platz als in der ASK 21. Viele Details führten zu diesem guten Platzangebot. So ist das hintere Instrumentenbrett gleichzeitig Kopfstütze für den ersten Piloten, Lüftungsführung für den Co und läßt Platz für dessen Knie. Ohne Trimmgewichte kann die ASH 25 einsitzig vorne mit einem 70 kg-Piloten geflogen werden, ebenso wie zweisitzig 110 kg vorne und 70 kg hinten. Für Wettbewerbseinsätze läßt sich der Schwerpunkt durch den Einbauort der Batterie (zum Beispiel in der Seitenflosse) optimieren.

Für Martin Heide ist der gelungene Erstflug die Bestätigung für zwei Jahre harter Arbeit und die Rechtfertigung für das Vertrauen, das er in die Zusammenarbeit mit Braunschweig und Delft gesetzt hat. Gleichzeitig aber beweisen die in dieser Güte erhofften, aber nicht sicher erwarteten, harmonischen

Technische Daten: **ASH 25MB**

Tragflügel:			
Spannweite		25,0	m
Fläche		16,31	m²
Streckung		38,32	
Zuspitzung		2,44	
V-Stellung		3,5	Grad
Pfeilung		0	Grad
Profil innen	HQ 17		
Dicke		14,38	%
Profil Mitte	HQ 17		
Dicke		14,38	%
Profil außen	DU 84-132V3		
Dicke		13,2	%
Spannweite innerste Wölbklappen		2 × 3,43	m
Höhenleitwerk:			
Spannweite		2,5	m
Fläche		1,015	m²
Profil	FX 71-L-150/30		
Dicke		12,0	%
Seitenleitwerk:			
Höhe		1,54	m
Fläche		1,705	m²
Streckung (geom.)		1,39	
Profil	FX 71-L-150/30		
Dicke		12,0	%
Rumpf:			
Länge		8,97	m
Cockpit-Breite		0,70	m
Höhe		0,98	m
Fahrgestell/Rad-Abmessung		380×150	mm
Massen:			
leer (ausgerüstet)		510	kg
Cockpit-Zuladung		180	kg
Höchste nichttragende Masse		390	kg
Wasserballast		120	kg
höchste zulässige Flugmasse		750	kg

Technische Daten: **ASH 25MB**

Flächenbelastung:	36,0	46,0	kg/m²
Mindestgeschwindigkeit:	68	76	km/h
Geringstes Sinken	0,41		m/s
bei Flächenbelastung	36,0		kg/m²
und Fluggeschwindigkeit	76		km/h
Beste Gleitzahl	ca. 58		
bei Flächenbelastung	36,0		kg/m²
und Fluggeschwindigkeit	95		km/h
Höchste zulässige Fluggeschwindigkeit		280	km/h
Triebwerk:			
Hersteller	Bombardier-ROTAX		
Type	505A		
Startleistung		35	kW
bei		6800	U/min
Hubraum		500	cm³
Bohrung		61	mm
Verbrauch bei Startleistung		22,4	l
bei 70%-Leistung		14	l
Propeller:			
Hersteller	Mühlbauer mt-Propeller		
Durchmesser		1,58	m
Treibstoff:			
Vorrat		24+50	l
Motorflug:			
Höchstgeschwindigkeit		190	km/h
Reisegeschwindigkeit		130	km/h
Steiggeschwindigkeit in Seehöhe		1,7	m/s
bei Fluggeschwindigkeit		90	km/h
und Flugmasse		815	kg
Startrollstrecke		300	m
Gipfelhöhe		3000	m
Flugdauer bei Reisegeschwindigkeit, mit Flügeltanks		5,5	h

Flugeigenschaften im Geradeausflug, wie beim Thermikkreisen, daß hohe Leistungen nicht mit schlechten Eigenschaften erkauft werden müssen; übrigens ein typisches Merkmal der Schleicher-Flugzeuge.
Wie gut diese neuen Super-Doppelsitzer wirklich sind, demonstrierte Hans-Werner Grosse zu Weihnachten 1986 in Australien. An zwei Tagen hintereinander gelang Grosse mit seiner eigenen ASH 25 »HW« D-1025 (er bekam den Prototyp!) und seinem SB 10 erfahrenen Copiloten Hans-Heinrich Kohlmeier (die beiden hatten zusammen mit der SB 10 in Australien im Dezember 1979 und Januar 1980 insgesamt fünf Doppelsitzer-Weltrekorde aufgestellt) 3 Weltrekorde: Am 26. 12. 86 142,6 km/h über ein 750 km Dreieck und am 27. ein 1260 km Dreieck mit 137,8 km/h, gleichzeitig auch die größte je mit einem Doppelsitzer geflogene Strecke. Dieser Flug mit dem Doppelsitzer ASH 25 war sogar schneller als Grosses Rekord mit dem Einsitzer ASW 17 von 133,24 km/h über ein 1250 km Dreieck, den er am 9. 12. 1980 erreichte. Am 10. Januar 1987 kam eine neue Erfolgsmeldung aus Australien, Grosse und Kohlmeier hatten zwei weitere Supertage erwischt: Einige Tage zuvor ein 500 km Dreieck mit 155,5 km/h und an diesem 10. Januar einen Doppelrekord. Die Leistung vom 27. 12. verbesserten sie auf 1380 km mit 143,5 km, wohin soll das noch führen? Mitte Januar kam noch einer hinzu: Mit seinem Sohn Werner erreichte Grosse über ein 300 km Dreieck 158 km/h.

Wie bei der ASK 21 sind die beiden Haubenteile der ASH 25 getrennt nach oben zu klappen, bei der vorderen schwenkt auch das Instrumentenbrett mit. (Foto Peter F. Selinger)

Die erste ASH 25E von Hans-Werner Grosse mit dem einklappbaren 1-Zylinder-Rotax-Motor als Heimweghilfe und zur morgendlichen Thermiksuche.

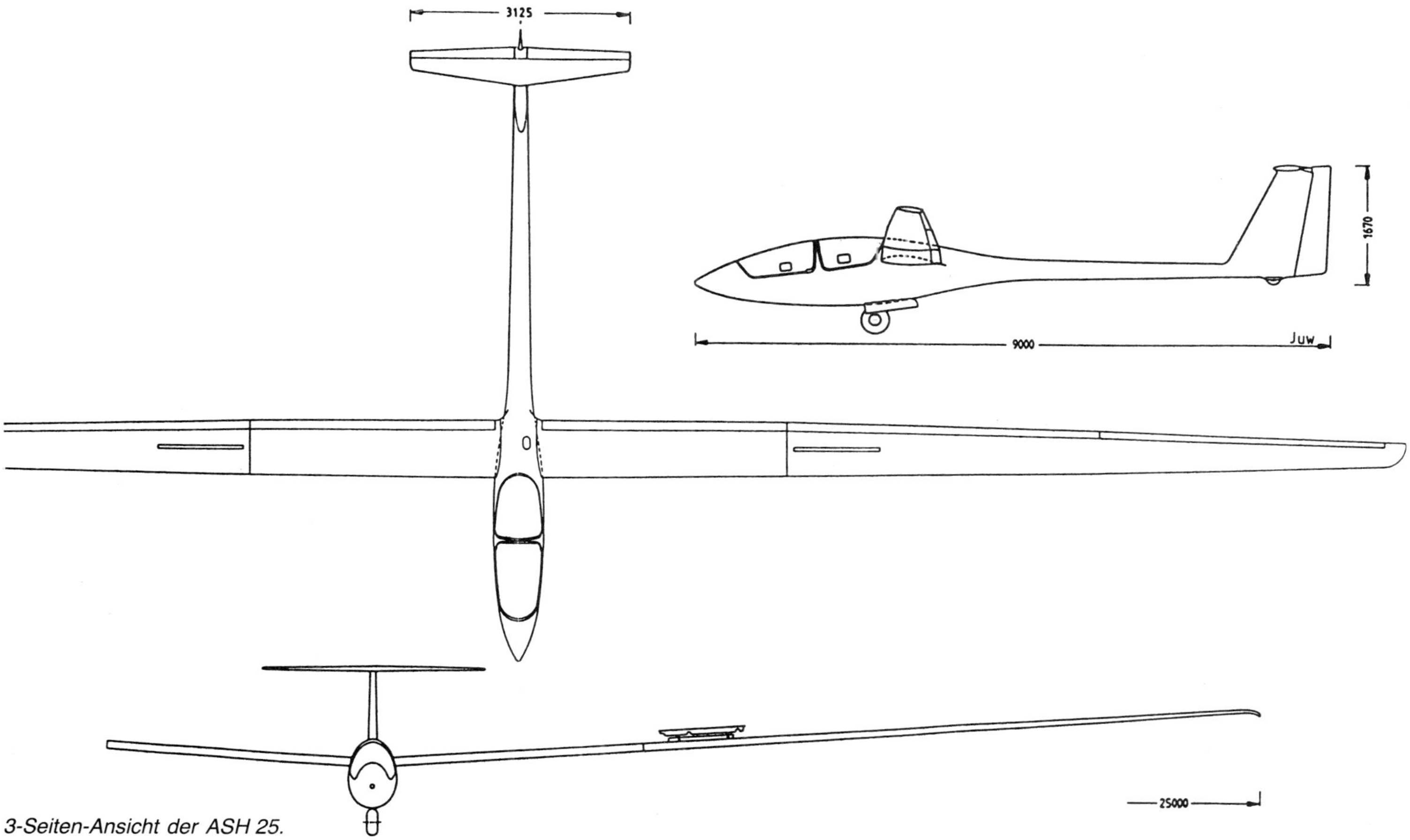

3-Seiten-Ansicht der ASH 25.

Für die Weltmeisterschaften waren diese Flüge natürlich ein phantastisches Vorspiel, wurden damit doch die Möglichkeiten australischen Segelflugwetters aufgezeigt. Bei der WM in Benalla dann erflogen sich Gabriel Chenevoy (Frankreich) mit Didier Hauss als Co und Janusz Centka (Polen) mit Teamchef Henryk Muszczynski auf dem zweiten Sitz den 4. und 6. Platz in der offenen Klasse unter den insgesamt 21 Teilnehmern. Kann man die Flugleistungen des Doppelsitzers ASH 25 besser aufzeigen, als durch diese Erfolge bei Weltmeisterschaften in der offenen Klasse, die bisher »nur« Einsitzern vorbehalten war?

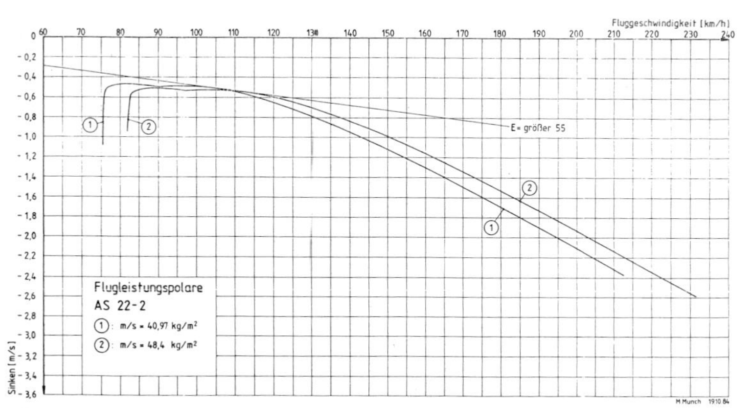

Geradeausflugpolare der ASH 25.

Zusammen mit Walter Binder begannen 1986 erste Untersuchungen über den Einsatz eines kleinen Rotax-Einzylinder-Motors als Flautenschieberantrieb für die ASH 25, um dem Bedarf an nichtselbststartfähigen Doppelsitzern nachkommen zu können. Viele Versuche über den günstigsten Einbau, die beste Propelleruntersetzung und die Schwingungsentkopplung waren erfolgreich. Hans-Werner Grosse erhielt die ersten ASH 25E und wollte damit an den deutschen Motorseglermeisterschaften im Juni 1987 in Aalen-Elchingen teilnehmen. Berufliche Gründe verhinderten dies. Deutscher Meister wurde in der offenen Klasse der amtierende Europameister Walter Binder mit seiner ASH 25MB. Seit Sommer 1987 wird die ASH 25E in Serie hergestellt.

Fliegen wie im Traum, zu zweit, von Sonnenenergie »getrieben« über unserer schönen Natur dahinzuschweben als wären die Flügel angeboren. Das ist die neue Dimension des Segelflugs, die mit der AS 22-2 und ihrer Serienausführung ASH 25 eingeläutet wurde.

Flügelprofile

von Schleicher Segelflugzeugen und Motorseglern

x: Abzisse des Profils, ausgedrückt Prozent der Flügeltiefe

y_o: Ordinate der Profiloberseite, ausgedrückt in Prozent der Flügeltiefe

y_u: Ordinate der Profilunterseite, ausgedrückt in Prozent der Flügeltiefe

Göttingen 532

X%	Y_E%	Y_I%
0,0	2,45	2,45
1,25	5,85	1,15
2,5	7,05	0,80
5,0	8,55	0,50
7,5	9,65	0,30
10	10,55	0,15
15	10,60	0,00
20	12,25	0,00
30	12,75	0,25
40	12,65	0,65
50	10,70	1,05
60	9,00	1,35
70	7,10	1,50
80	4,90	1,35
90	2,60	0,80
95	1,40	0,45
100	0,10	0,10

Verwendet bei den Mustern:

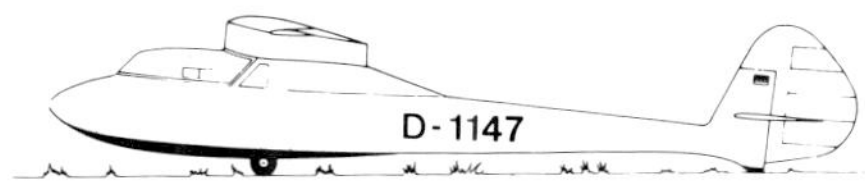

Condor IV

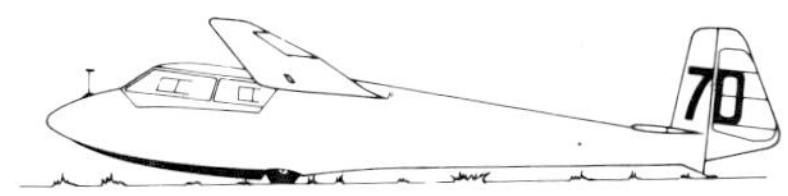

Ka 2

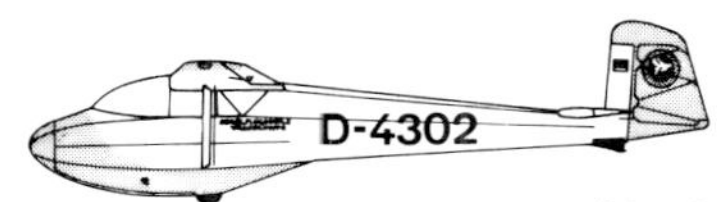

Ka 4

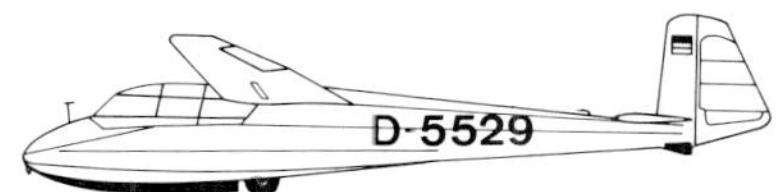

Ka 7

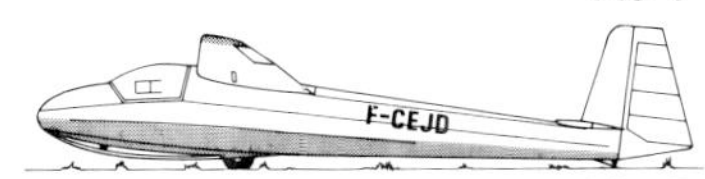

Ka 8

Göttingen 533

X%	Y_E%	Y_I%
0,0	3,20	3,20
1,25	6,05	1,75
2,5	7,20	1,35
5,0	8,80	0,95
7,5	10,05	0,65
10	11,10	0,50
15	12,40	0,25
20	13,25	0,10
30	13,70	0,00
40	13,05	0,15
50	11,65	0,60
60	9,65	1,10
70	7,50	1,40
80	5,20	1,35
90	2,70	0,85
95	1,40	0,45
100	0,00	0,00

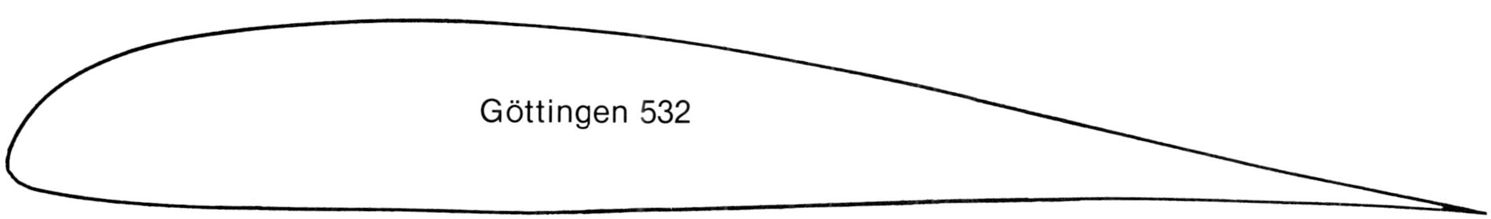

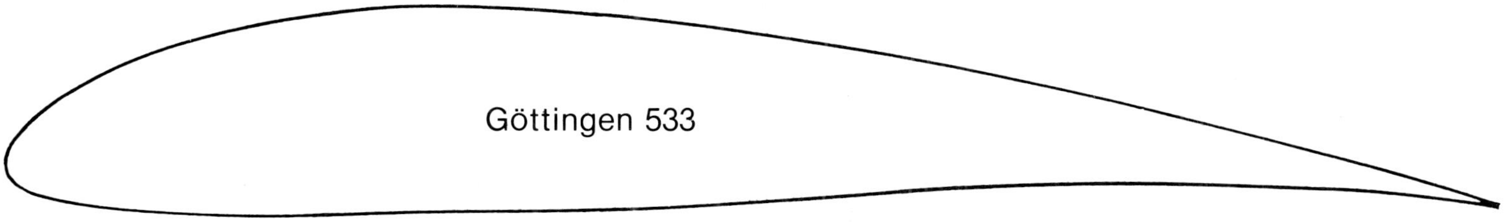

Göttingen 535

X%	Y_E%	Y_I%
0,0	4,30	4,30
1,25	8,35	2,30
2,5	9,75	1,55
5,0	11,55	0,80
7,5	12,90	0,50
10	13,95	0,30
15	15,30	0,05
20	16,05	0,00
30	16,30	0,25
40	15,35	1,15
50	13,75	2,20
60	11,65	3,00
70	9,22	3,00
80	6,55	2,50
90	3,55	1,45
95	1,90	0,65
100	0,15	0,15

Verwendet bei den Mustern:

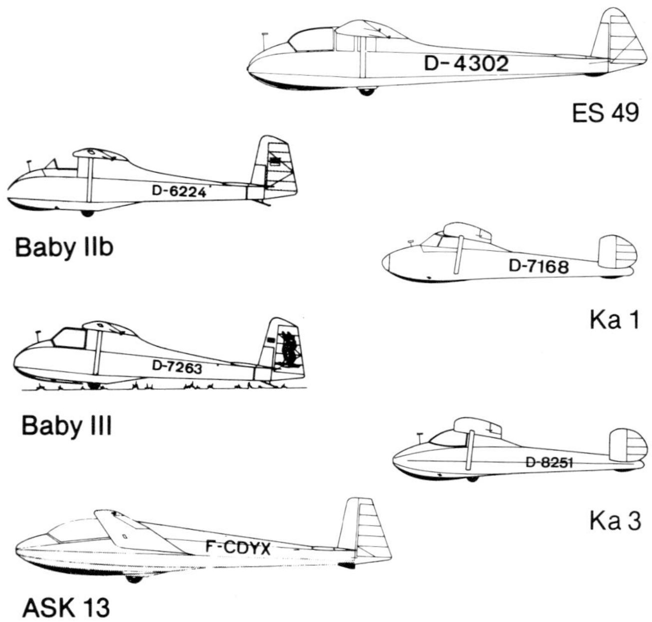

Göttingen 549

X%	Y_E%	Y_I%
0,0	3,45	3,45
1,25	5,70	1,95
2,5	6,80	1,60
5,0	8,45	1,10
7,5	9,65	0,75
10	10,70	0,55
15	12,25	0,25
20	13,20	0,05
30	13,85	0,00
40	13,40	0,10
50	12,05	0,30
60	10,05	0,55
70	7,90	0,65
80	5,35	0,55
90	2,70	0,30
95	1,40	0,15
100	0,00	0,00

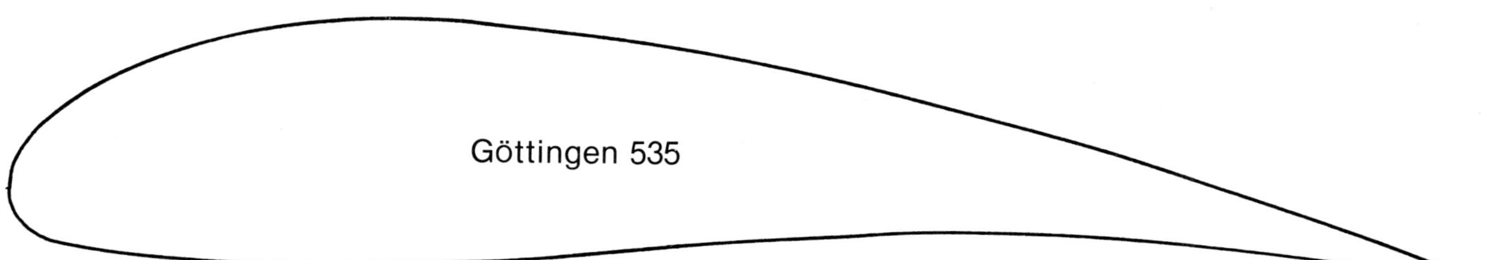

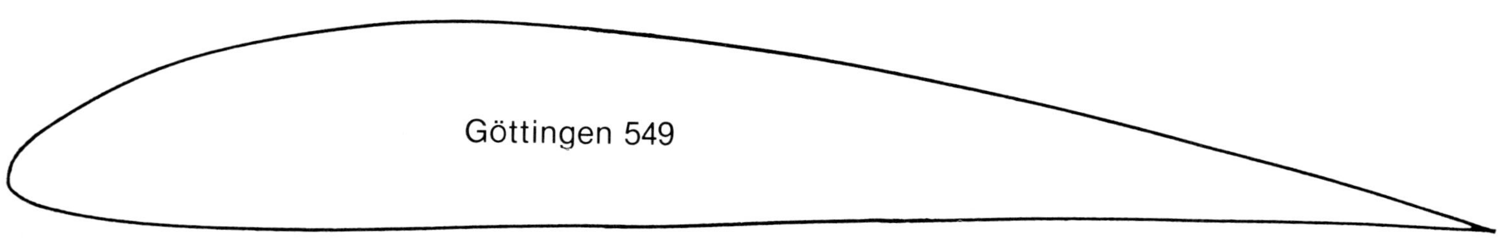

Göttingen 676

X%	Y_E%	Y_I%
0,00	0,00	0,00
1,25	1,85	– 1,60
2,50	2,70	– 2,15
5,00	3,95	– 2,70
7,50	4,85	– 3,00
10	5,50	– 3,25
15	6,60	– 3,50
20	7,35	– 3,70
30	7,95	– 3,95
40	7,85	– 3,95
50	7,25	– 3,75
60	6,20	– 3,45
70	4,95	– 2,95
80	3,40	– 2,25
90	1,80	– 1,25
95	0,95	0,70
100	0,15	0,15

Verwendet bei dem Muster:

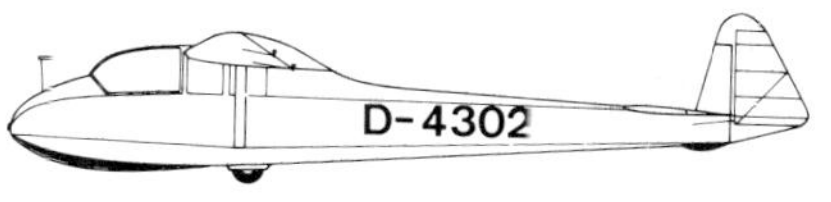

ES 49

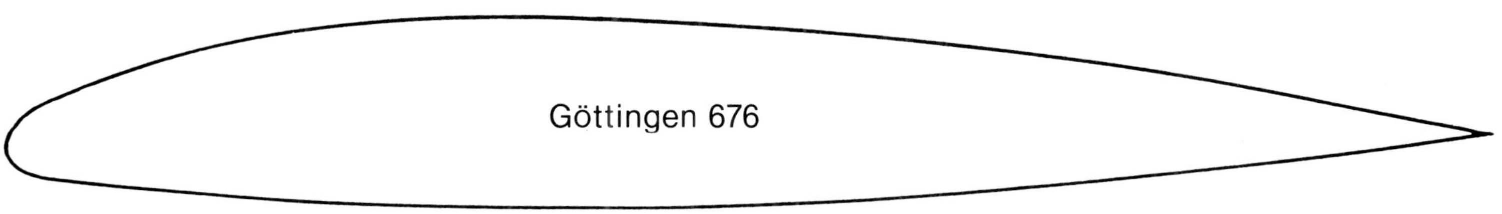

NACA 63 3 618

Verwendet bei den Mustern:

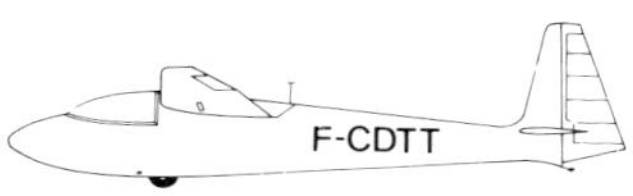

Ka 6 série

ASK 14

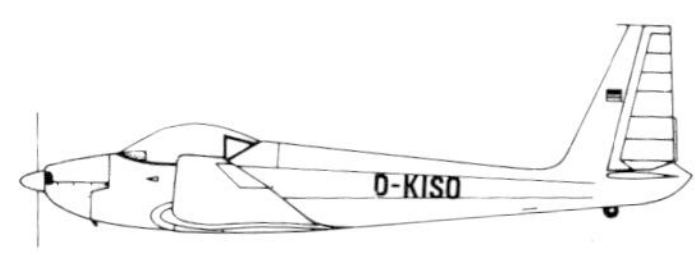

ASK 16

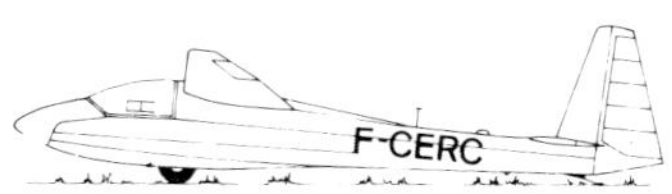

ASK 18

X%	Y_E%	X%	Y_I%
0,0	0,0	0,0	0,0
0,156	1,511	0,844	– 1,211
0,361	1,878	1,139	– 1,458
0,797	2,491	1,703	– 1,849
1,965	3,616	3,035	– 2,500
4,393	5,628	5,607	– 3,372
6,868	6,542	8,132	– 3,998
9,367	7,586	10,633	– 4,484
14,404	9,219	15,596	– 5,181
19,469	10,418	20,531	– 5,642
24,549	11,273	25,451	– 5,903
29,640	11,822	30,360	– 5,990
34,734	12,086	35,266	– 5,906
39,829	12,056	40,171	– 5,630
44,919	11,767	45,081	– 5,197
50,000	11,251	50,000	– 4,633
55,069	10,541	54,931	– 3,971
60,125	9,667	59,875	– 3,241
65,164	8,655	64,836	– 2,475
70,187	7,534	69,813	– 1,702
75,191	6,330	74,809	– 0,960
80,178	5,073	79,822	– 0,297
85,147	3,800	84,853	0,238
90,103	2,531	89,897	0,571
95,048	1,293	94,952	0,603
100,00	0,000	100,00	0,000

Wortmann FX 60 126

X%	Y_E%	Y_I%
0,00	0,00	0,00
0,102	0,675	– 0,301
0,422	1,349	– 0,641
0,960	2,096	– 1,012
1,702	2,802	– 1,404
2,650	3,493	– 1,792
3,802	4,174	– 2,132
5,158	4,808	– 2,482
6,694	5,457	– 2,761
8,422	6,021	– 3,045
10,330	6,585	– 3,262
12,403	7,077	– 3,465
14,643	7,555	– 3,598
17,037	7,958	– 3,707
19,558	8,327	– 3,746
22,221	8,615	– 3,751
24,998	8,859	– 3,683
27,891	9,019	– 3,574
30,861	9,130	– 3,392
33,933	9,160	– 3,167
37,056	9,138	– 2,877
40,243	9,041	– 2,553
43,469	8,893	– 2,188
46,733	8,679	– 1,814
49,997	8,425	– 1,421

X%	Y_E%	Y_I%
53,274	8,118	– 1,036
56,525	7,781	– 0,653
59,750	7,402	– 0,298
62,938	6,994	0,029
66,074	6,549	0,307
69,133	6,082	0,547
72,115	5,589	0,741
74,995	5,084	0,897
77,773	4,567	1,006
80,435	4,055	1,073
82,970	3,552	1,093
85,350	3,070	1,074
87,590	2,611	1,022
89,644	2,181	0,944
91,571	1,777	0,845
93,299	1,412	0,732
94,848	1,084	0,610
96,192	0,798	0,483
97,344	0,554	0,357
98,291	0,353	0,239
99,034	0,198	0,146
99,571	0,088	0,068
99,891	0,024	0,014
100,00	0,000	0,000

Verwendet bei den Mustern:

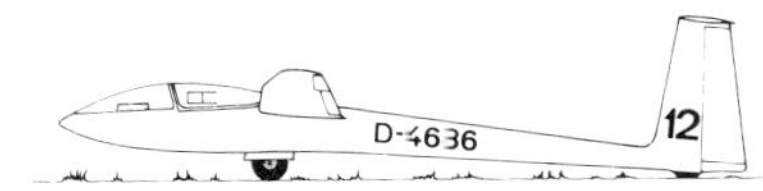

D 36

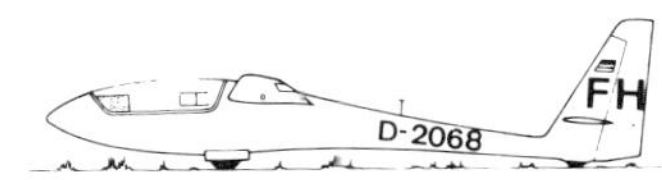

ASW 15

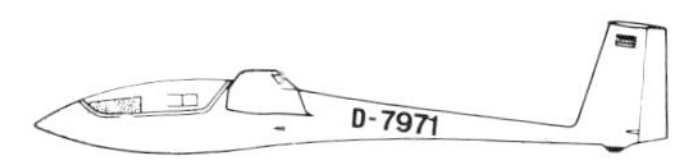

ASW 19

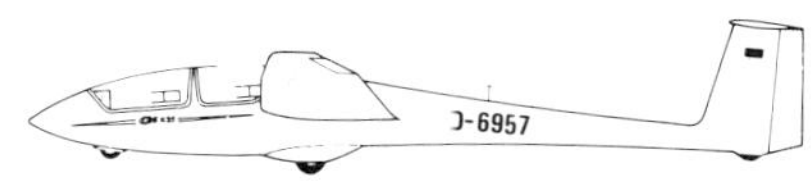
ASK 21

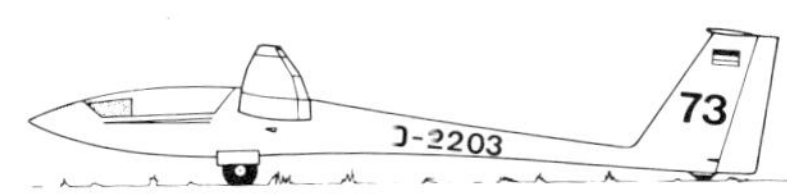

ASW 22

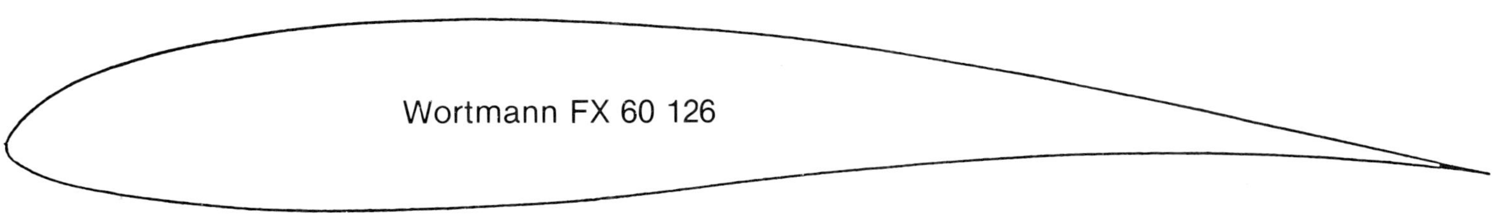

Wortmann FX S 02 196

Verwendet bei dem Muster:

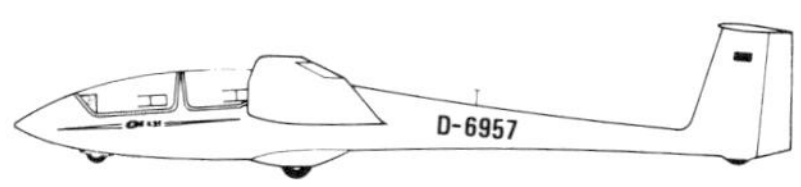

ASK 21

X%	Y_E%	Y_I%
0,00	0,00	0,00
0,102	0,850	– 0,350
0,422	1,791	– 0,800
0,960	2,600	– 1,293
1,702	3,369	– 1,603
2,650	4,047	– 2,164
3,802	5,044	– 2,484
5,158	5,781	– 2,993
6,694	6,739	– 3,315
8,422	7,483	– 3,790
10,330	8,384	– 4,104
12,403	9,093	– 4,540
14,643	9,914	– 4,826
17,037	10,557	– 5,208
19,558	11,262	– 5,447
22,221	11,794	– 5,747
24,998	12,347	– 5,906
27,891	12,732	– 6,103
30,861	13,099	– 6,162
33,933	13,306	– 6,225
37,056	13,444	– 6,143
40,243	13,385	– 6,026
43,469	13,176	– 5,699
46,733	12,776	– 5,322
49,997	12,394	– 4,826
53,274	11,695	– 4,337
56,525	11,046	– 3,793
59,750	10,334	– 3,278
62,938	9,602	– 2,744
66,074	8,828	– 2,259
69,133	8,058	– 1,783
72,115	7,274	– 1,362
74,995	6,512	– 0,970
77,773	5,754	– 0,633
80,435	5,032	– 0,333
82,970	4,338	– 0,093
85,350	3,695	0,111
87,590	3,094	0,258
89,644	2,551	0,363
91,571	2,060	0,425
93,299	1,627	0,450
94,848	1,244	0,438
96,192	0,918	0,395
97,344	0,643	0,324
98,291	0,415	0,236
99,034	0,235	0,147
99,571	0,107	0,070
99,891	0,026	0,019
100,00	0,000	0,000

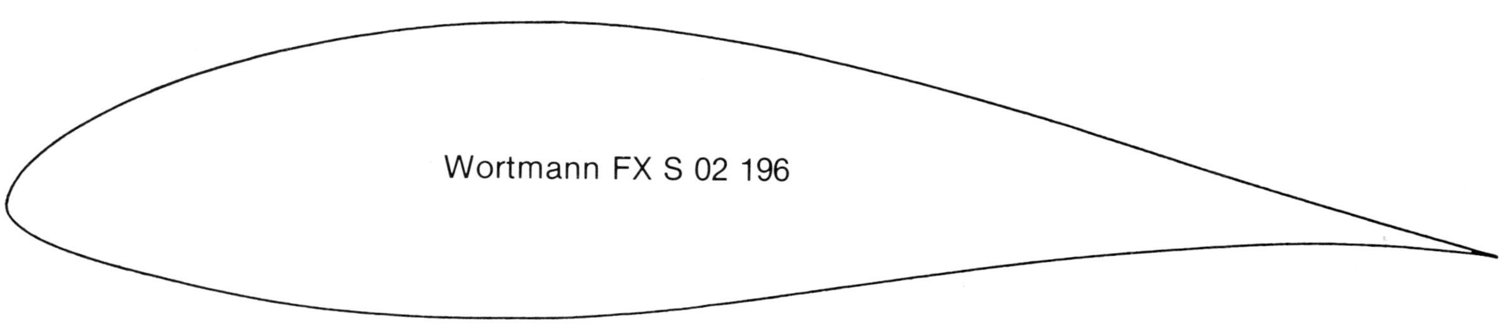

Wortmann FX 62 K 131

X%	Y_E%	Y_I%
0,0	0,0	0,0
0,102	0,516	– 0,159
0,422	1,037	– 0,386
0,960	1,606	– 0,613
1,702	2,207	– 0,837
2,650	2,855	– 1,061
3,802	3,511	– 1,282
5,158	4,175	– 1,486
6,694	4,830	– 1,682
8,422	5,477	– 1,862
10,33	6,108	– 2,037
12,403	6,721	– 2,195
14,643	7,306	– 2,345
17,037	7,859	– 2,476
19,558	8,369	– 2,596
22,221	8,829	– 2,696
24,998	9,232	– 2,776
27,891	9,577	– 2,828
30,861	9,860	– 2,853
33,933	10,084	– 2,846
37,056	10,245	– 2,814
40,243	10,337	– 2,752
43,469	10,355	– 2,666
46,733	10,300	– 2,548
49,997	10,173	– 1,395
53,274	9,983	– 2,199
56,525	9,728	– 1,962
59,750	9,402	– 1,683
62,838	9,000	– 1,370
66,074	8,523	– 1,025
69,133	7,976	– 0,646
72,115	7,374	– 0,239
74,995	6,732	0,177
77,773	6,076	0,573
80,435	5,425	0,919
82,970	4,797	1,191
85,350	4,203	1,386
87,590	3,645	1,503
89,644	3,123	1,548
91,571	2,637	1,523
93,299	2,183	1,437
94,848	1,759	1,293
96,192	1,363	1,102
97,344	0,994	0,876
98,291	0,661	0,636
99,034	0,394	0,427
99,571	0,180	0,228
99,891	0,034	0,062
100,00	0,000	0,000

Verwendet bei den Mustern:

D 36

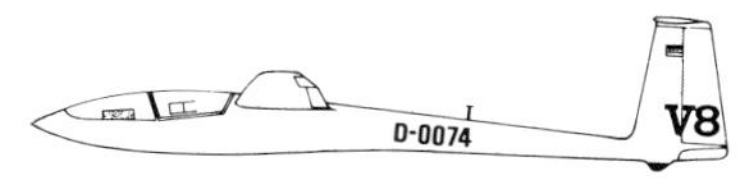

ASW 12

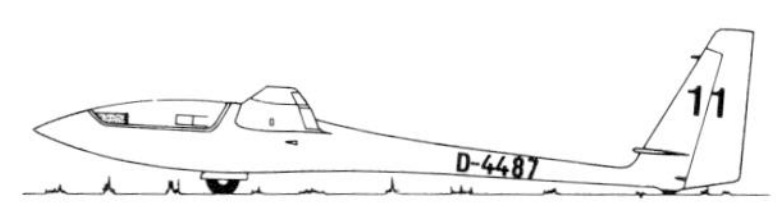

ASW 17

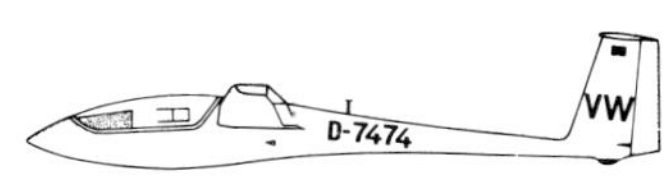

ASW 20

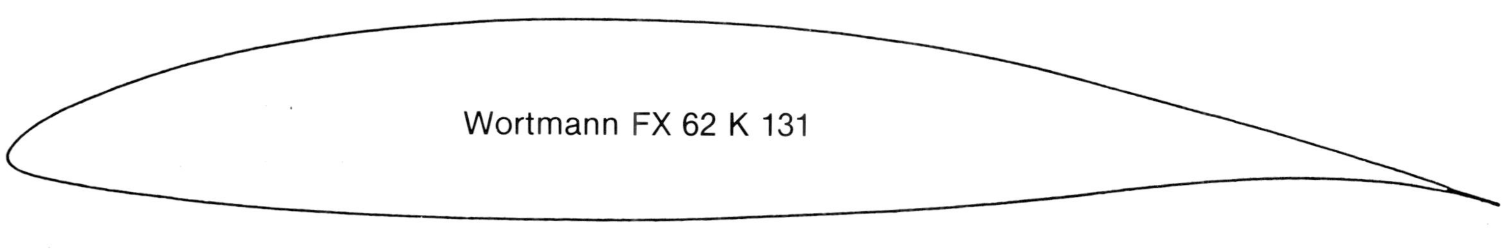

Wortmann FX 61 163

Verwendet bei den Mustern:

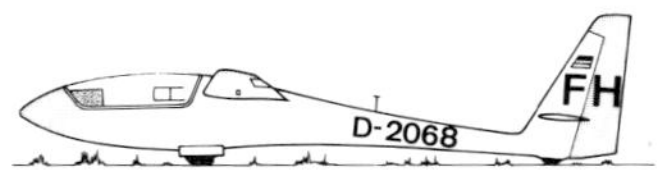

ASW 15

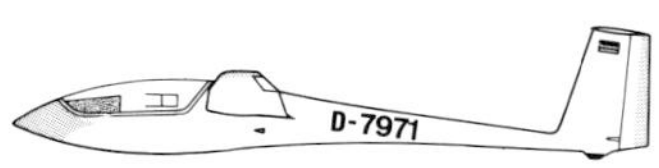

ASW 19

X%	Y_E%	Y_I%
0,00	0,00	0,00
0,102	0,566	– 0,248
0,422	1,234	– 0,560
0,960	1,925	– 0,907
1,702	2,641	– 1,272
2,650	3,402	– 1,656
3,802	4,175	– 2,027
5,158	4,929	– 2,412
6,694	5,687	– 2,786
8,422	6,412	– 3,160
10,330	7,109	– 3,518
12,403	7,760	– 3,870
14,643	8,871	– 4,199
17,037	8,924	– 4,511
19,558	9,422	– 4,792
22,221	9,844	– 5,044
24,998	10,194	– 5,252
27,891	10,455	– 5,421
30,861	10,635	– 5,537
33,933	10,723	– 5,609
37,056	10,728	– 5,625
40,243	10,639	– 5,585
43,469	10,457	– 5,474
46,733	10,168	– 5,293
49,997	9,780	– 5,039

X%	Y_E%	Y_I%
53,274	9,303	– 4,719
56,525	8,772	– 4,324
59,750	8,208	– 3,845
62,938	7,637	– 3,288
66,074	7,064	– 2,685
69,133	6,497	– 2,079
72,115	5,935	– 1,517
74,995	5,388	– 1,014
77,773	4,856	– 0,576
80,435	4,347	– 0,201
82,970	3,861	0,110
85,350	3,403	0,358
87,590	2,968	0,542
89,644	2,560	0,667
91,571	2,176	0,734
93,299	1,817	0,749
94,848	1,481	0,715
96,192	1,167	0,637
97,344	0,875	0,526
98,291	0,610	0,392
99,034	0,390	0,273
99,571	0,206	0,150
99,891	0,069	0,044
100,00	0,000	0,000

Personen-Register

Alexander Schleicher, Rudolf Kaiser, Edgar Kremer, Gerhard Waibel und Martin Heide mit ihren Familien-Mitgliedern sind im Text des Buches so oft erwähnt, daß sie in das nachfolgende Namens-Register nicht aufgenommen wurden.

Bibliographie

Zeitschriften:

Aerokurier, Gelsenkirchen
Aviasport, Pavillon-sous-Bois
Aviation Magazine International, Paris
Flugsport, Frankfurt
Flug Revue, Stuttgart
Pilote Privé, Paris
Weltluftfahrt, Coburg

Bücher:

Georg Brütting »Die berühmtesten Segelflugzeuge«, Stuttgart
Georg Brütting »Die Geschichte des Segelflugs«, Stuttgart
Andrew Coates »World Sailplanes ans Motorgliders«, London
Dieter Geistmann »Die Segelflugzeuge in Deutschland«, Stuttgart
Hellmut Penner »Motorsegeln«, Stuttgart
Peter Riedel »Vom Hangwind zur Thermik«, Stuttgart
Helmut Schneider »Flugzeug-Typenbuch 1944«, Leipzig
Martin Simons »Vintage Sailplanes 1908–45«, Melbourne
Claude Visse »10 ans de vol à voile«, Tallard

Dank

für ihre Beiträge und Bilder zu diesem Buch ist zu sagen: Akaflieg Braunschweig, Akaflieg Darmstadt, J. C. Batault, Jean-Pierre Barrois, Roger Bellone, René B[illegible]sset, Fernand Bretillot, P. Broussaud, Centrair, Jean-Louis Chaffanel, Alain Dupland, Jean Feret, Philippe Girardot, Gilbert Gouraud, Gilbert Guinet, Jean-François Larrière, Michel Monmahou, Laurent Mouget, Pierre Mouget, Jack Paillard, Gérard Royal, Alain Scherer, Schleicher Segelflugzeugbau, Jacques Taboureau, Bernard Théron, Claude Visse, Alain Zutter.

Die klassischen Jahre des Segelflugs

Erlebte Rhöngeschichte 1911 bis 1939

Die einmalige Trilogie von Peter Riedel

Peter Riedel, der Autor dieser einzigartigen Trilogie, gehört zu den letzten noch lebenden Segelflug-Pionieren. Riedel kam 1920 als 14jähriger erstmals auf die Rhön. Der Gewinner des Hindenburg-Pokals kannte alle, die in den 20er und 30er Jahren als Piloten, Wissenschaftler und Mäzene in der Rhön hervorgetreten waren. Riedel beschreibt detailliert in seiner „Erlebten Rhöngeschichte" diese Blütezeit des Segelflugsports und läßt den Leser die legendäre Zeit auf der Wasserkuppe miterleben. Hunderte von Abbildungen unterstreichen den Dokumentarwert der Rhön-Trilogie.

Band 1

Start in den Wind
Die Jahre von 1911–1926
284 S., 450 Abbildungen, gebunden, DM 56,–
Best.-Nr. 10539

Band 2

Vom Hangwind zur Thermik 1927–1932
228 S., 450 Abbildungen, gebunden, DM 48,–
Bestell-Nr. 10981

Band 3

Über sonnige Weiten 1933–1939
272 S., 377 Abbildungen, gebunden, DM 56,–
Best.-Nr. 01047

Änderungen vorbehalten

Der Verlag für Luftfahrtbücher
Postfach 1370 · 7000 Stuttgart 1

Motor buch Verlag

F-CDY